Zum Buch

Uwe Rolf Schnepf möchte dem Leser in seinem ersten Werk mit den unrealistischen Versprechen und Drohungen der Religionen konfrontieren. Es soll ein Hilfsmittel sein, sich der Fesseln zu entledigen, die durch den Faktor Religion, den Geist und das freie Leben einengen oder sogar versklaven. Viele rhetorische Fragen die zur Selbstprüfung dienen, halten dem Leser immer wieder einen Spiegel vor sein geistiges Auge und sollen dazu anregen, über den Inhalt nachzudenken. Mit Logik und gesundem Menschenverstand macht er zudem darauf aufmerksam, dass die Religion als Allheilmittel im Jahre 2016 nun endgültig ausgedient hat. Er weist auf Fehler in den angeblich »heiligen« Schriften hin und wie der Mensch versucht hat, mit diesen einen Gott zu erklären, den es mit sehr hoher Wahrscheinlichkeit gar nicht gibt. Zumindest wäre dieser Gott entweder nicht liebevoll und barmherzig oder er würde viele Verhaltensweisen und Dogmen der Religionen verabscheuen!

Zudem zeigt er auf, wie leicht es ist, bestimmte religiöse Texte für seine eigenen Zwecke zu interpretieren, so wie es sich die verschiedenen religiösen Führer seit Jahrtausenden zunutze gemacht haben, um den Geist der Menschen nach deren eigenen Vorstellungen zu formen, zu verändern und zu fesseln.

Zum Autor

Uwe Rolf Schnepf wurde 1972 in Heidelberg geboren. Er ist ein einfacher Bürger mit einem Hauptschulabschluss und einer abgeschlossenen handwerklichen Berufsausbildung. Dies ist sein Erstlingswerk als Autor, das er in seiner Freizeit nach der Arbeit verfasst hat, welches er seinen Mitmenschen als mögliche alternative Sichtweise zur Religion nicht vorenthalten will.

Uwe Rolf Schnepf

DIE ZEIT IST REIF!
DEN GEIST
VON DEN FESSELN
DER RELIGION
ZU LÖSEN!

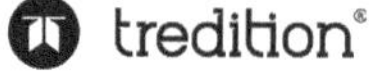

Haftung für Quellenangaben zu Webseiten Dritter

Dieses Buch enthält Quellenangaben zu Webseiten Dritter, auf deren Inhalte der Autor keinen Einfluss hat. Deshalb kann er für diese fremden Inhalte auch keine Gewähr übernehmen. Für die Inhalte der aufgeführten Webseiten ist stets der jeweilige Anbieter oder Betreiber der Webseiten verantwortlich. Die aufgeführten Webseiten wurden zum Zeitpunkt der Eingabe auf mögliche Rechtsverstöße überprüft. Rechtswidrige Inhalte waren zum Zeitpunkt der Eingabe nicht erkennbar. Eine permanente inhaltliche Kontrolle der aufgeführten Webseiten ist jedoch ohne konkrete Anhaltspunkte einer Rechtsverletzung nicht zumutbar. Bei Bekanntwerden von Rechtsverletzungen wird der Autor derartige aufgeführte Webseiten umgehend entfernen!

<u>Achtung!</u>

Dieses Buch könnte Ihren Glauben zerstören!

Sie könnten damit Ihren Geist von den Fesseln der Religion befreien, wenn Sie aufgeschlossen und ehrlich über den Inhalt nachdenken und Ihren von Geburt an erhaltenen logischen gesunden Menschenverstand gebrauchen!

Denn der Verstand und die Logik sind die größten Feinde der Religionen!

Ein weiser Mann, namens Jesus soll einmal gesagt haben:

»Die Wahrheit wird euch frei machen!«

Er hatte recht!

Wer sich der Wahrheit nähert, wird sich von den Religionen und deren Dogmen befreien und sich von ihnen abwenden!

Diesen Weg einzuschlagen, würde Ihnen mit sehr hoher Wahrscheinlichkeit wohl sogar, ein wahrhaft liebevoller und barmherziger Gott empfehlen, wenn dieser wirklich existieren würde!

Sollten Sie nach dem Lesen dieses Werkes vorübergehend einen Psychologen brauchen, weil Sie die Sinnlosigkeit Ihres Glaubens erkannt haben, ist dies immer noch besser, als Ihr ganzes weiteres Leben lang ein »Sklave« Ihrer Religionsvertreter zu sein!

Bitte fragen Sie nicht Ihren religiösen Führer, ob Sie sich mit diesem Buch beschäftigen sollen!

Denn dieser wird Ihnen bestimmt davon abraten dieses Buch zu lesen, da er sonst möglicherweise seine Macht über Sie und Ihre Mitgliedsbeiträge, Steuereinnahmen und/oder Spenden verlieren könnte.

Inhalt

Vorwort: Selbstdarstellung und Beweggründe

»Glaube bedeutet, keine Argumente zuzulassen, die der eigenen momentanen Überzeugung widersprechen, auch wenn diese Argumente, offensichtlich der Wahrheit entsprechen, da sie logisch und rational erklärbar sind!«

Zuallererst möchte ich darauf hinweisen, dass ich weder Religionswissenschaftler, Theologe, Evolutionsbiologe, Philosophieprofessor, noch in einer ähnlichen Berufsgruppe angesiedelt bin. Also kein, im Allgemeinen positiv bewertetes, gebildetes oder sonst in angesehenen, studierten Kreisen als wertvolles Mitglied betrachtetes »Superhirn« der Gesellschaft. Nein, ich bin ein ganz stinknormaler Arbeiter mit einem »billigen« Hauptschulabschluss und einem abgeschlossen Handwerksberuf. Dennoch habe ich schon einige Erfahrungen mit verschiedenen Religionen und Glaubensgemeinschaften gemacht. Entweder durch eigene Mitgliedschaften, durch Gespräche mit vielen Mitmenschen, Schilderungen von Bekannten und Freunden und auch einige durch Bücher und Artikel.

Es liegt mir fern, ein Buch vorzulegen, das den Anspruch auf vollkommene oder allumfassende Berichterstattung aufweist oder bis ins *kleinste* Detail gehende Quellennachweise zur Vervollständigung anführt.

Ich möchte kein Buch über die Arbeiten anderer vorlegen, sondern ein eigenes Werk mit meinen Gedanken. Deshalb werde ich auch keine intellektuellen Zitate berühmter Menschen in diesem Buch aufführen, welche zuhauf im Internet oder in anderen Büchern schon aufgezeigt oder zitiert wurden. Welche dies sind, wird derjenige, der sich mit dieser Thematik schon einmal auseinandergesetzt hat, bestimmt schon kennen. Doch wenn ich nicht ohne ein bestimmtes Zitat auskommen sollte, werde ich natürlich dem Urheberrecht entsprechend, dem Autor oder Erfinder den gebührenden Respekt erweisen und dabei seinen Namen nicht unerwähnt lassen.

Die einzigen Zitate, auf welche ich nicht verzichten will und auch nicht kann, sind natürlich jene aus den angeblichen »heiligen« Schriften.

Ich möchte jeden Leser ermuntern, meine Argumente zu überprüfen und darüber nachzudenken. Ich bin kein Guru oder religiöser Führer, der von seinen Lesern verlangt, alles unhinterfragt so anzunehmen, wie es nun mal so dasteht!

Wir leben in einer Zeit, in der es so gut wie jedem möglich ist, mit der Hilfe des Internets sein Wissen und seinen Horizont zu erweitern. Es gibt mittlerweile weitaus mehr Wissen und Erkenntnisse, als in Zeiten, in denen es üblich war, nur die Bibel oder den Koran als Wegweiser oder Hilfe und Lehrbuch hinzuzuziehen.

Die Zeiten, alles blind glauben zu müssen, sind endgültig vorbei!

Dieses Buch soll aber auch keine *reine* Theologie vs. Evolution Streitschrift werden, da es schon genügend Bücher gibt, die sich speziell mit diesen Themen beschäftigen und dabei sehr tief in deren Materie eintauchen.

Es liegt mir sehr am Herzen, dass wirklich *jeder* Leser dieses Buch verstehen kann. Dementsprechend liegt es mir fern, hier mit massenhaft Fremdwörtern um mich zu schmeißen, nur um gebildeter zu klingen. Wenn mir doch manchmal das eine oder andere fachbezogene Fremdwort »herausrutschen« sollte, möchte ich darauf hinweisen, dass ich am Ende des Buches, ein kleines Wörterbuch eingepflegt habe.

Ab und an mag es so aussehen, als ob ich die Bibel oder den Koran ins Lächerliche ziehe, doch das ist nicht meine Absicht. Ich möchte lediglich, auf die Unvollkommenheit dieser als heilig angesehenen Schriften hinweisen und aufzeigen, dass diese Schriften keine direkten Worte eines Gottes an die Menschheit sein können. Denn wären sie es, wären die Worte und Sätze darin so weise gewählt, dass es keinen großen Interpretationsspielraum geben dürfte! Dass diese angeblich »heiligen« Schriften jedoch, einen sehr großen Spielraum, für viele verschiedene

Auslegungen aufweisen, werde ich an ein paar eigenen Interpretationen aufzeigen.

Auch wird es vorkommen, dass ich die Scheinheiligkeit der verschiedenen Religionen, mit ihren eigenen Geboten und Dogmen bloßstellen werde, da viele Wasser predigen, aber meiner Meinung nach, jedoch nicht nur Wein trinken, sondern sogar Schnaps saufen!

Mein Ziel in diesem Werk ist es, mit gezielten Fragen, Argumenten und Beispielen den »gesunden« Menschenverstand anzusprechen und den Leser, zum logischen Nachdenken anzuregen. Bestimmt kommt jetzt der eine oder andere und wird einwenden, dass sich Glaube und Logik nie in Einklang bringen lassen würden. Besser gesagt, dass man mit Logik den Glauben nicht erklären oder entkräften könne.

Ich sehe das aber anders!

Hier nur ein kleines Beispiel vorweg:

Massenmord ist für jemanden, der einen gesunden Menschenverstand pflegt, ein absolutes No Go! Dabei ist es absolut egal, ob dieses Abschlachten tausender Menschen, nun ein unreligiöser Mensch, ein Wesen das sich Gott nennt, oder ein Anhänger desselben zu verantworten hat! Diese Logik meine ich damit. Zudem lege ich jedem nahe, sich mit den kommenden Argumenten selbst etwas auseinanderzusetzen, da manche Abschnitte nur einen kleinen Umriss des Themas aufzeigen werden.

Lassen Sie mich noch kurz auf meinen gesellschaftlichen Status eingehen, bei dem bestimmt einige ihre Nase rümpfen und mich schon im Vorfeld als inkompetent abstempeln, da ich es wage, als ehemaliger Hauptschüler, ein Buch mit solch einer komplexen Thematik vorzulegen: Da ich ein nicht studierter »normaler« Bürger bin, mag dieses Buch auch nicht unbedingt, etwas für hoch studierte Professoren oder Doktoranden der thematisch angelehnten Berufsgruppen sein. Denn oftmals sind solche hochgebildeten Menschen von ihrer eigenen Meinung und ihren selbst angelernten Interpretationen, so überaus überzeugt, dass es ihnen sehr schwer fällt, solche für sie viel zu einfachen, normalen, und logischen Gedankengänge, wie ich sie in diesem Buch darbiete, überhaupt noch nachvollziehen zu können. Denn für diese hoch studierten Menschen zählt leider nur noch, dass alles so kompliziert wie möglich sein *muss,* damit sie mit ihren Erklärungen intellektuell immer über dem »normalen« Volk stehen, das einige auch gerne als »ungebildet« bezeichnen.

Doch heutzutage wird schon bei dem Wort »studiert«, psychologisch ein Überlegenheitsanspruch erzeugt, so dass ein einfacher Bürger, von vornherein so eingeschüchtert sein kann, dass dieser alles unhinterfragt von diesen Gelehrten annimmt und sich nicht mehr traut, für sich selbst, gewisse Schlüsse zu ziehen, um später eventuell nicht als »Depp« oder als dumm, bezeichnet zu werden.

Dies mag auch ein Grund sein, wieso es so wenige Bücher von »Otto-Normalbürgern«, zu solchen Themen wie Religion oder Politik gibt. Doch eines vergessen einige dieser hoch studierten Menschen bis heute immer wieder: Die *meisten* Menschen sind nun mal dem »einfachen« Volk anzurechnen und diese sind es, die vieles am eigenen Leib erleben und erfahren. Bei diesen Menschen überwiegt die Praxis, die bei Studierten oftmals leider nur reine Theorie und Interpretation ist. Dementsprechend ist es für mich auch nicht wichtig, ob man mich belächelt oder nicht für voll nimmt. Denn sehr viele meiner Erfahrungen sind praktischer Natur und dies hat für mich, einen weitaus höheren Stellenwert, als alle theoretischen Studien! Zudem liegt meine Schulzeit schon einige Jahre hinter mir. In diesen Jahren, konnte ich mir einiges an Wissen und gewisse Kenntnisse aneignen, die mich zwar nicht zu einem Professor machen, aber dennoch zu jemandem, der sich mit der Materie Religion intensiv auseinander gesetzt hat! Deshalb sehe ich dieses »du hast ja nicht studiert« Gehabe, nur noch, als eine geistige Waffe, intelligenter religiöser Menschen gegen den einfachen »Normalo« an, damit diese behaupten können, dass die »heiligen« Schriften nur zu verstehen wären, wenn man zuvor diese Schriften ganz genau studiert hätte. Am besten hat man einen Hochschulabschluss und danach noch ein Theologiestudium oder etwas Ähnliches absolviert, damit das erlernte oder erfahrene Wissen in studierten Kreisen auch anerkannt wird. Doch in meinen Augen, ist die Behauptung, welche aussagt, dass man *wirklich* »heilige« Schriften, nur *mit* einem Studium verstehen könne, nicht logisch. Denn wenn ein Gott existieren würde, der wirklich wollte, dass ausnahmslos *jeder* seine Worte verstehen soll, dann würde dieser auch dafür sorgen, dass er seine Worte so unmissverständlich, klar und deutlich formuliert, dass diese Worte, ausnahmslos alle Menschen weltweit, verstehen können und dies natürlich auch unabhängig von deren Schul- oder Ausbildung und nicht nur studierte Geistliche oder Gelehrte! Das einzige, was der Mensch selbstredend beherrschen sollte wäre, dass er die Fähigkeit besitzt, lesen zu können. Doch selbst wenn diese Fähigkeit nicht vorhanden wäre, müsste dieser Gott es möglich machen, dass es ausreicht, den Sinn dieser heiligen Schriften, dieses allmächtigen und allwissenden Überwesens, nur durch einfaches zuhören verstehen zu können. Denn nur, wenn dieser Gott seine Schrift so einfach wie möglich den Menschen vorlegt, wäre *wirklich* gewährleistet, dass *alle*, die diesen Gott anbeten und an ihn glauben wollen, seine Worte wirklich verstehen können! Alles andere, sind erfundene Texte, um den Menschen einen eigenen Gott vorzusetzen, so wie ihn der Erfinder gern selbst sehen würde und um die Menschen nach seiner Pfeife tanzen lassen zu können! Hierzu gehören nach meiner Ansicht auch Textpassagen, wie beispielsweise Apostelgeschichte Kapitel 8 ab dem Vers 26, in welcher dem Leser suggeriert wird, das man nur durch Belehrung und den heiligen Geist die Worte Gottes verstehen könne. Doch dieses Dogma, zeugt nicht unbedingt von einem allmächtigen, vollkommenen und weisen Gott!

Denn was soll jemand machen, der keinen Lehrer hat?

Oder wenn man einen Lehrer vor sich hat, sollte die Frage erlaubt sein: Kann man diesem »Lehrer« denn vertrauen, dass dieser einen auch wahrheitsgemäß belehrt?

Es gibt so viele, dieser selbsternannten Lehrer und *alle* wollen uns immer nur, *die einzige* Wahrheit lehren, obwohl diese, alle eine *andere* Wahrheit vertreten!

Schon Pilatus hat es mit der Frage an Jesus, aus dem Neuen Testament in Johannes Kapitel 18 Vers 38, treffend angedeutet, auf die es damals schon keine eindeutige Antwort gab:

»Was ist Wahrheit?«

Damals ging es auch schon, um eine *rein* religiöse Angelegenheit, die *nur* mit dem Glauben beantwortet werden konnte und *nicht* mit Wissen oder Beweisen!

Es gibt keinen religiösen Glauben, welcher der absoluten Wahrheit entspricht! Denn nach gründlicher Überlegung, bin ich zu folgendem logischen Schluss gekommen:

»Eine Wahrheit, kann man nicht nur glauben! Eine Wahrheit muss man wissen! Denn nur durch das absolute Wissen, wird diese wahrhaftig! Demnach kann ein Glaube, keine Wahrheit sein, sondern nur eine sehr starke Vermutung, von der man meint, überzeugt zu sein!«

Wahrheit, ist das Wissen beweisbarer Fakten!

Da religiöser Glaube, weder beweisbar ist, noch absolutes Wissen enthält und auch nicht mit Fakten untermauert werden kann, ist es unausweichlich, das Religion und Glaube nicht der Wahrheit entsprechen kann!

Dass ich hier schreiben werde, was ich denke und auch kein Blatt vor den Mund nehmen werde, mag nun schon angekommen sein.

Denn bei so einer heißen Thematik, ist es leider unausweichlich und von vornherein klar, dass ich manchmal nicht ohne etwas Ironie, Sarkasmus, Polemik und Blasphemie auskommen werde. Demnach, ist dieses Buch nichts, für schwache und sanfte gottesfürchtige Gemüter. Wer so etwas nicht ertragen kann und sich bei allgemeinen Themen wie Religion, Politik usw. sogleich selbst direkt angesprochen fühlt und damit nicht umgehen kann, sollte dieses Buch nun zuklappen und es zur Seite legen, sich einen Dauerlutscher kaufen und in den Keller gehen zum weinen.

Wer nun meint, Religion sei eine persönliche und keine allgemeine Sache, denjenigen muss ich leider enttäuschen. Denn keine organisierte Religion, die Tausende, Millionen oder sogar Milliarden von Anhängern hat, kann noch persönlich sein!

Natürlich bin auch ich geprägt von der westlichen Kultur, in welcher der christliche Glaube immer noch die überhand hat.

Manch ein Argument oder Gedanke mag dies auch ab und zu, zum Vorschein bringen.

Doch wer ohne kulturelle Prägung ist, werfe den ersten *Schuh*.

Auch möchte ich klarstellen, dass ich nichts gegen Menschen habe die irgendeine Religion ausüben. Es gab eine Zeit, in der auch mein Geist, mit den Fesseln eines sehr tiefen Glaubens gefangen war. Mir ist deshalb bewusst, dass ich mit diesen Worten, nur Menschen erreichen kann, die schon zweifeln, weil sie eben schon angefangen haben nachzudenken und nicht mehr alles blind glauben wollen oder können, was man ihnen Jahrelang eingehämmert hat.

Mein Tipp an diejenigen, die sich diesem Thema zum ersten Mal öffnen ist: »Sagt es erst einmal niemandem, dass Ihr nun, auch außerhalb eurer Religion, nach Antworten sucht.« Denn nach meiner Erfahrung, wird solch ein Vorgehen sofort als abtrünnig angesehen und die Bücher und Schriften, die nicht in der eigenen religiösen Bibliothek der jeweiligen Glaubensgemeinschaft zu finden sind, werden oft im Vorfeld verteufelt und als gottlos, weltlich, dämonisch oder Satans-Werk abgetan. Denn die religiösen Führer jeglicher Religionsorganisationen, haben nicht Angst darum, dass jemand seinen Glauben verlieren könnte, was natürlich möglich ist. Nein, ihnen geht es in erster Linie darum, für ihre eigene Religion eine gute Mitgliederquote vorweisen zu können, um zu zeigen, wie erfolgreich doch deren Glaubenssystem ist. So auf die Art, je mehr Mitglieder, umso wahrer werden deren Glaubenslehren und desto eher, ist Gott auf deren Seite! Zudem bedeuten mehr Mitglieder, natürlich auch, mehr Einnahmen durch Mitgliederbeiträge, Spenden oder dogmatischen Abgaben, wie beispielsweise 10 Prozent seines Einkommens (den Zehnten wie es einige, so schön religiös umschrieben, nennen) abgeben zu »können«.

Der größte Trick, wenn es ums liebe Geld geht, ist hier natürlich, die angebliche Freiwilligkeit. Rein rechtlich, ist bei den meisten Religionsorganisationen und Gemeinschaften, alles freiwillig. Doch wenn man angehalten wird, für die Gemeinde etwas abzugeben und dabei nahegelegt bekommt, dass dies doch alle machen und es ja allen in der Gemeinde dient und man dann dafür auch noch in den Himmel kommt, ist dies Gruppenzwang. Andere drohen sogar gleich mit der

Hölle oder dass sie von Gott gestraft oder missachtet werden, wenn sie zu »geizig« wären, für die Glaubensgemeinschaft etwas abzugeben. Denn was sind schon ein paar Euro, wenn man dafür das ewige Leben bekommt und seine Seele, durch die ach so heilige, göttliche, und *einzig wahre* Belehrung, vor der Hölle bewahren kann! Bei der Kirchen-Steuer ist es eigentlich offensichtlich, dass dies nicht Gotteswerk sein kann, dementsprechend brauche ich hier noch nicht näher darauf eingehen.

Da ich ein Mensch bin, der Lügen, Betrug und »Bauernfängerei« verabscheut, sehe ich es in meiner Pflicht, meine Erkenntnisse und Erfahrungen meinen Mitmenschen mitzuteilen. Deshalb habe ich mich entschlossen dieses Buch zu schreiben, um die Menschen vor den Machenschaften der Religionen zu warnen. Denn sie fesseln den Geist der Menschen nicht nur mit unbewiesenen, unrealistischen Versprechen und Drohungen, sondern sie bedienen sich dabei allerlei psychologischer Tricks, die dazu dienen, Macht über diese Menschen ausüben zu können, um sie in deren Fantasiewelt gefangen zu halten. Dies alles mit einem fiktiven Überwesen, das angeblich unsichtbar, allmächtig, allwissend und vollkommen sein soll. Doch wenn man sich intensiv mit deren Glaubenslehren, Dogmen und angeblich »heiligen« Schriften, mit einem wachen Geist, Logik und gesunden Menschenverstand beschäftigt und auch unbequeme Fragen zulässt, wird man sehen, dass deren »Heils-Auftrag« und deren Gerede von Liebe, alles nur Show ist, um ihre »Unternehmen« immer weiter wachsen zu lassen!

Wenn man sich Rezensionen von Büchern ähnlicher Themen ansieht, kommen zwischendurch ab und zu solche Kommentare zum Vorschein, dass der Autor doch ein von Hass erfüllter unzufriedener Mensch sein muss, da er sich so auf die Religionen und die Wahrscheinlichkeit der Nichtexistenz Gottes einschießen würde. Und wie verzweifelt dieser sein muss und was er nicht alles erlebt haben könnte, da dieser so etwas schreibt. Auch ich werde so etwas bestimmt lesen müssen. Doch hier muss ich solchen Rezensenten leider schon im Vorfeld widersprechen. Denn mein Beweggrund, war einzig und allein, das Nachdenken und die dabei aufkommenden Widersprüche, die einem wachen und aufmerksamen Geist, nun einmal auffallen müssen. Wenn Sie in mir nun ein verirrtes Schaf sehen, möchte ich Sie bitten, mit mir zusammen einige Gedanken zu durchlaufen und sich selbst ein Bild zu machen, wer nun das verirrte Schaf ist.

Einleitung: Die Entfesselung möge beginnen!

*»Wer sich in seinem religiösen Lügengebäude wohl fühlt, den kann
man nur sehr schwer mit der Vernunft oder der Wahrheit
überzeugen!«*

Warum glauben so viele Menschen überhaupt? Nun, ob jemand an einen Gott oder sogar an mehrere Götter glaubt, entscheidet zum einen, meist der Zufall eines eingetretenen, oft traumatischen Ereignisses und/oder die von Kindheit an, jahrelange Suggestion von Eltern, Verwandten, Freunden, Politik und religiösen Führern.

Der zweite Faktor, an welchen Gott oder Religion jemand blind glaubt, ist zu allermeist, in welcher Region der Welt man geboren wurde oder lebt. Wer zum Beispiel im Iran aufwächst, wird mit sehr hoher Wahrscheinlichkeit an Allah glauben und als Moslem oder Muslima dem Islam angehörig sein, da diese Religion dort als die allein Wahre gelehrt wird.

Denn ohne religiöse Belehrung, würde kein Mensch, an einen oder mehrere Götter glauben!

Manchem mag die Religion in harten Zeiten geholfen haben, mit der jeweiligen Situation klar zu kommen. Aber nach meiner Erfahrung, ist Religion nichts anderes, als eine Art geistige Placebo-Pille.

Es mag auch vereinzelte Erfahrungen einiger geben, die durch religiöse Dogmen sogar zu besseren Menschen geworden sind. Dass Religiosität, des Öfteren aber in die negative Richtung gehen kann, zeigen viele radikal religiöse Handlungen, die durch egoistische Auslegungen oder durch die radikale Einhaltung der geschriebenen Worte, aus sogenannten heiligen Schriften, ausgelöst wurden und in bestimmten Glaubenssystemen auch heute noch ausgelöst werden!

Da es viele verschiedene Auslegungen der »heiligen« Schriften gibt, ist es aber zwangsläufig auch vorprogrammiert, dass es dementsprechend viele verschiedene Glaubensrichtungen und Dogmen der gleichen geben muss.

Vor einiger Zeit hatte ich ein wirklich *sehr* verwirrendes Gespräch mit einem Arbeitskollegen über Gott, Religionen und Glauben.

Nachdem ich ihm einige Argumente *gegen* die Existenz eines persönlichen und liebevollen Gottes vorgetragen hatte, kam statt einer erwarteten Gegenargumentation, nur zurück, dass er in seinem Geburtsland nun mal zu Gott gefunden hätte und jetzt hier in Deutschland nun glauben dürfte was er wolle?! Dass dies nicht das Thema sei, das ich bezweckt hatte, ihm näher zu bringen, entgegnete er mir nur, dass es nun mal seine Religion sei und diese deshalb auch die richtige Religion, weil er in seinem Heimatland geboren wurde?! Außerdem wäre es immer die richtige Religion für Gott, an die man glauben will?!

Bei so einer Argumentation, wenn man dies überhaupt so nennen kann, bin ich geneigt, nur noch mit dem Kopf zu schütteln. Für mich war dies, nur blindes herunter leiern, von irgendwelchen verzweifelten Verteidigungsversuchen ohne wirklichen Sinn! Dann habe ich das Gefühl, dass jedes Wort bei solchen Mitmenschen verlorene Liebesmüh ist. Viele Gläubige halten so krampfhaft an ihrem Gott oder Glaubenssystem fest, wie ein Kind das es nicht wahr haben will, dass es den Weihnachtsmann und den Osterhasen doch nicht gibt.

Doch loslassen zu können, gehört eigentlich zum Erwachsenwerden dazu!

Wie sieht es bei Ihnen aus, glauben Sie an einen Gott?

Wenn ja, wieso eigentlich?

Wegen der Belehrung Ihrer Eltern oder der Verwandtschaft?

Weil es eben zu Ihrem kulturellen Umfeld gehört?

Oder beruht Ihr Glaube aus einer Überzeugung heraus, welche Sie sich durch intensives Nachprüfen *aller* religiösen Behauptungen, Lehren und Dogmen die es auf der Welt gibt, selbst erarbeitet und durch Selektion angeeignet haben?

Wenn Ihr Glaube nur auf der Meinung, Vermutung oder Belehrung der Eltern und der Verwandtschaft beruht oder gar nur, weil dieser nun mal zum kulturellen Umfeld in dem Sie aufgewachsen sind gehört, dann ist es genau betrachtet, kein *richtiger* Glaube, sondern *nur* Tradition!

Wenn Sie nur wegen der Tradition an Gott glauben, müssten die folgenden Fragen erlaubt sein:

Wieso glauben Sie nicht mehr an den Osterhasen, den Weihnachtsmann oder andere fiktive Figuren?

Was sollte eigentlich wichtiger sein, Tradition oder Wahrheit?

Wenn Ihnen die Wahrheit wichtiger ist, wieso glauben Sie blind, irgendwelchen uralten Schriften, Dogmen oder Geschichten die nur *Ihre* Tradition prägen?

Wenn Sie trotzdem an Ihrer religiösen Tradition festhalten wollen, wäre eine weitere Frage offen, die erlaubt sein müsste, gestellt zu werden:

Würden Sie Ihren traditionellen Glauben aufgeben, wenn es stichhaltige Argumente gegen die Existenz Gottes geben würde? Wenn nicht, warum?

Angenommen es gibt Gott, würden Sie diesen anbeten wollen, wenn sich mit wirklich guten Argumenten aufzeigen lassen würde, dass dieser nicht liebevoll und barmherzig wäre, wie es immer wieder behauptet wird, sondern dass er grausam und sadistisch ist?

Nun, wenn Sie dies bejahen würden, möchte ich Sie bitten, umgehend psychologische Hilfe in Anspruch zu nehmen. Zu ihrem eigenen Schutz und zum Schutz ihrer Mitmenschen.

Denn wer seinem Gott erlaubt, grausam und sadistisch zu sein, könnte in ihm ein Vorbild sehen und es ihm gleich tun, ohne Gewissensbisse zu haben! Vielleicht nicht aus eigenem Antrieb heraus, doch wenn plötzlich, ein charismatischer Religionsführer einen Glaubenskrieg einberufen würde, gehören Sie wahrscheinlich dann auch zu jenen, welche als erstes zur Waffe greifen würden.

Denn jemand, der so einen Gott akzeptiert und immer noch anbetet, muss ihm dann auch bei unmenschlichen Anweisungen und Geboten gehorchen und natürlich dann auch dem religiösen Führer, der ja nur das Sprachrohr dieses Gottes ist, oder?

Noch zur Information im Voraus möchte ich erwähnen, dass wenn ich von Gott oder Göttern schreibe, dann bedeutet das nicht, dass ich an deren Existenz glaube. Sondern diese Grammatik benutze ich lediglich der Einfachheit halber, um nicht immer »wenn es einen Gott oder mehrere Götter geben sollte« oder »vorausgesetzt es würde Gott oder verschiedene Götter geben« schreiben zu müssen.

Also noch mal, nur weil ich von Gott schreibe, bedeutet das *nicht* das es ihn gibt! Über Bambi und Schneewittchen kann man auch schreiben, ohne dass diese dadurch wahre, reale Wesen sind oder werden.

Um es noch etwas deutlicher zu beschreiben:

»Obwohl es im Winter schneit, ist Frau Holle nur eine fiktive Märchenfigur. Auch dann noch, wenn jemand behaupten würde, dass es Frau Holle wirklich gibt! Es macht sie auch nicht realer, nur weil ich nicht beweisen kann, dass es sie nicht gibt!«

Zum Thema Allmacht möchte ich vorwegnehmen, dass die Allmacht Gottes keinen Spielraum lässt, diese abzuschwächen, um Gott von bestimmten Verantwortlichkeiten frei sprechen zu können!

Allmacht bedeutet ganz klar, Macht über alles! Sonst würde, in den für unfehlbar gehaltenen »heiligen« Schriften, nicht *allmächtig*, sondern viel Macht, große Macht, sehr viel Macht stehen. Übermacht, würde ich mir ja auch noch gefallen lassen, um eine beschränkte Macht auszudrücken, aber nicht Allmacht. Denn wenn man Macht über *alles* hat, dann auch, über die selbst erschaffenen Naturgesetze und die Macht, gegen seine eigenen Gebote verstoßen zu können. Allmacht schließt logischerweise auch ein, dass man die Macht hat, überall gleichzeitig zu sein und in alles eingreifen zu können! Bei einer Allmacht, steht demnach ausschließlich, nur noch das *Wollen* im Vordergrund und nicht mehr das *Können*!

Auf gut deutsch: Wenn ich ein kleines Kind, aus einem reißenden Fluss oder vor einem Vergewaltiger retten kann, es aber nicht mache, lade ich mir sehr große Schuld auf wenn es verletzt oder getötet wird. Dies umso mehr, wenn ich allmächtig wäre und nicht einmal physisch tätig werden müsste. Erst recht, wenn ich keinen Finger krumm machen müsste, da allein der Gedanke an die Rettung ausreichen würde!

Es gäbe nur einen nachvollziehbaren akzeptablen Grund, um einen allmächtigen Gott von solch einer unterlassenen Hilfeleistung freisprechen zu können. Dies wäre, ein fataler Fehler in der Übersetzung oder gar in der inspirierten Übermittlung seiner Worte. Bei so einem Fehler jedoch, müsste aber wiederum seine Vollkommenheit oder Unfehlbarkeit in Zweifel gezogen werden. Wenn beispielsweise nicht »Allmacht« sondern »Macht über das All (Weltall, Weltraum)« der eigentliche Sinn wäre, was sich natürlich nur auf eine deutsche Übersetzung anwenden ließe. Doch dann müssten alle angeblichen Wunder, auch anders erklärt und betrachtet werden.

Zu dem Thema Wunder, werde ich später noch meinen Senf zum Besten geben.

Der Einfachheit halber und um gewissem Schubladendenken zu entgehen, werde ich die drei monotheistischen Religionen mit ihren »heiligen« Schriften in Verbindung bringen. Die da wären:

Judentum: Altes Testament und der Talmud, der genau genommen nur eine Anweisung ist wie man das Alte Testament verstehen soll.

Christenheit: Altes Testament und Neues Testament, teilweise Apokryphen

Islam: Koran und Hidschra, Scharia′a, Sunna und Altes Testament. Vereinzelt auch Neues Testament.

Da die Glaubenslehren und Geschichten dieser drei Religionen, genauso einheitlich, wie auch verschieden sein können und dies sehr verwirrend ist, hieraus eine einzige Wahrheit herausfinden zu können, habe ich mich dazu entschlossen, auf den folgenden Seiten alles in einen Topf zu werfen, um dieses Wirrwarr an verschiedenen angeblich »heiligen« Geboten, Anweisungen und überlieferten geschichtlichen Begebenheiten, eines mutmaßlich einzig wahren Gottes, zur Schau zu stellen. Auf welche Religionsgemeinschaft das jeweilige Argument, das entsprechende Dogma oder die erwähnte Glaubenslehre hinweist, wird der dazugehörige Gläubige schon erkennen. Wer eine bestimmte Glaubenslehre oder Interpretation, der aufgeführten Texte aus den angeblich »heiligen« Schriften vereinzelt nicht, zu einer seiner bekannten Glaubensrichtung zuordnen kann, hat die Möglichkeit die weiten des Internets zu nutzen, um dies herauszufinden. Vielleicht, geht einem ja schon allein beim Durchforsten der extremen Vielfalt an Religionen und deren Abspaltungen ein Licht auf, dass es keine einzig wahre Religion geben kann. Selbst wenn, es eine einzig wahre Religion geben sollte, was sehr unwahrscheinlich ist, wäre wegen deren Vielfalt anzunehmen, dass Gott die Menschen in dieser Hinsicht gerne im Ungewissen lässt, da er die Wahrheit nicht aufdeckt, sondern diese Vielfalt zulässt!

Um Missverständnissen vorzubeugen, möchte ich von vornherein klarstellen, dass wenn ich von Juden schreibe, dann beziehe ich mich ausschließlich auf die Religion! Es besteht also kein Grund, mich oder mein Werk, deswegen in die rechtsradikale Ecke zu stellen, um ein fadenscheiniges Argument auffahren zu können, mich oder dieses Buch mit angeblichem Antisemitismus zu diskreditieren, nur weil ich deutscher Staatsbürger bin. Auch wenn es in diesem Buch um Religion und nur wenn es unumgänglich ist, mit deren Zusammenhang um Politik geht, muss ich dies hier leider erwähnen. Denn es ist mittlerweile in Deutschland zur Gewohnheit geworden, allerlei unliebsame und unbequeme Themen mit der Nazikeule zu bearbeiten, um Autoren und Kommentatoren mundtot zu machen und diese als unglaubwürdig oder als Verschwörungstheoretiker darstellen zu können! Da es schon bei der Verwendung, des Wortes Jude, hitzige Meinungssäuerungen und Diskussionen gcbcn kann, möchte ich anmerken, dass es bis heute, noch keine allgemeingültige Begriffserklärung gibt, was oder wen jemand meint, der den Begriff Jude gebraucht. Die einen meinen damit nur die Religion, andere meinen, dass es sich dabei um ein von Gott auserwähltes Volk handelt und wieder andere sagen, dass es eine geologisch unabhängig, ethnisch-kulturelle Gruppe sei. Dann gibt es Vertreter der Meinung, dass sich der Begriff Jude, auf alle diese Faktoren bezieht. In den weiten des Internets widerspricht sich zumeist die eine, mit der anderen Begriffserklärung.

Nun, laut dem Duden wird das Wort Jude mit: *»Angehöriger eines semitischen Volkes, einer religions- und volksmäßig zusammengehörenden, über die ganze Erde verstreuten Gemeinschaft«* erklärt!

1 Meine ersten Gedanken

»Wenn Fantasiegebilde, Emotionen und Gefühle auslösen, sollte der Geist nur eine kurze Zeit davon gefesselt sein!«

Gibt es mehrere Götter oder gibt es nur einen Gott? Wenn es nur einen Gott geben sollte, was die drei monotheistischen Hauptreligionen ja behaupten:

Welcher ist der wahre/richtige Gott?

Welche Religion, dieses wahren/richtigen Gottes, ist dann die einzig Wahre?

Welche religiösen Schriften enthalten »Die Wahrheit«?

Wer darf überhaupt festlegen, welche Schriften, als mystische Märchen, Geschichten oder Fabeln gelten und welche gar als heilige inspirierte Worte Gottes?

Wenn es heilige Männer oder Frauen waren, muss die Frage erlaubt sein, wer dies bestimmen darf, wer als Heiliger gilt, oder zumindest als solcher angesehen oder aufgenommen werden darf?

Wer bestimmt, ab wann diverse religiöse Schriften als veraltet gelten?

Wer legt fest welche Texte, Verse oder Suren noch für die heutige Zeit zählen, noch von Wert sind oder umzusetzen und zu beachten sind?

Fragen über Fragen und alle Antworten können nur im Zusammenhang mit dem Glauben beantwortet werden. Es gibt keinerlei stichhaltige Beweise, um Antworten auf solche Fragen untermauern zu können.

Spätestens nach dem Tod wird jeder wissen was die Wahrheit ist oder aber, was wahrscheinlicher ist, auch nicht, da der Tod das absolute Ende der Existenz ist!

Denn das Leben, mit oder ohne Gott, gleicht einem Glücksspiel, bei dem jeder sein irdisches Leben als Einsatz setzt. Doch die Gewinner und Verlierer können nicht ermittelt werden, da noch niemand den man kennt von den Toten zurückgekehrt ist! Selbst wenn jemand zurück gekehrt wäre, würde man ihm glauben? Denn niemand wüsste, ob dieser die Wahrheit sagt oder eventuell nur durch körpereigene Substanzen mit halluzinogener Wirkung getäuscht wurde.

Selbst wenn man die polytheistischen Religionen, wie den Hinduismus usw. ausschließt und nur noch die drei am weitest verbreiteten monotheistischen Hauptreligionen gelten lassen würde, käme man nicht auf einen Nenner. Denn die Juden, Christen und Muslime haben nie und nimmer ein und denselben Gott. Denn *ein* Gott, kann auch nur *einen* bestimmten Charakter haben, nur *eine* Art von Anbetung tolerieren und nur *eine* ganz klare Definition seiner Gesetze und Gebote vertreten.

Selbst wenn man nun eine dieser drei Hauptreligionen als die Wahre herausfiltern könnte, wären dann immer noch die vielen, vielen Glaubensgemeinschaften, Abspaltungen und Sekten, die genauso den Anspruch auf die wahre Religion vertreten, wie jede andere Religionsauslegung auch.

Schon allein, dass ein Schöpfergott, der ausschließliche Ergebenheit und eine alleinige Anbetung fordert, so viele verschiedene Religionen mit unterschiedlichen Glaubenssätzen duldet oder zulässt, widerspricht jeder Argumentation eines wahren einzigen Gottes mit nur einer wahren Religion.

Wenn ein Gott existiert, der eine Anbetung fordert, die ausschließlich an ihn gerichtet sein darf, wieso hat er sein Wesen, seine Gebote und Anweisungen nicht in unsere Gene eingeschrieben, damit er auch seiner wahren Anbetung frönen kann und seine »Diener« nicht ständig im dunkeln tappen, ob sie nun auf dem richtigen Weg sind oder nicht?

Oder ist Gott wie ein Erfinder, der kein Copyright einfordert und jeder, mit seiner Schöpfung und seinen Worten machen kann was er will und das jeder, Gottes Worte sogar als seine eigenen oder die eines anderen Gottes oder Religionsstifters ausgeben darf?

Solch ein Gott, würde damit das Plagiat seiner Schöpfung und seiner heiligen Schrift sogar fördern. Doch zu welchem Nutzen soll das denn sein? Oder wem, soll so eine Vorgehensweise denn nutzen?

Es ist doch dadurch schon vorprogrammiert, dass es zu Kriegen, Gewalt, Blutvergießen, Mord und Totschlag kommen wird. Denn wenn die Menschen schon wegen etwas Öl oder Land Kriege führen, dann erst recht, um ihrem angeblichen, alleinigen, barmherzigen, eifersüchtigen Schöpfergott Ergebenheit zu zollen, der in deren Hirn gefesselt ist.

Oftmals wird das Alter der »heiligen« Schriften angeführt, um deren Göttlichkeit, Glaubhaftigkeit und/oder Unfehlbarkeit zu »beweisen«. Wenn dies, als Beweis gelten würde, dürfte nur das aller erste, als heilig angesehene Schriftstück gelten, das es gegeben hatte. Da der moderne (intelligente) Mensch schon tausende von Jahren Alt ist (dies ist wissenschaftlich bewiesen), müsste man demnach zuerst einmal herausfinden welches Schriftstück dies war. Vorausgesetzt so eine alte Schrift oder wenigstens eine Kopie derselben existiert überhaupt noch. Die Bibel, die erst ca. im neunten Jahrhundert vor Christus aufgeschrieben wurde, ist mit ihrem Alten- und Neuen Testament, hierbei eindeutig zu Jung. Ganz zu schweigen, von der Tora und vom Koran, oder gar dem Buch Mormon!

Doch wie *wahr,* wäre beispielsweise, ein beliebiges Märchenbuch oder ein Roman, wenn er in 2.000 Jahren gefunden werden würde und sich die Gesellschaft in der Zwischenzeit gewandelt hätte? Vielleicht würden dann alle X-Man Figuren, oder zumindest eine davon, als deren Wundertäter und Götter oder Gott gepriesen werden. Je nachdem, was von diesen Schriften noch vorhanden wäre, würden dann eventuell auch vereinzelte Geschichten und Textfetzen zusammengefügt und als heilig erklärt. Denn wer könnte zu dieser Zeit noch beweisen, dass dies nur ein Fantasie-Roman oder ein Drehbuch war, welches zuvor aus einem ehemaligen Comic-Heft etc. entnommen wurde und keine heilige Textsammlung, in der die Erlebnisse, Storys und »Wundertaten« der »Götter« aufgezeichnet wurden? Eventuell würden dann auch Superman, Batman, Ironman, Spiderman und dergleichen als Götter oder übernatürliche Wesen verehrt.

Wieso hat man eigentlich aufgehört Thor, Odin, Hermes, Isis, Donar, Poseidon, Gaia, Kronos usw. anzubeten und zu verehren?

Wer sagt uns eigentlich, dass nicht Brahma, Wischnu, Krishna usw. die Anbetung gebühren würde?

Wie viele Stammesreligionen gab und gibt es zusätzlich noch auf dieser Welt?

Welchen Wahrheitsgehalt haben diese, sehr viel älteren Stammesreligionen, gegenüber den heutigen Religionen, in sogenannten zivilisierten Gegenden der Welt?

Wer kann mit absoluter Sicherheit behaupten, dass die Religion der Maya, mit ihren Menschenopfern, nicht die Wahre war? Vielleicht gibt es ja in der heutigen Zeit so viel Leid, weil sich die Menschen von dem Gott der Maya abgewandt haben? Eventuell sind die Wüsten der Erde ja so unfruchtbar, weil die Menschen ihrem Gott keine blutigen Menschenopfer mehr darbringen!

Absurd, mögen jetzt viele denken. Aber wie absurd ist es dann daran zu glauben, dass der Sohn Gottes vom Himmel aus, in einen Samen befördert, mit Geisterhand in eine Jungfrau eingepflanzt und von dieser geboren wurde? Dass er übers Wasser laufen konnte, Wasser in Wein verwandeln konnte? Dass er von Gott, der sein Vater sein soll, an den Staat ausgeliefert wurde, um ihn von dessen Soldaten kreuzigen zu lassen, damit er für *alle* Sünden der Menschen geopfert werden konnte? Bei manchen, ist dieser Sohn sogar Gott selbst und zusätzlich noch der Heilige Geist! Dass dieser dann auch noch, nach drei Tagen als verwesende Leiche, wieder von den Toten auferstanden sein soll und nach einer gewissen Zeit des Predigens, dann seinen materiellen Körper, in ein Geistwesen umwandelte, um in einen geistigen Bereich, der Himmel genannt wird, wieder aufzusteigen, wo er angeblich vorher zur rechten Gottes saß (also, rechts von sich selbst?!).

Ja das, liebe Leser, das ist Religion!

Den Glauben an Mythen und Märchen die als absolute Wahrheit dogmatisiert werden! Heute diese und morgen jene Gottheiten! Und zu jeder Zeit der Geschichte, in der diese Gottheiten angebetet werden, sind es immer die einzig Wahren.

Um zu zeigen wie leicht man einen religiösen Text schreiben kann, der nach meiner Meinung nach mit einer Passage in irgendeiner »heiligen« Schrift mithalten kann, möchte ich nun eine neue Vision hier einbringen, die ich mir ausgedacht habe. Zuvor hebe ich die Glaubwürdigkeit des Textes hervor, indem ich mich selbst davon distanziere, da ich angeblich nicht daran glaube.

Hallo an alle Gläubigen,

Mein Name ist unbedeutend, genau wie meine soziale Stellung und meine Herkunft. Da ich Agnostiker mit großer Tendenz zum Atheist bin, bin ich auch weit entfernt davon religiös zu sein. Als Kind wurde ich zwar Christlich-Evangelisch getauft, bin aber mit 14 Jahren, während meiner Konfirmationsschulung, aus der Kirche ausgetreten. Es liegt mir deshalb fern, irgendjemand einen Glauben aufzwingen zu wollen.

Die Worte die nun folgen, sind mir in einer Vision erschienen und da ich ein Mensch bin, der die Objektivität begrüßt, möchte ich diese Vision niemandem vorenthalten.

Was ihr aus dem Text entnehmt, ist eure eigene Sache.

Ich weiß nicht, ob diese Vision wirklich von Gott stammt, noch ob sie der Wahrheit entspricht. Dies müsst Ihr selbst entscheiden.

Nun denn, dies sind die Worte aus meiner Vision:

Eine neue Vision

»Eine neue Vision der heiligen Schrift an alle Menschen auf Erden.

Dies sind meine Worte an euch, die ihr suchet nach Wahrheit und Gerechtigkeit.

Es stimmt mich traurig und ich bin enttäuscht zu sehen, was ihr aus meinem Geschenk des Lebens gemacht habt, indem ihr mordet, betrügt, stehlt, vergewaltigt, versklavt.

Ich bin kein Gott des Zorns, kein Gott der Mord und Totschlag gutheißt.

Es widert mich an, dass ihr in meinem Namen, den ihr nicht einmal gebraucht, Blut vergießt und Leid verursacht.

Meine Botschaft ist die Liebe und diese Botschaft gehört allen Lebewesen auf der Erde.

Alles was ihr in meinem Namen schreckliches getan habt, war sinnlos und ohne Bedeutung für mich.

Jedwede Treuebezeugung die durch Gewalt erreicht wurde ist der Nichtigkeit verfallen.

Auch werde ich niemanden für Ewigkeiten quälen.

Es gibt keine Rache für Wesen die sich noch auf dem Weg zum Licht befinden!

Jeder der sich im Dunkel befindet und das Licht sieht wird vom Licht angezogen. Wieso sollte ich ihn dort heraus nehmen und Leid zufügen?

Wer dies nicht glaubt hat meine Botschaften nicht verstanden und ist ohne Unterscheidungsvermögen an verfälschte und verwässerte Übersetzungen und Interpretationen herangetreten.

Es ist nicht wichtig welchen Namen ihr euren Organisationen und Religionen gegeben habt.

Es ist nur dies eine wichtig.

So nehmet alles aus euren Schriften heraus was mit Mord, Totschlag, Folter, Hass, Verfolgung, Krieg und dergleichen zu tun hat und verwerft all dieses!

Denn all dieses ist in meinen Augen ein Gräuel und kann niemals in meinem Namen geschehen.

All jene, die anderes behaupten, sind der Lüge verfallen.

All jene, die dies behaupten, sind der negativen Macht verfallen euch durch Angst zu versklaven.

Glaubt niemandem der sagt: »Siehe dort ist Gott und dort ist sein Sohn und dort sind seine Propheten«, denn mein Wesen ist nicht Materiell.

Mein Wesen ist die reine bewusste Energie in Liebe!

Ich habe dieses Leid nie gewollt und hätte ich gekonnt, ich hätte es verhindert.

Ich bin mächtig, ja sogar sehr mächtig, doch nicht allmächtig.

Ich bin auch weise und habe ein sehr großes Wissen und dennoch bin ich nicht allwissend.

Ich kann schnell reisen, doch ich kann unmöglich überall gleichzeitig sein.

Wenn ihr nun enttäuscht oder verwundert seid, kann ich das verstehen.

Dennoch ist dieser Umstand auf euren blinden Glauben an verwässerte Schriften zurück zu führen und euren Gelehrten die eure Herzen mit Lügen gefüllt haben.

Das Gehirn ist eines der besten Organe die ich für euch geschaffen habe und ich bitte euch es zu gebrauchen um die Wahrheit zu suchen.

Denn wer mit einem wachen Verstand und mit Liebe im Herzen nach der Wahrheit sucht, wird diese finden und wird sich entfernen von schädlichen Eigenschaften und Emotionen die andern Leid zufügen.

Gewalt kann niemals aus Liebe erstehen, sondern nur aus Hass, Wut und Neid.

Nur wer den wahren Frieden gefunden hat, kann mich wirklich lieben!

Diese gute Botschaft möchte ich euch schenken, da es mich erfreut zu sehen, dass es noch Menschen gibt die meine eigentliche Botschaft gefunden haben und auch danach leben.

Ihr seid die Zukunft! Ihr seid die Wesen reinen Lichts in materiellen Körpern, die ich bezweckt habe zu erschaffen. Ihr seid meine Freude.

Mögen noch viele eurem Beispiel folgen.

Amen, so sei es, so soll es geschehen.«

Wen die Texte in den »heiligen« Schriften bewegen, wird bei diesen Worten vielleicht auch besondere Emotionen empfinden. Es ist wie bei einem bewegenden Moment in einem Film oder Roman.

Geistig gesunde Menschen sind nun einmal zum großen Teil mitfühlende Wesen und können dementsprechend ihre Gefühle und Emotionen nicht steuern. Emotionen überkommen einen eben! Was bei positiven Emotionen sogar förderlich für das Zusammenleben in der Gesellschaft sein kann. Emotionen kann man nicht ein und abschalten wie man es gerne hätte. Denn wäre es so, dann gäbe es auch weniger Konflikte in der Gesellschaft, wenn man einmal von den negativen Emotionen wie Wut, Neid, Hass und dergleichen ausgehen würde.

Gehen Sie doch noch einmal ein paar Zeilen zurück und überlegen Sie, was in ihrem Inneren passierte, als Sie diesen Satz im Vorwort gelesen haben: »Wer so etwas nicht ertragen kann und sich bei allgemeinen Themen wie Religion, Politik usw. sogleich selbst direkt angesprochen fühlt und damit nicht umgehen kann, *sollte dieses Buch nun zuklappen und es zur Seite legen, sich einen Dauerlutscher kaufen und in den Keller gehen zum weinen.«*

Kam in Ihnen beim Lesen dieses Satzes nicht eine Emotion hoch mit gewissen Gedanken? Dass Emotionen Individuell sind, zeigt dass diese Zeilen bei lockeren liberalen Menschen mit Humor ein fröhliches grinsen entlockte und andere ernstere konservative Menschen haben vermutlich eine Art von Ärger empfunden und haben mich innerlich als arrogant und herablassend bezeichnet.

Ja, das sind Emotionen! Religionen spielen mit genau solchen Emotionen, um die Menschen so besser an sich binden zu können und die weltlichen Dinge besser abwerten zu können! Am besten geht das nun mal mit diversen, angeblich als heilig geltenden Büchern und Schriften. Denn diese »heiligen« Bücher und Schriften können eine ganze Reihe von individuellen Emotionen entfesseln!

Herkunft der »heiligen« Schriften

Die »heiligen« Schriften sollen ja angeblich ein Geschenk von Gott an die Menschen gewesen sein, um ihnen eine Hilfe zu sein, wie sie leben sollen und wie sie gottgefällig leben müssen.

Die einen sagen, dass diese durch Inspiration übermittelt wurden und die anderen Behaupten, dass Gott seine Worte durch Engel überbracht haben soll.

Drei Fragen vorweg:

1.) Wieso braucht ein allmächtiger Gott überhaupt Menschen um seine Botschaften zu verbreiten?

2.) Wieso soll seine Botschaft denn überhaupt erst über Jahrhunderte hinweg verbreitet werden? Wäre es nicht sinnvoller, wenn seine Botschaft allen Menschen zur gleichen Zeit zur Verfügung stehen würde?

3.) Wieso lässt ein allwissender Gott eigentlich Menschen seine Botschaften verbreiten, wenn er doch schon im Voraus genau weiß, dass diese in kurzer Zeit sowieso verfälscht oder uminterpretiert werden, da die Menschen wegen seiner Strafe, also wegen der Erbsünde, doch die Unvollkommenheit auferlegt bekamen?

Was einen aufmerksamen, denkenden Menschen sehr sauer aufstoßen müsste, ist der Umstand, dass zu Beginn alle Schriften ausschließlich mündlich weitergegeben und verbreitet wurden. Hierbei handelte es sich um Erzählungen und Geschichten durch Vorträge und Lieder, allein aus dem Gedächtnis. Bestimmt waren da auch diverse Märchen dabei, die Eltern ihren Kindern vor dem schlafen gehen erzählten.

Wer kann heute noch mit Hundertprozentiger Sicherheit bezeugen, dass sich diese Märchen nicht mit einigen realen Begebenheiten vermischt haben?

Selbst die heutigen nachvollziehbaren geschichtlichen Aufzeichnungen können keine absolute, unverfälschte Glaubwürdigkeit mehr aufweisen. Denn jeder weiß mittlerweile, dass die allermeisten Geschichten von den Siegern geschrieben wurden oder zumindest von treuen Schreibern in Auftrag gegeben wurden diese aufzuzeichnen.

Als die Menschen noch keine ausgeklügelte Schrift hatten, wurden diese Begebenheiten auch in Liedern, Erzählungen und etwas später sogar in Theaterstücken der Allgemeinheit vorgetragen. Natürlich zuallererst dem Adel und der herrschenden, sich für etwas besseres haltende Gesellschaft. Kein König oder Herrscher hätte es zum Beispiel erlaubt, dass eine Geschichte über ihn die Tatsache enthielt, dass er wie ein kleines Mädchen einen extrem schrillen hellen Schrei von sich gab, als er mit einem riesigen Schwert einen Kratzer am Arm abbekam und sich danach wie ein Hund in eine Ecke setzte um wie ein Waschweib zu heulen. Wobei dieses mächtige Schwert wahrscheinlich nur ein popeliges Küchenmesser war. Doch genau so wurden damals Geschichten aufgepeppt und keiner in der Zukunft kann mehr beurteilen, wie es nun wirklich abgelaufen war.

Wieso sollte es bei den Schriften aus Erzählungen, Märchen, Geschichten, Gedichten und Poesie der heutigen, als heilig geltenden Bücher, anders sein?

Würde es einen Gott geben und würde dieser wollen, dass die Menschen die Wahrheit erfahren sollten, dann hätte er es mit seiner Allmacht möglich gemacht, dass jeder mit seiner Geburt dieses Wissen in sich trägt oder besser noch, dass bei der Geburt auch seine wirkliche Heilige Schrift zum Beispiel in der Plazenta zum Vorschein kommt. Das mag jetzt ekelig rüber kommen, doch wäre es von Anbeginn der Menschheit so gewesen, wären wir es heute nicht anders gewohnt und es wäre Normalität. Oder wäre so etwas für einen allmächtigen Gott etwa nicht möglich?

Dann kommen auch noch Gedichte und Poesie dazu, die man eher als Worte damaliger Weiser und Künstler ansehen kann.

Aber waren diese Weisheiten deshalb gleich von einem Gott?

Ein weiser Spruch weist darauf hin:

»Aus großer Macht folgt große Verantwortung!«

Mal sehen wie weit es diese Aussage schafft.

Dieser Spruch ist nicht in einem »heiligen« Buch zu finden und hat auch kein geistlicher Schriftsteller, König oder Präsident geäußert.

Nein, diese Weisheit haben wir Stan Lee und Steve Ditko, den Erfindern des Comics Spiderman zu verdanken, der dem Onkel von Peter Parker (Spiderman) diese Worte sagen ließ. Eine Comic-Figur die sogar nur eine Nebenrolle inne hat.

Wenn heutzutage einer fiktiven Figur solche Weisheiten zugesprochen werden, wie viel mehr müssen wir dann davon ausgehen dass die Weisheiten in Antiken Zeiten auch von Fiktiven Personen geäußert wurden! In der damaligen Zeit geht dies sogar soweit, dass brennende Büsche ihre Erzählungen weiter gegeben haben sollen!

Manche glauben ja sogar, dass ihr »heiliges« Buch direkt von Gott auf die Erde geworfen wurde, seinem Propheten genau in die Hände.

Dann frage ich mich, wieso nur *ein* Buch?

Eigentlich hätte es doch weltweit Bücher mit den genauen Anweisungen, Geboten und Gesetzen regnen müssen, damit auch wirklich alle Menschen mit dieser Wahrheit Gottes in Kontakt kommen können!

Auch wenn dieses Herabwerfen eines Buches nur symbolisch zu verstehen wäre, könnte man fragen: Wieso nur einem einzigen Menschen?

Doch wer würde so etwas heute noch glauben, wenn es überliefert wäre, dass es damals tausende von Gottes heiligen Büchern geregnet hätte? Nun, all jene, die heute auch die anderen Märchen glauben die von den Religionen so erzählt werden!

Meine Empfehlung wäre: Erst einmal nachprüfen und darüber nachdenken, ob das eigentlich so sein kann, was einem so eingetrichtert und suggeriert wird!

Wenn dann doch irgendwer die »heiligen« Schriften des allein wahren Gottes oder der Götter heraus gefunden haben sollte, stehen weitere Fragen offen.

Wie sind die Worte und Sätze zu verstehen?

Ist alles wortwörtlich zu verstehen und buchstäblich umzusetzen oder gibt es Verse/Suren die nur symbolisch, als Metapher oder Gleichnis angesehen werden dürfen?

Wer entscheidet was davon wörtlich und was symbolisch, als Metapher oder Gleichnis angesehen werden muss, darf oder soll?

Einige Gläubige werden nun sagen, dass Gott die Gedanken schon in die richtige Richtung lenkt wie etwas zu verstehen ist.

Doch wieso, verstehen dann alle, etwas anderes unter den jeweiligen Aufzeichnungen?

Wer sagt mir, dass sich nicht irgendein selbsternannter Prophet oder Gelehrter dies alles selbst ausgedacht hat, um sich selbst oder seinem Glaubensgebäude Vorteile zu verschaffen oder auch nur um aufzuzeigen, dass nur er allein die Wahrheit gefunden haben will, um die anderen Glaubensrichtungen zu diskreditieren?

Denn wenn jeder, nach eigenem Gutdünken, die Texte auslegen darf wie es ihm beliebt und dies sogar im Namen Gottes tut, wie sollte man da jemals die wahren Bedeutungen dieser als »heilig« geltenden Schriften verstehen können?

Wenn es Gott wirklich geben würde oder er wollte, dass man seine Gebote usw. kennen und umsetzten müsse, gäbe es dieses Wirrwarr nicht!

Bestes Beispiel ist die Hölle.

Die Hölle

Die Hölle ist bei den einen ein Ort ewiger Qual, bei den anderen ein Ort der zeitlich begrenzten Qual, bei wieder anderen nur ein Sinnbild von Gottes Liebe ausgeschlossen zu sein, ein Ort nach dem Tod um über seine Sünden nachdenken zu können, ein Ort der Trostlosigkeit usw. usw.

Nun, da es so viele verschiedene Definitionen von der Hölle gibt möchte ich nun meine Eigene niemandem vorenthalten.

Ich nenne diese: Meine eigene kleine Hölleninterpretation mit dem Titel:

Wir sind alle schon tot!

Was die Verse in der Bibel (Lukas 4, 5-7) von der Versuchung Jesu in der Wüste von Satan uns sagen wollen:

»Und der Teufel führte ihn auf einen hohen Berg und zeigte ihm alle Reiche der ganzen Welt in einem Augenblick (6) und sprach zu ihm: Alle diese Macht will ich dir geben und ihre Herrlichkeit; denn sie ist mir übergeben, und ich gebe sie, welchem ich will. (7) So du nun mich willst anbeten, so soll es alles dein sein.«

Satan bietet Jesus hier alle Reiche der Erde an wenn er ihn anbetet. Wenn Satan, Jesus die Reiche der Erde anbietet, müssen sie Satan gehören. Es heißt nicht ohne Grund in Vers 6, dass dem Teufel die Macht über diese Reiche gegeben wurden.

Wenn die Erde Satan gehört und diese sein Königreich ist, muss die Erde dann ja wohl die Hölle sein, da Satan ja nur über die Hölle regiert. Wenn die Erde die Hölle ist, müssen alle Lebewesen auf ihr schon längst tot und verurteilt sein, da nur tote Sünder in die Hölle verbannt werden.

Da wir aber sterben, muss es wohl eine Re-Inkarnation geben, damit wir immer wieder in die Hölle inkarnieren (in fleischlicher Gestalt wiedergeboren werden) können, um die Ewigkeit aufrecht zu erhalten.

Das bedeutet demnach, einmal Erde, immer Erde!

Denn die Erde ist die Hölle, der Ort der ewigen Qual! Immer wieder Jung und unwissend und immer wieder Alt und gebrechlich sein zu müssen, kann man getrost mit einer ewigen Qual gleichsetzen!

Die ganz krassen Sünder haben hier auf der Höllen-Erde eine Extraqual zu erleiden, und zwar diejenigen, die über wenig finanzielle Mittel verfügen, da dies zusätzliche Einschränkungen und Leid bedeutet. Die nicht so schlimmen Sünder sind die Wohlhabenden und die mächtigen Gesetzgeber. Diese dürfen als Aufseher der Hölle über die Schweren Sünder wachen und bestimmen! Dennoch sind beide Gruppen in der Hölle und müssen sich weiterhin mit Krankheiten, Schmerzen, Behinderungen und seelischen Qualen auseinandersetzten! Ab und zu überrollt einen dann auch mal eine Naturkatastrophe, ein Autounfall, ein Flugzeugabsturz, wird vergewaltigt oder ermordet. So, dass man in diesen unendlichen immer wiederkehrenden »Leben« nie zur wahrhaft seligen Ruhe findet!

Das bedeutet, dass wir unser ewiges Leben in Harmonie und Glück längst verspielt haben und niemals mehr eine Chance auf das Paradies bekommen können. Deshalb nützt auch kein Selbstmord um diesem Leid entgehen zu können, da wir sowieso immer wieder auf der Erde inkarnieren werden, die gleichzeitig die Hölle ist!

Ist es nicht interessant, was man alles in bestimmte Texte der »heiligen« Schriften hinein interpretieren kann, wenn einem die Fantasie nicht im Stich lässt?

Bitte bedenken Sie, dass ich nur ein einfacher Mann bin, der kein Studium jedweder Art genossen hat. Dennoch war es für mich ein Leichtes hier meine eigene religiöse Interpretation zu konstruieren, die man bestimmt einigen leichtgläubigen Menschen als Wahr verkaufen könnte. Vielleicht greift dies ja einmal eine der tausenden Religionsgemeinschaften auf, um diese Interpretation dann als »vollkommene und einzig wahre Lehre Gottes« zu dogmatisieren um diese ihren Gläubigen näherzubringen.

Kommen wir nun zurück zu dem allgemein bekannten Dogma der Hölle und der Interpretation der großen etablierten Religionen zu diesem »Ort« und den in deren Zusammenhang mitwirkenden Protagonisten.

Die Hölle wird ja dargestellt, als ein geistiger Ort der ewigen Qual, in diesen alle Sünder nach deren Tod kommen und in dem Satan der Herrscher ist!

Gott ist aber derjenige, der entscheidet, ob ein Verstorbener in den Himmel oder in die Hölle kommt! Wenn es ein Sünder war, kommt er in die Hölle, in der dieser von Satan und seinen Dämonen gequält wird! Dies zumindest, ist die offizielle Erklärung einiger Religionen.

Nach mehrfachem Überlegen habe ich mich dann aber gefragt, wieso die Hölle eigentlich ein Ort der Qual sein soll?

Denn was muss ein Sünder in den Augen Satans sein? Klar, bei Gott ist er böse, weil er sich nicht an seine Gebote gehalten hat aber in Satans Augen muss der Sünder ja eigentlich ein Verbündeter sein, da ja auch er sich nicht an Gottes Maßstäbe gehalten hat. Ergo müsste der Sünder ja von Satan belohnt und nicht bestraft werden wenn er in sein Reich verbannt wurde.

Oder ist Satan nur ein Handlanger von Gott, der in Gottes Auftrag quälen muss?

Hier ergibt sich nun die Frage, wer, warum quält?

Wer straft nun? Gott oder Satan? Natürlich Gott, würde jetzt jeder Gläubige behaupten.

Wer quält dann? Gott oder Satan? Ganz klar Satan, haben alle suggeriert bekommen.

Aber warum um alles in der Welt sollte Satan für Gott Menschen quälen, die gegen Gott gehandelt haben und demnach auf seiner Seite stehen müssten?

Wieso sollte Satan überhaupt etwas für Gott machen, der ihn aus seinem Zuhause verbannt hat? Demzufolge kommt man bei logischem Kombinieren nicht drum herum, dass es doch Gott selbst sein muss, der die Menschen in der Hölle quält oder sogar durch seine Engel quälen lässt, da nur die Engel ihm loyal ergeben sind.

Wenn ich meine Gedanken noch etwas weiter ausbaue, komme ich zu der Möglichkeit, dass Gott selbst eine sadistische Ader haben muss. Wieso?

Nun, man könnte hier die Frage stellen: Wurde ich in die richtige Religion hinein geboren?

Wenn es sich nach dem Tod herausstellen sollte, dass es die Falsche war, wer muss dies dann verantworten oder trägt hierfür die Schuld? Sind es die Eltern des Gläubigen oder sogar Gott selbst, da er uns allen ja angeblich das Leben geschenkt hat und es lenkt? Da Gott doch alles lenken soll und allwissend sein soll, würde das bedeuten, dass er es für uns so vorgesehen hat uns die falsche Religion zu geben, damit er uns nach unserem Tod in der Hölle dafür quälen lassen kann, weil wir auf dem falschen Weg gewandelt sind!

Ein kleines Beispiel: In Ländern die den Islam als Staatsreligion haben, ist es gottgefällig eine Frau zu steinigen wenn diese Ehebruch begangen hat. In westlichen christlichen Ländern, ist diese Art der Bestrafung selbst schon eine Sünde! Verbannt Gott einen nun in die Hölle wenn man bei einer Steinigung mitwirkt oder ist es eine Sünde die mit der Hölle bestraft wird, wenn man dieser Frau ihren Ehebruch durchgehen lässt?

Dies ist nur ein kleines Beispiel, das aufzeigt, dass die ganze Gott, Satan, Hölle Thematik absoluter Quatsch ist und nur einen Sinn verfolgt. Es soll den Menschen Angst gemacht werden um an deren Geld zu kommen und um über sie Macht ausüben zu können.

»Die besten Soldaten sind nun mal jene, die für einen Gott oder Glauben in den Tod gehen würden, da sie keine Fragen mehr stellen!«

2 Gesetze und Gebote

Die Gesetze und Gebote der »heiligen« Schriften kommen genauso wenig auf ein und denselben Nenner.

Selbst die Zehn Gebote, die angeblich direkt von Gott gegeben wurden, haben in allen drei abrahamitischen Religionen nicht immer dieselbe Bedeutung und widersprechen sogar einander in ihren heutigen Lehren. Zumindest können sie von jedem in verschiedener Art und Weise verstanden und aufgefasst oder Interpretiert werden. Zudem sind einige der Gebote, mehr oder weniger, nur logische Anweisungen, um das weitere Überleben der Menschheit zu sichern und dazu braucht es keinen Gott, um darauf zu kommen.

Schauen wir uns einmal diese Zehn Gebote an.

Die Zehn Gebote

Zu finden im Alten Testament der Bibel: 2. Mose Kapitel 20 (hier nach der Lutherbibel 1912)

Gebot 1.

»Du sollst keine anderen Götter neben mir haben.«

Schon hier wird es schwierig! Um keine anderen Götter neben ihm zu haben muss man erst einmal feststellen können wer nun der einzig Wahre Gott ist.

Ist es A: Jahwe, B: Jehova, C: Allah, D: Jesus, E: Gott, F: HERR, G: Adonai, H: Elohim

Wobei ich anmerken möchte, dass HERR, Gott oder Allah eigentlich keine direkten Namen sind sondern eigentlich nur bedeuten, dass dieses Wesen mächtig ist. Oft wird Gott mit »der Mächtige« übersetzt wenn man vom hebräischen, aramäischen oder altgriechischen Wortstamm ausgehen würde. Auch Adonai und Elohim sind keine richtigen Namen, sondern lediglich Hochachtungsbekundungen für dieses angeblich allmächtige Überwesen. Zudem biete ich hier nur die gängigen Formen Gottes zur Wahl an, die von den drei abrahamitischen Religionen akzeptiert werden würden. Wenn ich alle anderen Götter von damals bis in die heutige Zeit mit aufführen würde, müsste ich ein kleines extra Büchlein beilegen. Denn sogar einige Herrscher beanspruchten damals Götter oder göttlich zu sein.

Gebot 2.

»Du sollst dir kein Bildnis noch irgend ein Gleichnis machen, weder des, das oben im Himmel, noch des, das unten auf Erden, oder des, das im Wasser unter der Erde ist. Bete sie nicht an und diene ihnen nicht. Denn ich, der HERR, dein Gott, bin ein eifriger Gott, der da heimsucht der Väter Missetat an den Kindern bis in das dritte und vierte Glied, die mich hassen; und tue Barmherzigkeit an vielen Tausenden, die mich liebhaben und meine Gebote halten.«

Wenn man dieses Gebot ernst nehmen würde wären die christlichen Religionen schon jetzt ausgeschieden mit all ihren Heiligenfiguren, Kreuzen und Bildern.

Die Muslime wären spätestens nach ihrem Besuch oder einem Gebet in Richtung der Kaaba in Mekka ausgeschieden und die Juden wenn sie sich vor der Klagemauer verbeugt haben.

Also kümmert sich keine der drei Religionen um dieses Gebot und ist demnach total unnütz in diesem angeblichen »heiligen« Alten Testament.

Im zweiten Teil dieses Gebotes ist auch ein Widerspruch zur Erbsünde enthalten, die ja angeblich an die ganze Menschheit nach Adam und Eva vererbt worden sein soll!

Denn dort heißt es: *»ich, der HERR, dein Gott, bin ein eifriger Gott, der da heimsucht der Väter Missetat an den Kindern bis in das dritte und vierte Glied, die mich hassen; und tue Barmherzigkeit an vielen Tausenden, die mich liebhaben und meine Gebote halten.«*

Da Adam ja der erste Vater war, der eine Missetat begangen hatte, dürften nur die Nachfahren bis ins vierte Glied von Gottes Fluch befallen gewesen sein.

Dies aber auch nur, wenn diese ihn hassen! Eigentlich müsste Gott ab da an, vielen Tausenden Menschen gegenüber barmherzig sein, wenn sie ihn lieb haben und seine Gebote halten.

Doch leider geht es den Gläubigen nicht anders als den Ungläubigen. Jeder Mensch hat mit Krankheit und allerlei anderem Leid zu kämpfen.

Entweder gibt es keinen Menschen mehr, der die wahren Gebote Gottes einhält oder, was wahrscheinlicher ist, es gibt einfach keinen Gott, da alles Geschriebene und jegliche Überlieferung frei erfunden wurde, um die Menschen nach eigenem gut dünken zu beherrschen.

Gebot 3.

»Du sollst den Namen des HERRN, deines Gottes, nicht missbrauchen; denn der HERR wird den nicht ungestraft lassen, der seinen Namen missbraucht.«

Hmm, den Namen des Herrn. Welches Herrn? Herr Meier, Müller, Schulze oder was?

Nee, is klar, hier wird wieder nur ein Titel oder besser gesagt HERRschaftsanspruch des Mächtigen diktiert.

Doch jetzt mal ehrlich wie ist nun der Name dieses herrschenden Mächtigen?

Wie soll man einen Namen missbrauchen können, wenn man diesen nicht einmal gesagt bekommt oder heutzutage niemand mehr weiß, wie dieser Name genau ausgesprochen oder geschrieben wird?

Wieder eine unnötige Strafankündigung mit erhobenem Zeigefinger die nur der Unterdrückung der Gläubigen dient, um deren Geist mit den Fesseln der Religion einzuengen.

Gebot 4.

»Gedenke des Sabbattags, dass Du ihn heiligest. Sechs Tage sollst du arbeiten und alle dein Dinge beschicken; aber am siebenten Tage ist der Sabbat des HERRN, deines Gottes; da sollst du kein Werk tun noch dein Sohn noch deine Tochter noch dein Knecht noch deine Magd noch dein Vieh noch dein Fremdling, der in deinen Toren ist. Denn in sechs Tagen hat der HERR Himmel und Erde gemacht und das Meer und alles, was darinnen ist, und ruhte am siebenten Tage. Darum segnete der HERR den Sabbattag und heiligte ihn.«

Ach, endlich mal ein Gebot, das einen Nutzen für die Menschen hat. Doch wer bitteschön würde es durchhalten sieben Tage durchzuarbeiten?

Was eigentlich einschließen würde, Tag für Tag, Woche für Woche und Jahr für Jahr ohne Ruhepause arbeiten zu müssen, wenn der liebe Gott nicht wäre und uns einen Tag der Ruhe aufgezwungen hätte!

Ohne dieses Gebot hätte sich die Menschheit bestimmt schon zu Tode gearbeitet und wäre längst ausgestorben! Entschuldigung, aber hier komme ich leider nicht ohne Ironie aus!

Oder geht es hier nur darum an welchem bestimmten Tag wir nicht arbeiten dürfen? Nun denn, dann haben hier nur die Juden einen Plus-Punkt, denn diese halten sich noch an den eigentlichen Sabbat der immer noch der Samstag ist und auch von Anfang an war. Wie sie allerdings ihr Vieh oder Fremde davon abhalten sollen, irgendeine Aktion auszuführen, die als Arbeit angesehen werden kann, bleibt für mich schleierhaft. Ich würde mir zum Beispiel nicht vorschreiben lassen, dass ich Samstags keine Hecken schneiden darf. Schon gar nicht von einem Fremden oder von einem Nachbarn, wenn ich mit diesem im selben Reihenhaus oder Wohnblock lebe. Es ist mir dabei auch so was von egal welche Religion dieser vertritt.

Zudem müssten Juden dann auch darauf hoffen und sogar froh darüber sein, dass es nicht so Gläubige oder andersgläubige Mitmenschen gibt. Denn wenn alle Menschen streng gläubige Juden wären, hätten sie jeden Samstag ein riesiges Problem, das unzählige Leben kosten würde. Dann wäre der Samstag frei von Polizei, Krankenversorgung, Altenpflege, Feuerwehr und anderen sehr wichtigen Dienstleistungen wie Reinigungskräfte, Instandhaltung und Kontrolle von Strom und Wasserversorgung, Service Technik-Supports und vielem mehr.

Den Christen scheint das Sabbatgebot nicht so wichtig zu sein wenn es sich ausschließlich auf den Samstag beziehen sollte, denn ihr Ruhetag ist der Sonntag. Wo das allerdings in der Bibel stehen soll, ist mir schleierhaft. Na ja, vielleicht habe ich das ja auch einfach nur überlesen.

Da auch Moslems Samstags Arbeiten verrichten, muss deren göttlich angeordneter Ruhetag demnach auch ein anderer sein. Vorausgesetzt sie haben überhaupt einen den sie einhalten müssen. Jedoch, wenn ich mich recht erinnere, gilt das Alte Testament, neben dem Koran, doch auch für Moslems oder?

Gebot 5.

»Du sollst deinen Vater und deine Mutter ehren, auf dass du lange lebest in dem Lande, dass dir der HERR, dein Gott, gibt.«

Vater und Mutter ehren, wenn sie es verdienen, ist doch wohl eine Selbstverständlichkeit und bedarf doch wohl keines extra Gebotes!

Doch was ist eigentlich mit Eltern, die unter Alkoholeinfluss ihre Kinder misshandeln oder sogar missbrauchen? Sollen diese auch geehrt werden? Ach ja, ich vergaß, in Familien die einer Religion angehören kommt so was ja niemals vor. Aber wenn doch mal so ein »Einzelfall« vorkommt, ist das halt so und wenn Gott sagt ehre sie, dann hat man sich nun mal daran zu halten. Doch ob man dann wirklich lange lebt, ist wieder eine andere Frage.

Im zweiten Teil dieses Verses wird man noch einmal explizit darauf aufmerksam gemacht, dass Gott einem das Land in dem man lebt gegeben hat. Das bedeutet also, dass Gott auch die Religion die in einem bestimmten Kulturkreis und geologischen Umfeld üblich ist für einen mit aussucht!

Doch was ist, wenn diese Religion die falsche sein sollte? Nun denn, dann heißt es halt kurz und schmerzlos: Pech gehabt!

Doch wenn Gott das so will, hat man dies dann auch so anzunehmen und kann sich schon mal demütig auf seine »heiße« Strafe freuen!

Gebot 6.

»Du sollst nicht töten.«

Dies ist selbstredend kein Gebot, das man von einem Gott aufgetragen bekommen bräuchte! Denn in unserem angeborenen Gewissen ist diese Weisheit schon verankert. Wenn Gott uns erschaffen hätte, wüsste er das und müsste uns nicht noch einmal per Gebot darauf hinweisen. Denn wäre diese moralische Grenze nicht bei den meisten Menschen in deren Genen, hätten wir uns schon vor dem Aufkommen der Religionen längst ausgelöscht! Um das Fortbestehen der Menschheit weiterführen zu können, halten wir uns deshalb auch dann daran, wenn uns kein Gott mit erhobenem Zeigefinger im Nacken sitzt.

Nach meiner Sichtweise, ist dieses Gebot aber trotzdem sehr extrem formuliert. Dieses Gebot, gibt den Menschen keinerlei Spielraum für lebensrettende Selbstverteidigung. Wenn man dieses Gebot wirklich so anwendet wie es da steht, dürfte man jemanden der einen umbringen will nur Bewusstlos schlagen und müsste bei dessen Genesung damit rechnen, dass er einen weiteren Versuch starten wird, sein Ziel einen umzubringen zum Abschluss zu bringen.

Dieses Beispiel richtet sich natürlich nur auf eine Situation bei der man keine Hilfe von der Staatsmacht erhalten kann!

Wenn sich Menschen töten, dann hat das so gut wie immer auch einen Grund. Was ich nicht verdauen kann ist, dass oftmals Religion selbst einer dieser Gründe davon ist und dieser ist selbstredend nicht evolutionär sondern von ausgedachten Mythen und Märchen angestachelt. Was ich damit sagen will ist, dass oftmals dieser Gott, der gebietet, dass man nicht töten soll, selbst der Grund dafür ist, dass sich viele Menschen schon seit Jahrtausenden an die Kehlen gehen und sich gegenseitig abschlachten und töten, nur um für ihren Gott zu kämpfen und ihm wohlgefällig zu sein. Ist diese Ironie nicht herrlich!

Gebot 7.

»Du sollst nicht ehebrechen.«

Selbstredend, wenn man seinen Partner wirklich liebt.

Da man immer mit rechnen muss, dass solche sexuellen Ausschweifungen sowieso immer irgendwann herauskommen, ist ein gebrochenes Herz vorprogrammiert. Denn Fremdgehen ist einer der schlimmsten Vertrauensbrüche die es in einer Monogamen Partnerschaft gibt!

Doch wäre es eigentlich Ehebruch, wenn sich das Paar für eine offene Beziehung aussprechen würde? Denn die Ehe würde ja Intakt bleiben und dadurch nicht gebrochen. Für das Paar bestimmt nicht, aber das interessiert die Eiferer Gottes und deren Interpretation der »heiligen« Schriften nicht die Bohne!

Auch dann nicht, wenn ihre Vorbildpersonen in der Bibel selbst Ehebruch begehen und sogar dafür sorgen, dass der Gemahl der begehrten Frau von diesem Vorbild an die Kriegsfront gestellt wird, mit der Sicherheit, dass dieser dort ab gemetzelt wird. Nur damit dieses Vorbild dessen Frau ficken kann! Da er ja kein Ehebruch begehen wollte, musste er sich doch etwas einfallen lassen, um dieses Gebot seines Gottes umgehen zu können! Wer die Geschichte kennt, weiß wen ich meine. Es war König David, der sogar ein Vorfahre von Jesus war. Dies war Davids Glück. Denn hätte Gott ihn wie alle anderen für solch ein Vergehen hinrichten lassen, wäre die vorbestimmte Blutlinie zu Jesus unterbrochen worden. Deshalb hat Gott bei David ein Auge zugedrückt und ihn am Leben gelassen. So zumindest wird Argumentiert wenn es darum geht, gewisse Vorbildpersonen in den »heiligen« Schriften von ihren Schandtaten frei zu sprechen. Hier sieht man demnach, dass bei Gott doch nicht alle Menschen gleich sind. Dementsprechend sehe ich hier wieder einmal keine vollkommene göttliche Erzählung und Vorgehensweise, sondern eine rein menschliche und unvollkommene, die nur der Fantasie eines talentierten Autors entsprungen ist!

Wer hat eigentlich bestimmt, dass mit dem Wort »Ehebruch« ausschließlich der Beischlaf außerhalb der Ehe gemeint ist?

Für mich bedeutet das nur, dass niemand eine Ehe brechen soll.

Also man soll nicht dazu beitragen, dass eine oder seine eigene Ehe auseinander bricht. Dies kann jedoch viele Vorgehensweisen oder Gründe auslösen. Bei manchen Frauen reicht es schon aus, wenn man ihnen das Haushaltsgeld kürzt oder wenn sie nicht mehr unkontrolliert überteuerte Designerschuhe oder Taschen mit der Kreditkarte des Mannes einkaufen dürfen.

Einige Männer brechen eventuell schon die Ehe, wenn sie ständig von ihrer Frau verboten bekommen, wenn sie mit ihren Kumpels etwas unternehmen wollen oder wenn sie vor die Wahl gestellt werden, sich entweder für ihr Hobby/Arbeit oder für deren Frauen entscheiden zu müssen. Es gibt bestimmt unzählige Situationen oder Gründe wieso sich Jemand von seinem Ehepartner scheiden lassen würde, die nichts mit Sex zu tun haben!

Selbst wenn ein Bekannter ständig Lügen über einen der Ehepartner verbreitet und sich dadurch einer dieser beiden so sehr beeinflussen lässt, dass die Ehe auseinander geht, wäre das in meinen Augen Ehebruch. Dementsprechend ist dieses Gebot auch nicht rein nur auf diejenigen anzuwenden, die sich zusammen in einer Ehe befinden sondern auch auf Außenstehende die solch einen Ehebruch bewirken. Doch was der Autor damals wirklich unter dem Wort »Ehebruch« verstanden hat ist leider nicht mehr hundertprozentig nachzuvollziehen, da dieses Gebot viel zu viele Interpretationen zulässt.

Dies zeigt auf, dass dieses Gebot nicht von einem allwissenden und vollkommenen Gott stammen kann, da es sonst viel besser formuliert und auch für die Zukunft verständlicher verfasst worden wäre.

Um nicht weiter abzuschweifen gehen wir nun zum nächsten Gebot über.

Gebot 8.

»Du sollst nicht stehlen.«

Ein sinnvolles Gebot um das Eigentumsrecht zu definieren.

Doch ist es auch noch sinnvoll wenn Menschenleben auf dem Spiel stehen würden? Wenn ein Agent diverse Informationen stehlen würde um einen Genozid verhindern zu können oder wenn man vor lauter Hunger Lebensmittel stehlen würde, um sein eigenes Leben oder das seiner Kinder aufrecht erhalten zu können?

Gebot 9.

»Du sollst kein falsch Zeugnis reden wider deinen Nächsten.«

Heutzutage wird dieses Gebot von den religiösen Führern oder streng gläubigen Religionsmitgliedern oft mit: »Du sollst nicht lügen« wiedergegeben!

Dieses Gebot ist sehr sinnvoll damit man glaubhaft bleibt und andere nicht verletzt!

Wer dieses Gebot wörtlich übersetzt, kommt jedoch nicht daran vorbei, akzeptieren zu müssen, dass diese Auslegung »Du sollst nicht lügen« nur zum Teil stimmt. Denn eigentlich wäre sinngemäß »Du sollst keine Lügen über deine Mitmenschen erzählen« die richtigere oder bessere Übersetzung für den heutigen Sprachgebrauch zu empfehlen. Dann allerdings, wären alle Lügen erlaubt, welche nicht über jemand anderen erzählt werden würden. Es wären sogar Lügen über andere erlaubt, solange diese keinen schädigen. Denn es heißt »*wieder* deinen Nächsten«. Was so viel bedeutet wie »*gegen* deinen Mitmenschen«! Demnach dürfte man beispielsweise lügen, was den eigenen Namen, das Alter, die finanzielle Stellung, wo man wohnt usw. betrifft. Auch wäre es nicht verboten, allerlei eigene erfundene Fertigkeiten vom Himmel herunter zu lügen oder bei einem Verkaufsgespräch ein Produkt besser zu machen als es ist, um eventuell einen Auftrag zu erhalten usw. Rein theoretisch, hätte ich sogar am Anfang dieses Buches schreiben dürfen, dass ich Professor der Theologie wäre, um eventuell die Verkaufszahlen zu erhöhen oder um meine Kompetenz zu diesem Thema für Leser die studiert haben annehmbarer zu gestalten. Doch da ich ein ehrlicher Mensch bin, habe ich von diesem »göttlichen Recht« in so einer Situation doch lügen zu dürfen, keinen Gebrauch gemacht.

Dass man dennoch in vielerlei Situationen lügen darf, würde aber das religiöse Dogma zerstören, welches die Religionen mit ihrer Interpretation dieses Gebots den Menschen suggerieren möchten. Bei diesen heißt es nämlich ohne wenn und aber »Du darfst nicht lügen!« Punkt, fertig, aus! Denn was erwidert ein Geistlicher normalerweise, wenn man diesen fragt, ob man lügen darf? Nun, nach meiner Erfahrung kommt dann ein klipp und klares »Nein, natürlich nicht. Lügen ist eine Sünde und für Gott etwas verabscheuungswürdiges das mit ... bestraft wird!«

Diese Umdeutung dieses Gebots, hat natürlich auch einen Grund. Denn für diese Geistlichen geht es einzig und allein darum an Informationen des Mitglieds oder des Gläubigen zu kommen, um besser auf diesen eingehen (einreden) zu können und ihn mit gewissen Vorhaltungen und psychologischen Kniffen, die auf diese Informationen aufgebaut werden, in der Gemeinde zu halten. Denn zu wissen was der Gläubige so treibt, vor was er Angst hat, was ihn beschäftigt, mit wem er verkehrt usw. sind alles Dinge, die dem Geistlichen Macht über den Gläubigen verleihen. Dies funktioniert logischerweise natürlich nur, wenn der Gläubige nicht lügt. Deshalb auch diese Umgestaltung von »Du sollst keine Lügen gegen deinen Mitmenschen erzählen« zu »Du darfst nicht lügen«.

Was auch oft gemacht wird ist, dass »Du *sollst* nicht« mit »Du *darfst* nicht« ausgetauscht wird, damit wirkt dieses Dogma noch viel intensiver.

Denn zwischen »sollen« und »dürfen« können Welten liegen.

Doch wenn man *nur* nach Rat bei Geistlichen, Gelehrten oder Gläubigen sucht um Antworten für Fragen für gewisse Ausnahmesituationen zu erhalten, dann wiederum, wird das Verständnis dieses Gebots sogleich wieder verdreht, damit deren Glaubenssatz und Religion wieder humaner daherkommt und nicht zu dogmatisch erscheint.

Nachfolgend ein paar Fragen, bei denen der Geistliche, Gelehrte oder Gläubige von seiner absoluten »Du darfst nicht lügen« Lehre ganz schnell zurück rudert:

a.) »Wie streng ist dieses neunte Gebot eigentlich zu interpretieren?«

Bei dieser Frage weiß der Geistliche schon instinktiv, worauf man hinaus will und wird sofort beteuern, dass dies natürlich auf die Situation ankommen würde.

b.) »Wie sieht es denn mit Notlügen aus, die einem das eigene oder anderer Leben retten würden? Zum Beispiel in der NS Zeit die Lüge »Bei uns sind keine Juden« wenn man diese versteckt hatte, um sie vor dem Tod zu bewahren?«

Kein Geistlicher oder Gelehrter würde hier weiter auf seinem Dogma, überhaupt nicht lügen zu dürfen, weiter beharren. Denn dann würde dieser sich und seine Religion als unmenschlich outen.

c.) »Zählen darunter auch Lügen aus Taktgefühl mit dazu? Solche Dinge wie zum Beispiel »Deine Frisur ist heute aber schön«, »Dein Schielen fällt kaum jemandem auf«, »Du hast nicht zugenommen« usw.?«

Auch hier wäre es nicht empfehlenswert für den Geistlichen, den dogmatischen Weg weiter einzuhalten, da er sich sonst als taktlos bezeichnen lassen müsste.

d.) »Sind damit auch Lügen gemeint, wenn dadurch Kinder gelobt werden oder ihnen Mut zugesprochen wird? Wenn man beispielsweise ein Kind lobt, wie »toll« es das Bild gemalt hat, obwohl es nur undefinierbare Kritzeleien sind?«

Nun, was sollte ein Geistlicher hierauf Antworten? Er kann gar nicht anders, als von seiner Doktrin abzuweichen, da er sonst als kinderfeindlich oder unsensibel abgestempelt werden würde.

e.) »Ist es als »*falsch Zeugnis reden*« anzusehen, wenn man seinem Nachwuchs beteuert, dass er beim nächsten Sportwettbewerb viel besser abschneiden wird, obwohl man genau weiß, dass dies nie passieren wird, weil er nun mal eine absolute Niete im diesem Sport ist aber ihm dieser Sport nun mal viel Spaß macht und Freude bringt?«

Auch hier wäre wieder mal der Ruf des Geistlichen in Gefahr, wenn er darauf bestehen würde, dass man auf keinen Fall lügen darf!

f.) »Wie verhält es sich, wenn man jemand »Gesundheit« oder einen »guten Tag« wünscht obwohl man denjenigen am liebsten tot und krank umfallen sehen würde weil dieser einfach nur ein falsches dummes Arschloch ist?«

Bei dieser Frage, würde der Geistliche wahrscheinlich schnell das Thema wechseln, indem er vom Lügen, auf die Nächstenliebe zu sprechen kommt, damit er auf die eigentliche Frage keine Antwort geben muss.

Diese Aufzählung, könnte ich nun mit vielen weiteren Fragen weiterführen. Da ich hier aber kein Buch vorlegen möchte, das nur über das neunte Gebot handelt werde ich dieses Thema nun etwas abkürzen.

Ganz kurz noch eine Situation, bei der es auch eine Ausnahme geben muss, bei der man lügen dürfen sollte. Denn ganz heftig wäre es, jemandem statt ein »herzliches Beileid« zukommen zu lassen, dem Trauernden sagen würde, dass man froh wäre, dass der Verstorbene endlich das Zeitliche gesegnet hat und man dessen Visage in Zukunft nicht mehr ertragen muss, nur weil man diesen selbst nicht leiden konnte oder er einem einfach nur unsympathisch war!

Die Interpretation vieler Religionen dieses Gebots, die sagen, »Du darfst nicht lügen« basta, lässt wenn man es genau nimmt, normalerweise keinen Spielraum für Ausnahmen zu! Die eigentliche Bedeutung des neunten Gebots, lässt für meinen Geschmack aber wiederum zu viele Situationen zu, in denen man lügen darf. Dementsprechend treffen beide Versionen meiner Meinung nach nicht die goldene Mitte, wie man mit der Lüge sinnvoll umgehen sollte. Ob der Fehler nun an der Übersetzung oder gar an der Überlieferung liegt, ist leider nicht mehr nachzuvollziehen. Oder wurde dieses Gebot von Anfang an einfach nur schwammig formuliert?

Darf ein Gott, der als weisestes Wesen im gesamten Universum gilt, solche Fehler machen und solche wichtigen Spielräume bei seiner Inspiration nicht erwähnen? Meiner Ansicht nach dürfte er solche Fehler nicht begehen. Dementsprechend muss man zu dem logischen Schluss kommen, dass dieses Gebot nicht von einem allweisen und vollkommenen Gott stammen kann, sondern lediglich von einem Menschen erdacht und aufgezeichnet wurde.

Ach ja, bevor ich es vergesse! Was ist eigentlich mit den Lügen die zu religiösen Ritualen oder Traditionen gehören?

Darf man seinen Kindern nach diesen Gedanken nun einen Weihnachtsmann, Osterhasen oder das Christkind vorlügen oder eher doch nicht? Jetzt kann sich ja jeder selbst einmal seine eigenen Gedanken machen!

Gebot 10.

»Lass dich nicht gelüsten deines Nächsten Hauses. Lass dich nicht gelüsten deines Nächsten Weibes, noch seines Knechtes noch seiner Magd, noch seines Ochsen noch seines Esels, noch alles, was dein Nächster hat.«

Auf gut deutsch: »Lass die Finger von Frauen, Arbeitern, Tieren und dem Eigentum anderer. Sei kein Neider und gib dich mit dem zufrieden was du hast. Selbst wenn du dein Essen aus einer Mülltonne kratzen musst und dein »Nächster« in Schampus badet und sich solange den Kaviar und Trüffel in sich rein stopft bis er Kotzen muss!«

Das mag jetzt überzogen klingen, aber so ist unsere Welt heute nun einmal. Viel zu viele haben immer weniger und leben in Armut und ganz Wenige haben dafür mittlerweile schon so viel, dass sie mit ihrem Reichtum ganze Länder ernähren könnten!

Ein allwissender Gott hätte eigentlich wissen müssen, dass sich unsere Lebensweise in solche hedonistischen Ausschweifungen entwickelt und dementsprechend hätte er es gar nicht erst in die Natur des Menschen »einbauen« dürfen, dass der Mensch danach strebt, das haben zu wollen was ein anderer hat. Zumindest, dass ein Mensch einen gewissen Anteil davon haben möchte, wenn er Nichts hat!

Bei diesem Gebot muss man auch annehmen, dass es von einem wohlhabenden Autor stammt, der eventuell Angst um seinen Reichtum hat. Um nichts abgeben zu müssen diskreditiert man nun schnell die ärmere Bevölkerung als »Neider« und gibt den angeblichen Geboten Gottes die nötige Würze, um seinen Reichtum beibehalten zu können. Wenn nun jemand etwas von diesem Reichtum begehrt, ist dieser böse und handelt gegen ein Gebot eines vollkommenen Gottes, der die Wohlhabenden vor den Armen schützen muss.

Mein Fazit zu diesen zehn Geboten ist: Einige dieser Zehn Gebote sind zwar gut gemeint aber sehr schwammig formuliert. Um von vornherein ein aufkommendes Rätselraten zu unterbinden, hätte der oder die Verfasser dieser Hauptgebote mindestens ein paar kurze Erklärungen und Hinweise für Ausnahmesituationen zu diesen Geboten aufzeichnen müssen. Vorausgesetzt er würde solche Ausnahmesituationen den Menschen zugestehen, die diese Gebote einhalten sollen oder wollte dieser sich selbst etwa ein paar Schlupflöcher offen lassen?

Von einem unfehlbaren Gott können diese Gebote dennoch nicht sein, dazu sind sie zu unvollkommen und unausgereift.

Dies lässt nur einen Schluss zu.

Diese Gebote sind zweifellos nur eine menschliche Erfindung, die einem einfachen Geist, ohne Voraussicht und Menschenkenntnis entsprungen sein können! Zudem scheint der Autor, zumindest beim zehnten Gebot, seinen Gott vorzuschieben und seinen Reichtum mit dessen Anweisung zu schützen, um dem »mittellosen Mob« nichts abgeben zu müssen!

Da die Verfasser dieser »heiligen« Schriften auch durchblicken lassen, dass es auch arme und hungrige Menschen gibt, versuchen sie diese ruhig zu halten und mit angeblichen Hilfsankündigungen durch Gebete an Gott zu besänftigen.

Doch was ist dran, an den Versprechen, dass Gott diesen Menschen hilft?

Dies bringt mich nun zum nächsten Abschnitt, der ein wenig Licht ins Dunkel dieser Thematik bringen soll.

3 Wer bittet wird bekommen! - Wirklich?

Wie viele haben dies gebetet und sind trotzdem verhungert? Wie viele haben nicht gebetet und hatten volle Bäuche?

Wie viele haben dies gebetet, während sie vor ihren Peinigern geflüchtet sind und wurden eingeholt und dennoch getötet?

Wie viele haben nicht gebetet und sind davon gekommen?

Wie entscheidet Gott dies?

Ganz einfach:

Es gibt keinen Gott, der so etwas entscheidet!

Der Mensch hat gelernt, sich selbst und seine Nachkommen, zu schützen und zu versorgen. In Ausnahmesituationen wie Naturkatastrophen, Verfolgung oder in Gefangenschaft entscheidet der pure Zufall. Wenn man Glück hat, überlebt man oder man stirbt, wenn man Pech hat!

Natürlich raten einem die »heiligen« Schriften, nur auf Gott zu vertrauen. Dass deren Gott die Gläubigen angeblich erhört, wird in zahllosen Versen der »heiligen« Schriften beteuert.

Damit das Gebet aber bei Gott ankommt werden die Gläubigen mit verschiedenen Texten belehrt, die Gebete oder Anweisungen enthalten, die eingehalten werden müssen.

Einige Worte in religiösen Büchern gehen hier meiner Meinung aber deutlich zu weit!

Ein gutes Beispiel, zu viel Vertrauen in einen Gott zu setzen und das geschriebene wörtlich zu nehmen und dies dann umzusetzen ist in der Bibel, im Neuen Testament aufgezeichnet.

Es sind die Worte Jesu in Matthäus 6 Verse 25-34.

Dort heißt es: *»Darum sage ich euch: Sorget nicht für euer Leben, was ihr essen und trinken werdet, auch nicht für euren Leib, was ihr anziehen werdet. Ist nicht das Leben mehr denn Speise? und der Leib mehr denn die Kleidung?*

Sehet die Vögel unter dem Himmel an: sie säen nicht, sie ernten nicht, sie sammeln nicht in die Scheunen; und euer himmlischer Vater nährt sie doch. Seid ihr denn nicht viel mehr denn sie?

Wer ist aber unter euch, der seiner Länge eine Elle zusetzen möge, ob er gleich darum sorget?

Und warum sorget ihr für die Kleidung? Schaut die Lilien auf dem Felde, wie sie wachsen: sie arbeiten nicht, auch spinnen sie nicht. Ich sage euch, dass auch Salomo in aller seiner Herrlichkeit nicht bekleidet gewesen ist wie derselben eins.

So denn Gott das Gras auf dem Felde also kleidet, das doch heute steht und morgen in den Ofen geworfen wird: sollte er das nicht viel mehr euch tun, o ihr Kleingläubigen?

Darum sollt ihr nicht sorgen und sagen: Was werden wir essen, was werden wir trinken, womit werden wir uns kleiden?

Nach solchem allem trachten die Heiden. Denn euer himmlischer Vater weiß, dass ihr des alles bedürfet.

Trachtet am ersten nach dem Reich Gottes und nach seiner Gerechtigkeit, so wird euch solches alles zufallen.

Darum sorgt nicht für den andern Morgen; denn der morgende Tag wird für das Seine sorgen. Es ist genug, dass ein jeglicher Tag seine eigene Plage habe.«

Dieser Text wird oftmals dafür verwendet wie fürsorglich, barmherzig und voller Liebe Gott doch sei.

Aber wer in aller Welt hat diese Worte jemals wörtlich umgesetzt? Denn würde man diese Anweisung oder Ratschläge wirklich beherzigen, wären die Nachfolger Christi schon längst ausgestorben!

Sie glauben mir nicht?

Nun, dann können Sie sich ja mal auf ihre eigene Verantwortung hin, ohne Nahrungsmittel in eine verlassene Gegend begeben, sich ausziehen, hinsetzen und betend warten was passiert. Hier braucht es keinen Propheten, um vorauszusagen, dass Sie entweder erfrieren, verdursten oder verhungern werden!

Denn diese Verse behaupten unbestreitbar, dass schon allein das Leben die Nahrung sei. Unser Körper schon die Kleidung. Auch sei arbeiten für den Lebensunterhalt nicht nötig, wie es so schön anschaulich an den Vögel des Himmels und den Lilien des Feldes verdeutlicht wird! Der Verfasser dieser Zeilen hat bei seinem Übermut wohl leider übersehen, dass selbst ein Vogel von A nach B fliegen muss, um sich Nahrung zu besorgen, damit dieser nicht verhungert. Genau wie der Mensch, benötigt auch der Vogel eine Unterkunft, um sich vor Wind und Wetter schützen zu können. Doch der Vogel muss sich dazu bewegen und auch »arbeiten« um dies alles bewerkstelligen zu können!

Dennoch wird dem Gläubigen in diesem Bibeltext weisgemacht, es würde reichen, wenn man allein nur nach dem Reich Gottes trachten würde und alles Lebensnotwendige würde einem einfach so zufallen!

Wenn sie diese religiöse Weisheit genauso befolgen, werden diese treuen Gläubigen dann einmal sehen, wie viel sie diesem Gott wert sind, gegenüber der Vögel und der Lilien des Feldes! Denn es wird ganz klar erwähnt, dass der himmlische Vater genau weiß, was ein Mensch zum überleben benötigt! Deshalb ist es absolut unverantwortlich von Jesus solche Worte als Unterweisung den Menschen zu vermitteln!

Hier wird eindeutig darauf hingewiesen, dass sich die Anhänger Jesu in einen Suizid durch Dehydrierung, Verhungern oder Erfrieren aussetzten müssen, denn sonst wären sie wie die Heiden und hätten kein Vertrauen in Gott!

Um hier Gottes sadistische Ader wieder einmal zu übertünchen, werden jetzt die Gläubigen aufschreien und sagen, dass dies doch alles nur symbolisch und als Gleichnis gemeint wäre. Wie bei vielen Stellen in den »heiligen« Schriften werden bösartige, verwerfliche und unmoralische Handlungen oder Anweisungen und Ratschläge Gottes ins positive verkehrt und als Gleichnis dargestellt, nur weil diese eben von Gott selbst oder von seinen Handlangern ausgeführt oder angewiesen wurden.

Doch wieso um alles in der Welt, macht ein so »weiser« Mann wie Jesus so direkte und aussagekräftige Vergleiche mit anderen Lebewesen? Zudem sollen seine Worte doch alle Menschen ohne Anleitung verstehen können. Oder sollen nur Gelehrte und gebildete Menschen von seinem Himmelreich profitieren dürfen? Denn wenn ein ganz einfacher Bauer oder Hirte in der damaligen Zeit diese Zeilen gelesen oder gehört hätte, dann müsste er doch davon ausgehen, dass dies auch wörtlich anzunehmen ist.

Wenn sich dann ein Gläubiger dazu entschließen würde diese Worte buchstäblich umzusetzen und deswegen sterben würde, wären die Seligsprechungen nicht weit entfernt. Denn dann heißt es auf einmal, er hätte sein Leben für Gott aufgegeben und ihm bis zum Tode vertraut. Seine Belohnung wäre somit der Himmel. Ganz egal wie es ausgehen würde, Gott würde gelobt und immer als Gut dargestellt.

Dies sind solche Taktiken, mit denen Religionen den Geist der Gläubigen fesseln, in dem sie ihren Mitgliedern solche Dogmen suggerieren! Wer in aller Welt entscheidet eigentlich was wörtlich zu nehmen ist und was nur ein Gleichnis sein soll?

Sind die Wunder in den »heiligen« Schriften nun wörtlich zu nehmen oder sind diese auch nur Gleichnisse?

Meine Überlegung dazu ist ganz einfach: Alles was Gott ins schlechte Licht stellen würde, wenn man es wörtlich nähme oder ihn als böse und sadistisch überführen würde, wird kurz und bündig als Metapher, Gleichnis oder nur als Erzählung dargestellt. Alles was Gott ins positive Licht stellt ist sogleich wahr und wörtlich zu nehmen!

Ein kleines Beispiel:

Menschen töten ist böse. (Ist wörtlich zu nehmen)

Wenn Gott, seine Propheten oder sein auserwähltes Volk Menschen töten, dann ist es gut! (nur eine Metapher?!)

Denn Gott tötet dann ja nicht deren Leib, sondern nur ihren Unglauben, wird dann behauptet. Wenn doch der Leib dabei getötet wird, werden die Abgeschlachteten dann als gerettet und erlöst dargestellt. Somit ist Gott auch in dieser Situation wieder der Gute.

Doch, erzählt das mal den Millionen Angehörigen, deren Lieben wegen dem Glauben an dieses Fabelwesen buchstäblich getötet wurden, weil Abraham, Mohammed und deren Nachfolger diese Worte eben nicht als Metapher verstanden und weiter verbreitet haben. In den immer noch vorhandenen angeblich »heiligen« Schriften, sind viele solche Geschehnisse aufgezeichnet. Also wären solche Textpassagen doch auch heute noch wörtlich zu nehmen!

Aber das Motto der Religionen heutzutage ist nun mal: »Wir machen uns unseren Gott, so wie es uns gefällt!«

Anders ausgedrückt: »Gott muss sich uns anpassen, so dass er in unsere Zeit und in unser jetziges Glaubensbild passt, nicht wir uns an ihn und seine alten Anweisungen und Gebote!«

Das Vaterunser

Ich habe im vorigen Abschnitt das Vaterunser angeschnitten und würde dieses Standartgebet doch gerne einmal unter die Lupe nehmen.

Das ganze Gebet in Matthäus Kapitel 6 Verse 9-13 geht wie folgt:

»Unser Vater in dem Himmel!

Dein Name werde geheiligt.

Dein Reich komme.

Dein Wille geschehe auf Erden wie im Himmel.

Unser täglich Brot gib uns heute.

Und vergib uns unsere Schuld, wie wir unseren Schuldigern vergeben.

Und führe uns nicht in Versuchung, sondern erlöse uns von dem Bösen.

Denn dein ist das Reich und die Kraft und die Herrlichkeit in Ewigkeit.

Amen.«

Bei manchen wird dieses Gebet einfach immer und immer wieder heruntergerasselt wie ein Mantra. Bei anderen ist dieses Gebet nur als Vorlage oder Anleitung zu betrachten.

Bis jetzt habe ich nur wenige getroffen, die auch einmal darüber nachgedacht haben, was sie hier eigentlich immer wieder vor sich her gesagt haben.

So, nun mal Stück für Stück:

1.) *»Unser Vater in dem Himmel!«*

Der erste Vers wirft auch schon einige Fragen auf und lässt bei näherer Betrachtung diesen Gott mehr menschlich als göttlich erscheinen.

Ich möchte mit dem ersten Wort beginnen, das sogleich die erste Frage aufwirft: Wer ist mit »Unser« gemeint?

Sind damit *alle* Menschen (Menschheitsfamilie) gemeint, nur bestimmte Gläubige die eine bestimmte Religion ausüben (Christen, Juden, Muslime usw.) oder nur die Juden, denen Jesus dies ja in der Bergpredigt vorgetragen hat? Nun, diese Frage wird je nach Religionszugehörigkeit immer anders ausgelegt und erklärt werden!

Im zweiten Teil dieses Satzes fangen auch die ersten Ungereimtheiten an. Denn Vater und Himmel lassen sich eigentlich nicht miteinander vereinbaren.

Wie ich darauf komme?

Nun, Vater sagt aus, dass Gott ein Mann sein muss. Denn ein Vater ist und bleibt zweifelsohne der männliche Elternteil. Männlich kann er nur sein, wenn er auch die gewissen Körperteile eines Mannes aufweist. Um diese Körperteile aufweisen zu können muss er logischerweise einen materiellen Körper haben. Wenn er einen männlichen Körper hat, benötigt er auch einen Materiellen Ort an dem er mit seinem Materiellen männlichen Körper leben kann. Da er »in dem Himmel« lebt muss dieser eine Art fliegende Stadt oder Raumschiff sein, da es sinnlos und blödsinnig wäre, wenn er mit seinem materiellen männlichen Körper, einfach so im Himmel herumhängen würde.

Dies kann nur zu Ungereimtheiten und Unverständnis führen. Erst recht in einer von Gleichbehandlung und emanzipierten, aufgeklärten, modernen, westlichen Gesellschaft.

Um sich herauszureden, werden jetzt Einwende kommen, dass dieser Himmel doch ein geistiger Bereich sein soll. Doch wie soll ein männlicher materieller Körper in einem geistigen Bereich existieren können?

Dies zeigt, dass der Anfang dieses Gebets von einem Menschen erfunden wurde, der Gott gerne *männlich* sehen würde. Denn würden die Worte von einem allwissenden Wesen stammen, dann würde hier vermutlich statt »Unser Vater im Himmel« eher dieser Satz stehen: »Aller Lebewesen behütendes und versorgendes Geistwesen in dem geistigen Bereich«. Dann könnte man von einem nachvollziehbaren religiösen Vers sprechen, der eventuell göttlichen Ursprungs sein könnte und der das aussagt, was dieser Vers dem Gläubigen zu verstehen geben möchte.

2. *»Dein Name werde geheiligt.«*

Hier ergeben sich mindestens zwei offene Fragen.

Zum einen, wie der Name Gottes nun ist?

Dazu habe ich im Abschnitt der Zehn Gebote ja schon meinen Senf dazu gegeben, wobei ich eins noch vergessen hatte. Es gibt ja jene, die sagen, sie verwenden Gottes richtigen Namen nur nicht, weil er unaussprechlich wäre. Nun gut, wenn unsere Stimme nicht in der Lage wäre seinen Namen aussprechen zu können, wäre es wenigstens angebracht wenn er uns eine Art Spitznamen oder eine verkürzte Form seines Namens zukommen gelassen hätte den wir ohne Strafankündigung freimütig benutzen dürfen. Wenn es auch nur dazu gewesen wäre, um diesem ganzen Wirrwarr entgegen zu treten, welches deswegen überall existiert!

Wenn jemand aus fernen Landen zu mir kommt und sagt er heiße »Gkkewfgjshgbfubrrchzztd« dann bitte ich ihn darum, ihn zum Beispiel

»Gefub« nennen zu dürfen, da ich in meiner Kultur solche Namen nicht auszusprechen gelehrt wurde. In manchen afrikanischen Ländern gehören beispielsweise diverse Klicklaute in den Wörtern, Sätzen und Namen zur Normalität.

Doch ich denke, dass dafür Verständnis aufgebracht werden würde, wenn man bei einer Kommunikation diese Klicklaute beiseitelassen würde. Niemand würde sagen, »Was? Du beherrschst meine Klicks nicht, deshalb sag ich dir nicht wie ich heiße und Kurzname für dich fällt aus!«

Zudem würde ich es als Schöpfungspfusch ansehen, wenn ein Gott Geschöpfe erschafft die ihn anbeten müssen, seinen Namen in angemessener Weise gebrauchen sollen, keine anderen Götter neben ihm haben sollen, seinen Namen heiligen sollen aber dennoch nicht in der Lage sind so etwas ausschlaggebendes wie seinen Namen aussprechen zu können!

Zum Thema Heiligen, kann ich nur sagen, dass mit »Heilig« eigentlich nichts anderes gemeint ist, als »rein halten« oder »sauber halten« (in moralischer Hinsicht). Um etwas »rein halten« zu können, benötigt man die dementsprechenden Anweisungen in Gesetzen und Geboten, die für den jeweiligen Gott zu gelten haben. Wenn man nicht einmal den genauen Gott mit Namen kennt, ist es sehr schwer wenn nicht sogar unmöglich, dessen Anweisungen einhalten zu können. Die Logik, ergibt die eigentliche Antwort auf das möglich machen um des Vaters Namen heiligen zu können.

3. »Dein Reich komme.«

Ach Herrje, jetzt muss ich allen die an ein Paradies im Himmel glauben, ihre Wunschvorstellung als Engel mit Harfe in der Hand im Himmelreich auf Wolke Sieben zu sitzen, der Nichtigkeit Preis geben.

Denn hier heißt es klipp und klar »*Dein Reich <u>komme</u>*«!

Also, genau das Gegenteil von dem was so viele Christen und Moslems glauben. Hier wird gebetet, dass Gottes Reich zu den Menschen kommen soll und nicht die Menschen zu Gott in sein Reich! Hier steht auch überhaupt nicht, dass Gott dort dann anwesend sein wird sondern nur sein Reich.

Ich würde das Wort »Reich« jetzt mit Königreich, Regierung oder Staat interpretieren. Da das Reich ja kommt, müsste es logischerweise dorthin kommen, wo die Menschen ja schon sind. Das kann dann logischerweise *nur* die Erde sein! Also Gottes Regierung auf der Erde. (Also die Hölle? siehe Seite 39. Die Interpretation religiöser Lehren kann ja so schön verwirrend sein!)

Bis auf die Juden und vereinzelt auch christliche Glaubensgemeinschaften und Sekten hat diese Glaubenslehre einer kommenden Regierung Gottes auf der Erde aber keine der großen, allgemein etablierten christlichen und muslimischen Religionsorganisationen auf diese Weise erkannt!

4. *»Dein Wille geschehe auf Erden wie im Himmel.«*

Dein *Wille* geschehe, bedeutet eigentlich nichts anderes bei einem Gebet, dass Gott entscheiden kann wie er will. Laut den religiösen Eiferern macht deren Gott dies ja sowieso!

Nun, ich kann nur Hoffen, dass der Wille Gottes zurzeit nicht wirklich auf dieser Erde umgesetzt wird. Denn wäre es so, wäre das ganze Gefasel von Liebe und Barmherzigkeit und Hilfe nur eine Farce.

Besser man glaubt nicht an einen Gott, dann muss man ihn auch nicht als böse und sadistisch ansehen, wenn man sich das Leid und Ungerechtigkeit auf dieser Welt betrachtet.

5. *»Unser täglich Brot gib uns heute«*

Nun, Fakt ist: Die einen haben zu essen, die anderen nicht!

Dabei spielt es absolut keine Rolle an was oder wen jemand glaubt! Ob jemand überhaupt glaubt! Ob man betet oder nicht!

Denn sieht man sich auf der Welt um, kommt man nicht umhin zu erkennen, dass alles nur den Lebensumständen entspricht oder Zufall ist, wer satt wird und wer nicht.

6. *»Und vergib uns unsere Schuld, wie wir unseren Schuldigern vergeben.«*

Da Jesus dies den Menschen noch vor seinem Opfertod beigebracht hat zu beten, scheint er zu diesem Zeitpunkt noch nicht gewusst zu haben, dass er für die Sünden der Menschen sterben muss! Dann, nach seinem Tod, waren *alle* Sünden durch sein Opfer angeblich vergeben. Deshalb ist es heutzutage Quatsch noch um die Vergebung der Sünden zu bitten, da diese ja schon längst im Voraus vergeben sind.

Wieso sollen wir demnach überhaupt noch anderen vergeben müssen um den religiösen Frieden erhalten zu können? Das Nicht-Vergeben der Sünden anderer, ist doch auch eine Art der Sünde und diese müsste doch sowieso auch schon vergeben sein!

7. *»Und führe uns nicht in Versuchung, sondern erlöse uns von dem Bösen.«*

Ach Herrlich, dies wird wahrscheinlich einer der Verse sein, die das Herz eines jeden Agnostiker höher schlagen lassen. Denn dieser Vers zeigt unbestreitbar auf, dass Gott, wenn es ihn denn geben sollte, mitverantwortlich ist, an allem was böses geschieht!

Wie ich so etwas blasphemisches Behaupten kann?

Nun, lassen Sie es mich mit einem kleinen Beispiel erläutern: Wann führe ich jemanden in Versuchung?

Angenommen ein Freund von mir ist ein trockener Alkoholiker, der im Moment sehr große Probleme hat. Ich könnte ihm gut zureden oder ihn mit einer Flasche eines alkoholischen Getränkes dazu überreden mit mir etwas zu trinken. Hier ist wichtig zu verstehen, dass Jesus uns lehrt, Gott zu bitten, dass er, also Gott, die Menschen nicht in Versuchung führen soll. Hier spricht Jesus nicht vom Teufel oder Satan wie es sonst immer so schön verdreht wird. Nein, er redet von Gott selbst! Denn sonst würde Jesus ja zu Satan beten!

Danach erst kommt die Bitte, dass Gott die Menschen vom bösen erlösen soll. Wahrscheinlich auch noch von dem Bösen, das Gott den Menschen als Versuchung selbst angetan hat.

Das wäre das Gleiche, wenn ich meinem Freund den Alkohol schmackhaft mache und nachdem er getrunken hat und wieder abhängig ist, ihm die Flasche wieder abnehme, damit er nicht weiter säuft.

Was für ein sinnloser, unvollkommener Gebetsinhalt, der den Gläubigen hier doch als nützlich und toll vorgegaukelt wird.

Bitte wacht auf und löst die Fesseln der Religion, die euren Geist umschlungen haben!

8. *»Denn dein ist das Reich und die Kraft und die Herrlichkeit in Ewigkeit. Amen.«*

Dieser Satz ist nur noch reine Lobhudelei mit dem Abschlusswort »Amen« was soviel heißt wie »So sei es«!

Nun kann ja jeder selbst entscheiden ob er dieses »Gebet« weiterhin verwenden möchte.

Wenn ich überlege, dass ich selbst einmal diese Worte ohne nachzudenken immer und immer wieder vor mich hergesagt habe, schäme ich mich wirklich sehr. Ich fühle mich verarscht und für dumm verkauft, dass ich an so etwas glaubte.

Wie ein kleines Kind, dem man sagt, dass die kleinen dunklen Kügelchen die ein Hase ausscheidet, leckere Schokorosinen seien und sich diese genüsslich in den Mund steckt. Durch den Glauben schmecken diese dann sogar nach Schokolade, aber nur so lange, bis jemand dem Kind sagt das es Bah ist!

Nach diesem allgemein bekannten religiösen Gebetsritus, möchte ich nun noch kurz darauf eingehen, wer nun für alles, was man im Leben so erlebt und woher man irgendetwas bekommt verantwortlich ist.

Gläubige haben ja die Angewohnheit ihrem Gott für allerlei Alltägliches zu danken.

Wem eigentlich wirklich Dank zusteht oder wem dieser gebührt, möchte ich im nächsten Abschnitt etwas genauer erläutern.

Danke für ...

Wer kennt sie nicht, die Gebete in denen Gott für allerlei Gutes was man erfahren oder erhalten hat, Dank gesagt wird.

Doch war bei diesen Ereignissen wirklich Gott beteiligt?

War man es nicht Selbst oder seine Mitmenschen die einem diese Dinge ermöglichten? Wieso wird hier immer alles Gott zugeschrieben?

Wieso wird hier Gott gedankt und nicht den Menschen, die hinter allerlei Diensten standen und ihre Arbeitskraft einsetzten, um uns dies alles zu ermöglichen?

Sind es nicht die Eltern, die arbeiten gehen und die es möglich machen, dass jeden Tag Essen auf dem Tisch steht?

War es nicht die Mutter, die das Mahl zubereitet hat?

Waren es nicht Menschen, die in Fabriken arbeiteten und die Gegenstände hergestellt haben, die wir tagtäglich benutzen?

War es nicht der Bauer, der das Gemüse angepflanzt hat und die Tiere gezüchtet hat?

War es nicht der Metzger, der für uns die unangenehme Tätigkeit der Tötung der Tiere und das Ausnehmen der Gedärme durchgeführt hat, damit wir ohne darüber Nachdenken zu müssen, das Fleisch dieser Lebewesen als Nahrung in uns aufnehmen können?

Und war es nicht die Verkäuferin im Supermarkt oder im Gemüseladen um die Ecke, die uns diese Waren verkauft hat?

Wem ist zu danken, wenn wir sicher an unserem Urlaubsort ankommen?

War es nicht der Kapitän eines Flugzeugs oder eines Schiffes, der durch seine Konzentration und sein Können die Menschen sicher an ihren Bestimmungsort gebracht hat?

»Ja, das mag sein, aber Leben kann nur Gott geben!«, wird mir immer wieder als Argument von unseren Religionsanhängern entgegengebracht.

Doch ist es nicht einem natürlichen Kreislauf und den Elementen der Erde zu verdanken dass Pflanzen wachsen?

Durch das Zusammenspiel von Erde, Wasser, Wind, Sauerstoff und Sonnenlicht?

Denn was passiert, wenn eines dieser Elemente oder Naturereignisse fehlt, kann man sehr gut in unseren Wüstengegenden auf der Erde beobachten. Da in der Wüste kaum Wasser vorhanden ist wächst dort auch kaum etwas. Es gibt zwar eine minimale Vegetation und auch diverse Tierarten, die sich durch die Evolution an dieses extreme Lebensumfeld angepasst haben. Dennoch müsste auch den meisten Gläubigen auffallen, dass ihr Gott nichts von diesen Gebieten hält oder dass er zumindest, einfach keinen Bock gehabt hat, sich weiterhin um diese Landflächen zu kümmern.

Was für einen Grund hätte Gott, diese Gegenden der Erde so verwahrlosen zu lassen und für die meisten Lebewesen unbewohnbar zu machen oder lassen?

Selbst bei solchen Argumenten bekomme ich trotzdem immer wieder von der Riege der religiösen Eiferer entgegen gerufen: »Nein, das ist alles nur Gotteswerk und hat mit Evolution nichts zu tun. Das mit der Wüste hat Gott so gemacht, weil es hübsch anzusehen ist und um uns seine Größe zu zeigen.«

Wieso um alles in der Welt, sollte Gott so viel Land sinnlos der Nichtigkeit ausliefern? Nur um uns dadurch seine Größe zu offenbaren, zeugt nicht gerade von Demut.

Was an einer tausenden von Quadratkilometer großen Fläche, die nur mit Sanddünen und Geröll bedeckt ist schön sein soll, liegt eindeutig im Auge des Betrachters.

Also mein Schönheitsempfinden trifft diese angebliche »Kunst« Gottes nicht!

Ist es nicht nur deswegen so öde in den Wüsten weil einfach nur natürliche extreme Temperaturen herrschen, da es auf dieser Seite der Erde am Tag nun mal viel zu heiß ist und Nachts zu kalt? Wenn hier ein Gott am Werk gewesen sein soll, hat er bei der Einstellung der Parameter der Erde aber nicht gerade Gewissenhaft gearbeitet, gepfuscht oder einfach kein Bock mehr gehabt eine Feinjustierung vorzunehmen, damit auch dieser Landabschnitt mit den nötigen Witterungsverhältnissen versorgt wird.

Jetzt möchte ich noch einmal kurz auf die Behauptung eingehen, dass Gott alles Leben überwacht und alles wachsen und gedeihen lässt. Dass jedes Samenkorn von Gott beaufsichtigt wird und dieser es wachsen lässt, damit wir etwas zu essen haben, kann doch nur einem Geist entspringen, welcher von den natürlichen Begebenheiten doch überhaupt keine Ahnung hat. Doch wenn Gott sich wirklich um jedes Samenkorn kümmert, wieso kümmert er sich dann nicht auch um jeden einzelnen Menschen?

Ist ein Mensch denn nicht viel mehr wert, als ein Samenkorn eines Kopfsalats oder einer Gurke?

Selbst wenn Gott nur dafür gedankt werden würde, dass er als Ur-Schöpfer vor Milliarden von Jahren dafür gesorgt hätte, dass die Grundursachen ihren eigenen Lauf gehen, wäre es dann nicht etwas übertrieben, ihm wegen jedem kleinen Fliegenschiss zu danken, mit dem er in der heutigen Zeit überhaupt nichts mehr zu tun hat?

Auch hier muss ich nun leider wieder anprangern, dass die Welt kein Schlaraffenland und kein Streichelzoo ist. Bei so viel Scheiße was auf diesem Planeten geschieht oder einfach nur Falsch läuft, ist doch dieses bisschen Angenehme, doch nur ein Tropfen auf den heißen Stein.

Soll man denn wirklich dafür Dankbar sein, dass dieses eine Leben als materielles Wesen, nur ein kleines bisschen lebenswert ist?

Wo ist euer Gott?

Was macht er bitteschön, damit das Leben als Mensch lebenswert ist?

Ist es wirklich einen Dank wert, wenn die meisten Menschen um ihr Überleben kämpfen müssen?

Die meisten Menschen auf der Erde können ihr Dasein doch überhaupt nicht wirklich leben! Nein, die meisten Menschen sind nur am existieren! Um überleben zu können, müssen sie alles daransetzen, so viel Leid wie möglich von sich fern zu halten!

Sollen wir Gott unseren Dank dafür zum Ausdruck bringen, dass es *uns* besser geht, als beispielsweise den Menschen im armen Afrika? Wäre das nicht anmaßend?

Sollte man statt zu danken nicht eher Bitten, dass es den anderen Menschen genauso gut gehen soll wie uns?

Doch was würde das bringen? Dies haben bestimmt schon viele Gläubige getan.

Und was ist dann geschehen? Nix, Nada, Niente, Rien, Nothing, Nichts!

Also, wenn das Bitten bei diesem Gott keine Wirkung hat, wieso sollten wir ihm dann unseren Dank zum Ausdruck bringen, wenn demnach auch die anderen Dinge nicht von ihm kommen, sondern ausschließlich Menschenwerk sind?

Um zu zeigen, dass nicht Gott, sondern ausschließlich wir selbst und unsere Mitmenschen, alles im Leben mit unserer eigenen Energie ermöglichen, möchte ich hier ein kleines Beispiel geben. Danach kann ja jeder selbst entscheiden, wem nun dafür der Dank gebührt oder wem dieser zusteht.

Dieses Beispiel ist der Kanada-Urlaub den meine Mutter und ich 1987 erleben »durften« und den wir damals mit in unsere Dankgebete eingeschlossen hatten.

Bei allem Folgenden möchte ich anmerken, dass dabei beachtet werden muss, dass jeder einzelne Mensch in diesem Szenario von Gott hätte direkt beeinflusst werden müssen, wenn dieser dabei seine Finger mit im Spiel gehabt hätte.

Zuallererst ist zu erwähnen, dass in dieser Welt nichts kostenfrei ist. Alles was wir nicht geschenkt bekommen kostet Geld!

Sogar der Tod ist nicht gratis, denn dieser kostet bekanntlich immer noch das Leben!

Dementsprechend mussten erst einmal die finanziellen Mittel aufgebracht werden, da so ein fünfwöchiger Urlaub in Kanada nicht gerade wenig kostet.

Schon alleine den Flug hin und zurück zu finanzieren, ist für eine alleinerziehende Mutter nicht leicht zu bewältigen. Hierzu bedarf es viel Fleiß und Überstunden im Schichtbetrieb. Dass so eine Reise auch nicht in wenigen Monaten zusammen gespart ist, kann sich jeder selbst ausrechnen, wenn man bedenkt, was eine Frau 1987 in einer Fabrik im Akkord verdient hat. Doch bei all der Mühe die sich meine Mutter aufbürdete um uns diesen Urlaub zu ermöglichen, hätte sie wahrscheinlich 20 Jahre sparen müssen. Da sie aber glücklicherweise eine etwas betuchte Großtante in Kanada hat, konnte sie sich mit dieser austauschen. Was sie genau miteinander ausgemacht hatten, wer nun was bezahlt hat, weiß ich leider bis heute noch nicht. Dennoch ist anzunehmen, dass ihre Großtante den größten Teil der Reise aus ihrer Tasche bezahlt hat. Zudem durften wir ja auch, solange wir dort waren, bei ihr wohnen. Doch das wir von ihrer Großtante unterstützt wurden, hat nur funktioniert, weil wir damals in der gleichen Religionsorganisation waren wie sie. Da diese Religionsgemeinschaft damals noch nicht öffentlich anerkannt, sondern sogar als Sekte verschrien war, kann man nun schon mal annehmen, dass der Gott der anderen weltweiten Religionen, bei uns zumindest seine Finger nicht mit im Spiel gehabt haben konnte. Denn wären wir nicht in dieser Religionsgemeinschaft gewesen, hätte die Großtante meiner Mutter niemals diese Reise für uns mitfinanziert und uns bei sich aufgenommen!

Um diesen Abschnitt etwas abzukürzen.

Wären wir nicht verwandt mit dieser Tante gewesen und einer anderen oder gar keiner Religion nachgeeifert, hätten wir auch nie die Möglichkeit gehabt Urlaub in Kanada zu machen. Wenn dies alles nun von diesem Gott gelenkt gewesen wäre, müsste das nun bedeuten, dass wir damals in der allein wahren Religion gewesen wären und den allein wahren Gott angebetet haben müssten. Dann wären aber alle anderen Religionen falsch gewesen, was schwer zu erklären gewesen wäre, wenn nun Gläubige aus deren Religion ähnliche Erlebnisse zu verbuchen hatten. Dennoch dürfte man diesem Gott trotzdem nur danken, wenn ausschließlich dieser es gewesen wäre, der uns diese Reise finanziert hätte. Dies wäre aber auch nur dann so gewesen, wenn über Nacht plötzlich das Geld und/oder die Tickets auf dem Tisch gelegen wären. Am besten zusätzlich noch ein Brief, der direkt von diesem Gott an uns adressiert gewesen wäre, mit dem Inhalt, dass uns dieser Gott selbst eine gute Reise gewünscht hätte. Alles andere, muss zwangsläufig Zweifel aufkommen lassen, dass hier Gott mit involviert gewesen wäre.

Dazu kommt noch das Gott den gesamten Urlaub überwacht haben müsste, dass alles glatt läuft. Hierbei müsste er all jene Menschen überwacht haben, die mit dem Geld der Reise in Berührung kamen, dass diese, alle finanziellen Transaktionen gewissenhaft bearbeiteten. Die Flugzeugmechaniker und Piloten, müsste Gott so beeinflusst haben, dass sie an diesem Tag sehr gewissenhaft ihrer Arbeit nachgingen. Natürlich müsste er auch das Wetter dementsprechend manipuliert haben, dass es schön und nicht stürmisch ist. Dann hätte Gott uns auch vor jedem Menschen, der uns kurz vor, während und auf dem Rückweg der Reise begegnete und durch Konzentrationsverlust eine potenzielle Gefahr hätte darstellen können, beschützen müssen.

Hierbei hätte Gott aber in sehr viele Gehirne eingreifen müssen damit unser Urlaub so glatt verläuft.

Dies widerspricht sich aber erneut mit der Behauptung, dass Gott nicht in den freien Willen der Menschen eingreifen würde!

Dies alles nur, wegen zwei gläubigen Menschen, die eventuell nicht einmal die richtige Religion hatten und den wahren Gott anbeteten!

Demnach ist es Quatsch, Gott dafür zu danken dass wir einen wunderschönen Urlaub in Kanada machen konnten!

Es ist überhaupt Unsinn einem Gott dafür zu danken, dass man irgendwohin kommt oder gekommen ist!

Solche Erlebnisse mögen auch andere Menschen in ähnlicher Weise erlebt haben, aber in anderem religiösen Umfeld mit ihrem eigenen Gott und ihrer eigenen Religion.

Sogar Ungläubige haben schöne Urlaube erlebt!

Hat Gott diesen dann auch beigestanden oder ist es bei Ungläubigen dann einfach nur Glück und Zufall gewesen?

Was ist mit Menschen, die geschäftlich Reisen müssen?

Passt Gott dann auf jeden einzelnen auf?

Was ist aber, wenn doch mal ein Flugzeug abstürzt?

Hat Gott dann ausgerechnet in diesem Moment gerade kurz nicht aufgepasst oder war es eventuell von ihm dann so gewollt und geplant? Bestimmt wird nun der Aufschrei kommen, dass dies dann Satans Werk wäre.

Nun, wie auch immer. Die Religionen biegen sich die Antwort dann sowieso immer auf die jeweilige Situation zurecht.

Natürlich immer nur so, das Gott dabei immer ausschließlich gut abschneidet. Deshalb suggerieren sie den Gläubigen ja auch immer wieder, dass man Gott für alles danken muss!

Doch alle religiösen Menschen danken alle immer nur *ihrem* eigenen Gott!

Was ist aber mit den Göttern oder dem Gott der anderen Religionen?

Doch welchem Gott gebührt nach logischem rationalem Auswahlverfahren nun wirklich der Dank?

Ist es Gott, Allah, Jesus, Jahwe, Jehova, Odin, Hermes, Baal, Isis, Hades, … ?

Es gibt hier keine universelle, wahrhaftige und eindeutige Antwort! Denn jeder Gläubige wird immer nur seiner eigenen Gottheit den Vorrang gewähren und alle anderen werden diskreditiert!

Ich bleibe bei meiner These, dass hier *kein* Gott eingegriffen hat und auch deshalb *keinem* Gott irgendein Dank gebührt.

Die Menschen haben alles selbst bewerkstelligt und sollten statt einem Gott, sich gegenseitig Dank und Respekt zukommen lassen.

Dann kommt noch der Faktor Glück und der Zufall hinzu.

Das Leben und sein Drumherum werden nicht von einem unsichtbaren Überwesen gelenkt! Es fällt einem zu, je nachdem, wie man sich in bestimmten Situationen entscheidet oder wie von anderen Menschen auf dieses Leben eingegriffen wird.

Selbst wenn es diesen Gott doch geben sollte, wäre die einzige Dankesbekundung, die ich diesem Wesen noch zukommen lassen würde diese: »Danke Gott, dass Du Adam und Eva nach der Erbsünde nicht umgelegt, sondern *nur* verflucht hast. Denn hättest Du sie getötet, wären wir heute nicht am leben und könnten dieses ganze Elend auf der Erde nicht mit ansehen.

Danke, dass es wenigstens ein paar Lichtblicke in unserem Leben gibt, die einem Freude bereiten. Danke, dass es nur anderen so extrem dreckig geht und nicht mir. Danke, dass ich in der westlichen Welt geboren und damit ein besseres Leben habe, als die anderen Menschen in afrikanischen oder asiatischen Ländern.«

So müsste ein Dankgebet eigentlich formuliert werden! Doch wer würde solch hochmütige, egoistische Worte zu einem Gott beten, der als liebevoll und barmherzig gilt? Von dem die Anweisung kommt, dass man demütig und sanftmütig durchs Leben gehen soll?

Und, was ganz wichtig ist: Dass man in seinen Gebeten auch ehrlich ist, da man nicht lügen soll!

Doch wie soll man bitteschön demütig dafür danken, dass man genug zu essen hat, wenn dieser Gott auf der anderen Seite der Welt Massen von Menschen verhungern und verrecken lässt?

Wie kann ich dafür danken, dass es mir gut geht und ich gesund bin, wenn woanders Menschen an Krankheiten dahinsiechen, die durch Viren verursacht werden, die Gott erschaffen hat?

Nach meiner Meinung wäre es überaus anmaßend, Gott für meine kleinen Annehmlichkeiten zu danken, wenn ich die anderen Menschen im Hinterkopf habe, denen es übelst schlechter geht!

Damit meine ich Menschen, die vom Leben so gefickt wurden, dass diese nur eine Existenz unter Leid und Schmerz erleben. Ganz schlecht wird mir, wenn ich daran denke, dass es für einen allmächtigen Gott eine Kleinigkeit wäre hier Abhilfe zu schaffen!

Da solche Offensichtlichkeiten von den Gläubigen oft übersehen werden, möchte ich auf eine andere eigentliche Offensichtlichkeit eingehen, die genauso übersehen wird wie ein Baum im Wald.

Es handelt sich dabei um kein Gebet, sondern um einen Gegenstand. Dieser Gegenstand zählt bei den meisten Christen als »das Symbol der Christenheit« überhaupt.

Es geht um einen Gegenstand, den viele Christen an der Wand oder um den Hals hängen haben und dessen Anblick, nur mit einem gefesselten Geist lieblich anzusehen ist!

Es geht um das Kreuz oder Kruzifix.

Das Kreuz und seine eigentliche Bedeutung!

Mal ganz abgesehen davon, dass jeder Christ, Jude oder Moslem, der sich irgendein Symbol zur Anbetung um den Hals oder an die Wand hängt, klipp und klar gegen das zweite Gebot der Top-Ten verstößt, wäre es angebracht, sich einmal mit einem ganz bestimmten Symbol auseinander zu setzen. Dem Kreuz oder Kruzifix.

Viele Christen freuen sich, wenn sie als Geschenk eine Kette mit einem Kreuz als Anhänger geschenkt bekommen. Schließlich ist das Kreuz für die meisten Christen das Symbol ihres Glaubens schlechthin. Kein anderes Symbol ist so weit verbreitet.

Doch was genau bedeutet oder zeigt uns dieses Symbol überhaupt?

Nun, die Antwort eines Christen der noch nicht darüber nachgedacht hat sondern nur das nachplappert was einem von klein auf suggeriert wurde, wird sagen, dass das Kreuz ihn an Jesus erinnert der sein Leben für unsere Sünden gegeben hat. Also ein Symbol der Freude und Dankbarkeit. Doch ist das wirklich so?

Abgesehen davon, dass Jesu Tod ein grausames *Menschen*-Opfer war und demnach nicht zur Freude beitragen sollte, bitte ich Sie, nun einmal ihr Dogma zu übersehen und rational darüber nachzudenken, was das Kreuz in der damaligen Zeit, eigentlich für eine Bedeutung hatte.

Wenn man den Vorhang der versüßenden Worte etwas zur Seite zieht, wird einem klar, dass dieses Kreuz nichts weiter war, als ein *Hinrichtungsgegenstand* für Schwerverbrecher, die zum Tode verurteilt wurden!

Welche Geräte oder Objekte fallen ihnen ein wenn Sie weitere Hinrichtungsgegenstände aufzählen müssten, die es bis heute gegeben hat und noch gibt?

Nun, ich gebe ihnen ein paar Anregungen die mir spontan einfallen würden. Heutzutage ist es zum einen die Todesspritze die mit giftigen Substanzen gefüllt ist und der elektrische Stuhl. Im Laufe der Jahrhunderte gab es sehr viele Hinrichtungs-Werkzeuge um die Menschen zu töten, wie etwa die Guillotine, den Galgen mit Strick, Schusswaffen, die Henkers-Axt, das Zweihandschwert usw. Im alten Ägypten soll es sogar ein Todesurteil gegeben haben, bei dem der Verurteilte, bei lebendigem Leib zusammen mit Insekten in ein Behältnis eingeschlossen wurde und dann bei vollem Bewusstsein aufgefressen worden sein soll.

Was wäre nun, wenn Jesus auf eine dieser anderen Arten hingerichtet worden wäre?

Wie groß wäre die Freude dann über eine Kette mit einer Guillotine als Anhänger oder gar ein Galgen mit Strick?

Noch schöner wäre dann bestimmt auch, ein Anhänger bei dem bildlich dargestellt wird, wie er gerade geköpft wird oder wie er mit einem Strick um seinen Hals an einem Galgen hängt, oder?

Wenn Sie dies als abartig abtun sollten, wieso ist ein Kreuz oder ein Kruzifix dann etwas, dass zur Freude beiträgt?

Mal ehrlich, schon mal so weit gedacht?

Aber es kommt noch besser!

Wo gibt es die meisten Kreuze zu sehen? In der Kirche? An den Hälsen der Menschen?

Nein, die meisten Kreuze sieht man auf den Friedhöfen!

Dass ein Friedhof kein Ort der Freude ist und dieser auch kein Ort des Lebens, wird mir bestimmt jeder zustimmen. Denn der Friedhof ist der Ort des Todes schlechthin! Also ist das Kreuz logischerweise demnach ein Symbol des Todes!

Dass dies keinen guten Einfluss auf einen ausübt, ist dementsprechend unleugbar. Denn unbewusst, wissen das die meisten Kreuz-Anhänger-Träger und dementsprechend haben diese dann auch immer den Tod im Unterbewusstsein vor Augen, wenn Sie ihren Anhänger ansehen.

Wenn Sie Christ sind, fragen Sie doch einmal einen Geistlichen ihres Vertrauens, wieso das Symbol des Todes ein Erkennungszeichen ihrer Religionsorganisation repräsentiert und nicht etwa die Blume des Lebens, zwei betende Hände, eine weiße Taube, einen goldglänzenden Ring der als Heiligenschein anzusehen ist, die zehn Gebote im Kleinformat, eine Wolke aus der zwei gebende oder beschützende Hände herausragen, einen Regenbogen, ein Herz usw. Dies wären alles Symbole die für eine friedliche Religion des Lebens doch viel angemessener wären oder etwa nicht?

Oft wird auch gesagt, dass einem das Kreuz an Jesu Liebe erinnern soll. Doch wieso in aller Welt nimmt man dazu ausgerechnet sein Hinrichtungswerkzeug?

Angenommen Ihr Partner würde erschossen oder hätte einen tödlichen Autounfall. Würden Sie sich eine Pistole als Anhänger um den Hals legen oder ein Miniatur-Auto, um an die Liebe ihres Partners erinnert zu werden?

Würden Sie sich gar ein Bild oder eine Statue aufstellen, auf der gezeigt wird, wie ihr Partner gerade erschossen wird oder wie es ausgesehen hätte, wenn dieser überfahren wird?

Bestimmt nicht oder? Also, was soll das dann alles mit den Kreuzen und den Kruzifixen?

Zudem, wie viele weise Menschen mit ihren verschiedenen Todesarten müssten wir dann alle um unsere Hälse hängen haben, wenn man Jesus nur als das sieht was er war, ein sehr weiser Mann, der Sohn von Josef und Maria, der mit überaus hoher Wahrscheinlichkeit eine normale Geburt und stinknormale menschliche Eltern hatte!

Vorausgesetzt, wenn man von der Theorie absieht, dass Maria und Josef die Geburt nur vorgetäuscht hatten und heimlich einen Außerirdischen bei sich aufzogen, der eventuell mit seinem Raumschiff abgestürzt war oder der hier von einer höher entwickelten Spezies auf die Erde gesandt wurde, um die Menschen zu belehren und ihnen beizubringen friedlicher miteinander umzugehen, damit diese in naher Zukunft einen in Harmonie ablaufenden Kontakt vorbereiten können.

Ach ja, bevor ich es vergesse, was sehen Sie, wenn Sie von sich aus, auf ihren Kreuz Anhänger hinabschauen?

Richtig, ein umgedrehtes Kreuz. Ein Symbol, das gern als Zeichen von sogenannte Satans Anbeter benutzt wird!

Ist das Kreuz etwa vielleicht sogar ein Geheimzeichen, das nur Eingeweihte richtig zu deuten vermögen?

Denn wieso sollte ein heiliges von Gott akzeptiertes *vollkommenes* Symbol, je nach dessen Betrachtungswinkel und Aufstellung, sowohl die Anbetung Gottes als auch die seines Widersachers symbolisieren?

Ist der angebliche Gott der Liebe denn tatsächlich deren Gott oder etwa doch ein anderer, den man der Öffentlichkeit nicht direkt anpreisen sollte, da einem sonst die »Schäfchen« davon laufen würden?

Die Kleidung der Geistlichen ist bestimmt auch nicht ohne Grund in einem tiefen dunklen Schwarz gehalten. Auch dass bei bestimmten religiösen Ritualen symbolisch Blut getrunken und Menschenfleisch (Leib Jesu) gegessen wird, hat in meinen Augen nichts mit einer Religion des Friedens und der Liebe zu tun!

Bei vielen Geistlichen reicht es schon aus, in deren Augen zu schauen, um zu erahnen wie es in deren Herzen ausschaut. Denn die Augen sind der Spiegel des Herzens (der Seele?)!

Also Augen auf beim Reliquienkauf, es könnte ihrem unsichtbaren Überwacher missfallen, wenn dieser wirklich ein eifersüchtiger Gott sein sollte!

So, wechseln wir nun von diesen Götzenbildnissen, die eine Katastrophe für diesen fiktiven eifersüchtigen Gott darstellen, einmal zu wahrhaftigen Katastrophen über und schauen, was uns diese über die Unwahrscheinlichkeit eines liebevollen und barmherzigen Schöpfers verraten können.

Katastrophen

Wer kennt sie nicht, die rührenden, Herz zerreißenden Geschichten wenn eine Familie mit kleinen Kindern aus einem Katastrophengebiet gerettet wurde.

Viele Gläubige erheben dann ihre Augen gen Himmel und danken ihrem Gott für die Rettung.

Die eigentlichen Rettungskräfte wie Notärzte, Feuerwehr, Katastrophenschutz, Polizei usw. werden dann leider nur noch am Rande gewürdigt, denn diese waren ja nach Meinung der Gläubigen nur Handlanger ihres Gottes. Denn würden sie diese nicht so sehen, müssten sie Gott ganz aus dem Spiel lassen!

Nun, nehmen wir einmal an, Gott würde diese Rettungskräfte benutzen um diese Familie zu retten.

Dann wären diese:

1.) nur von Gott gelenkt und dadurch ihres freien Willens beraubt und nur noch Marionetten. Zumindest für die Zeit der Rettungsaktion. Somit wird ihnen unterstellt, dass sie zu dieser Zeit etwas ganz anderes gemacht hätten oder von sich aus gar nicht erst helfen wollten.

2.) von Gott aus dazu gezwungen, diese Familie bevorzugt zu behandeln, gegenüber anderen, die auch Hilfe benötigt hätten.

3.) der Beweis dafür, dass Gott die Menschen dazu braucht um helfen zu können und dementsprechend wäre das Argument seiner Allmacht nicht mehr haltbar.

Doch hierbei würde sich Gottes Macht ausschließlich nur auf telepathische Gedankenkontrolle beschränken, um Menschen damit zu kontrollieren. Dies hätte aber mit Allmacht rein gar nichts mehr zu tun!

Oftmals werden aber auch Ungläubige oder Andersgläubige gerettet, während streng gläubige in den Fluten untergehen, im Feuer verbrennen, von Betonplatten und Stahlträgern langsam erdrückt werden usw.

Aber wenn doch Gott ein Auge auf seine Diener/Sklaven hat, wieso werden diese dann sooft übersehen, während Ungläubige gerettet werden?

Wenn Gott dies per Zufall entscheidet, dann ist es doch völlig sinnlos, sein Vertrauen in diesen Gott zu setzen in solch einer Situation. Jedes Gebet ist doch dann verlorene Zeit die man einsetzen könnte um der Gefahr selbst entkommen zu können.

In solchen Situationen sieht man auch immer wieder, dass sich jeder selbst der Nächste ist. Dann ist es egal, was irgendein religiöser Weiser einmal gesagt hat. Beim Schutz des eigenen Lebens hört dann auch die angeblich religiöse Moral auf, die uns Gott angeblich mitgegeben haben soll. Wer dennoch ein anderes Leben rettet und seines dabei verliert, handelt ausschließlich nur aus Liebe oder Ehre zu einem anderen Menschen, aber nicht um seinem Gott wohlgefällig zu sein.

Wenn Gott wirklich *wollte*, dass wir aus solch einer Katastrophe heil heraus kommen, wären Wunder in solchen Situationen allgegenwärtig.

Dann gäbe es Unmengen an Berichten, dass zum Beispiel Menschen aus Tsunami Gebieten einfach aus dem Wasser schweben und auf festem Boden wieder abgesetzt werden, Menschen ohne Verbrennungen aus einem brennenden Gebäude spazieren oder tonnenschwere Stahlträger anheben können, um sich befreien zu können.

Gott würde auch seine Heilige Schrift glaubhafter machen, wenn er dazu seine Engel schicken würde die vor jedem sichtbar wären.

Wenn dann auch noch eine bestimmte religiöse Gruppe gerettet werden würde, wäre die Frage, welche Religion und welche Heilige Schrift für Gott wirklich annehmbar ist, hiermit auch, ein für allemal beantwortet.

Doch *nichts* dergleichen passiert auf dieser Welt!

Denn Gott ist nichts weiter als ein Fabelwesen, das machtgierige Menschen erfunden haben und benutzen, um andere besser unterdrücken und nach ihrem Willen formen zu können.

4 Respekt und Toleranz

»Respekt und Toleranz gibt es nur solange, wie es der eigenen individuellen Zumutbarkeit entspricht!«

Alle Religionen wollen angeblich immer nur das Eine: »Frieden für alle!«

Wenn man ehrlich ist, müsste man diesen Slogan etwas umändern in:

»Frieden nur für unsere Glaubensbrüder und Schwestern!« oder »Frieden für jeden der seinen *falschen* Glauben aufgibt und zu uns kommt!«

Schon die Vorstellung, dass so viele Religionen nur Frieden wollen, ist der absolute Widerspruch schlechthin. Denn um dies erreichen zu können, müssten *alle* Religionen, *allen* anderen gegenüber, mit Respekt begegnen und deren Glaube tolerieren.

Dies wird aber niemals geschehen, wenn jeder an seinem eigenen angeblichen Wahrheitsanspruch fest hält. Nein, wenn Frieden für alle Menschen bewerkstelligt werden soll, dann ist dies nur *ohne* Religionen wirklich möglich. Denn selbst wenn es nur noch eine einzige Religion geben würde, wären da immer noch diejenigen, die nicht daran glauben und diese müsste man dann erst einmal unterdrücken oder bekehren, was ohne Gewalt nicht bei allen möglich wäre.

Demnach ist die einzige Schlussfolgerung, dass der Faktor Religion entfernt werden müsste, um dem Frieden *näher* kommen zu können.

Da aber alle Menschen verschieden sind und es immer irgendwelche Idioten geben wird, die über andere Menschen Macht ausüben wollen, ist wahrer Frieden unter Menschen absolute Utopie!

Denn selbst wenn alle Religionen verschwunden wären, würde es keinen weltweiten Frieden geben!

Dennoch, und dies kann man unbestreitbar und mit absoluter Sicherheit behaupten, würde es *weniger* Unterdrückung und Ausbeutung durch Angstmacherei und falscher Versprechen geben, die durch unbewiesene Überlieferungen mit suggestiven Dogmen verbreitet werden! Zumindest könnte kein Irrer mehr, im Namen irgendeiner Religion oder eines Gottes, seine Macht über andere Menschen ausüben und diese in den Tod schicken!

Denn mal ehrlich: In was für einer Welt, in der es niemals einen hundertprozentigen Frieden geben wird, würden Sie lieber leben, wenn Sie wählen dürften?

1.) Eine Welt *mit* Religionen und so wie sie nun mal ist, mit all ihren religiösen Ausschreitungen, Terror, Unterdrückung, Angstmacherei, Erpressung, Lügen, Märchen, Dogmen und der ganzen Intoleranz gegenüber Andersgläubigen und Ungläubigen?

oder

2.) Eine Welt *ohne* Religionen mit weitaus *weniger* Kriegen, Terror, Unterdrückung und Ausbeutung durch Angstmacherei und falscher Versprechen, die im Namen irgendeines fiktiven Gotteswesens ausgeführt werden?

Also ich würde mich ganz klar, für *die* Variante entscheiden, in der es *weniger* Kriege, Terror, Unterdrückung und Ausbeutung geben würde. Dabei wäre es mir auch völlig egal, *weswegen* es ein wenig friedlicher wäre. Für mich wäre nur wichtig, *dass* es *friedlicher* wäre!

Wenn es sich dabei, um das Fehlen der Religion handeln würde, dann kann ich gut auf diesen Faktor verzichten!

Dieses friedlichere Miteinander, können die Menschen nur mit mehr Respekt und Toleranz erreichen und nicht mit der eingeschränkten, religiösen, vorherrschenden und für sich selbst gepachteten, angeblich einzig wahren Religionsbehauptung!

Leider ist es reines Wunschdenken, dass es Respekt und Toleranz in einem weltweiten Kollektiv geben könnte.

Dabei spielt es dann auch keine Rolle, ob dieser Respekt und diese Toleranz uns Menschen von einer Religion, von der Politik oder nur von einem Gummibärchen angeboten und umgesetzt werden soll.

Vollkommener weltweiter Frieden und Einheit sind reine Utopie!

Dennoch wird diese Wunschvorstellung immer wieder in den Köpfen der Menschen genährt, da man im Namen des angeblichen Friedens dadurch den Menschen irgendwelche Regeln, Gesetze und Vorschriften besser verkaufen kann und für die Akzeptanz annehmbarer gestalten kann. Das Beste daran ist aber, das sich die Menschen im Namen des angeblichen Friedens, viel mehr gefallen lassen und sich zusätzlich auch noch besser und ohne zu nörgeln kontrollieren lassen. Dies wissen die Religionen schon seit Jahrtausenden und die Politik hat dies demnach auch für sich übernommen.

Fakt ist dennoch eines: *Ohne* Religion, wäre zumindest *ein* herausragender Faktor weniger vorhanden, auf den sich jemand berufen könnte um die Welt mit Krieg, Leid und Lügen durch geistige Versklavung zu überziehen!

Wie Religion heutzutage ausgelebt wird

Entweder man akzeptiert alles so wie es in den jeweiligen »heiligen« Schriften steht, also das gute und das böse Verhalten der Propheten und Handlungen Gottes, dann ist man ein wahrer Gläubiger! Doch dann muss man auch mit der Kritik der schlechten Taten und Anweisungen umgehen können, die diese Religion belasten, inklusive dass diese Religionen und/oder deren Gebote und Anweisungen, eventuell nicht mehr in die heutige moderne Zeit passen!

Oder man pickt sich nur die Rosinen des Guten heraus, um die Behauptung aufstellen zu können, dass diese Religion, eine Religion des Friedens und der Liebe sei und um seine eigenen Vorstellungen und Vorlieben in dieser Religion Vorschub zu leisten.

Dies, ist die Art der Religionsausübung, mit den meisten Anhängern. Bei dieser Religionsauslegung, hört man immer wieder das tolle Wort Reform.

Doch was ist eigentlich genaugenommen, eine Glaubens oder Religionsreform?

Nun, eine Reform in diesem Zusammenhang ist nichts anderes, als eine Abänderung der vorherigen Gebote und Gesetze deren Gottes oder zumindest, wie diese in der Neuerung zu verstehen sind oder sein sollen. Oftmals ist es eine religiöse Gruppe oder irgendein einzelner hoch angesehener oder in den Medien hoch gelobter Theologe oder Religionswissenschaftler, der die »heiligen« Schriften etwas anders versteht und diese nun an die Gegenwart oder die eigene Sichtweise anpassen will.

Aber jetzt mal ehrlich:

Wer ein wenig mitdenkt, sieht in diesen ganzen Reformen doch nichts anderes, als dass man dabei die Worte, Anweisungen, Gesetzte und Gebote deren Gottes, durch selbst ausgedachte, verändert oder anpasst. Doch keiner fragt nach, ob es deren Gott überhaupt passt! Aber da sich deren Gott nicht zu Wort meldet und dementsprechend keine Einwände erhebt, muss es dann ja auch in seinem Namen akzeptabel sein und erfolgt dann natürlich auch nach seinem Willen, gelle.

Ach … , ich komme aus dem Schmunzeln gerade nicht mehr heraus, dass es wirklich noch Menschen gibt die solch einen Glauben ernst nehmen können und diesen Religionen hinterher laufen.

Doch die meisten Menschen, die in diesem Fahrwasser schwimmen, sind hauptsächlich sowieso nur Traditionalisten, die leider immer öfter, Religion mit Tradition verwechseln oder diese zusammen in einen Topf werfen.

Oftmals sind es genau diejenigen, die ihre Religion verteidigen, wenn etwas Schlimmes in deren Namen geschieht. Diese blöken dann solche allseits bekannten Parolen wie »Das hat doch nichts mit … (dem Islam, dem Christentum, dem Judentum usw.) zu tun. Das sind doch nur Einzeltäter die nur meine Religion als Vorwand missbrauchen!« Doch zählt man diese Einzeltäter einmal zusammen, könnte man damit ein ganzes Land oder sogar mehrere bevölkern!

Man kann es diesen Menschen aber auch nicht verübeln dass sie so denken, da die Medienlandschaft ja nur solche Parolen kennt und diese sogar von der Politik dazu aufgefordert werden, diese der breiten Öffentlichkeit so zu verkünden.

Alles im Namen der *kollektiven* Toleranz die es niemals geben kann, da Toleranz immer nur im Auge des einzelnen Betrachters wahrgenommen werden kann!

Da die Politik größtenteils auf Wählerstimmen aus ist, möchte diese natürlich alle Menschen erreichen. Hierzu gehören natürlich auch Wähler mit verschiedenen religiösen Überzeugungen. Da viele Menschen durch die offenen Grenzen und Kriege immer eher ihre Heimat wechseln dürfen und können, oder sogar müssen, um ihr Leben zu schützen, kommen natürlich auch immer mehr verschiedene Glaubensrichtungen in andere Länder der Welt.

Hier muss man kein Prophet sein um zu erkennen, dass dies niemals gut gehen kann wenn so viele verschiedene Glaubensrichtungen aufeinander treffen. Doch im Namen der utopischen weltweiten kollektiven Toleranz, Sicherheit und Weltfriedens wird dieses Risiko gerne in Kauf genommen!

Um nicht weiter in die Politik abzuschweifen, komme ich nun wieder zurück zur eigentlichen Thematik.

Viele Religionsanhänger haben von ihrer eigenen Religion doch fast keine Ahnung.

Wer von den vielen Christen beispielsweise, hat die ganze Bibel schon gelesen?

Wie viele Moslems, haben jede Seite des Korans gelesen?

Was jedoch noch wichtiger ist, welcher »Gläubige«, hat wirklich intensiv über das gelesene nachgedacht und es vor seinem geistigen Auge einmal wie einen Film ablaufen lassen?

Durch die Friedens-Propaganda, werden sich eventuell einige schon einmal die Bergpredigt in Gedanken vorgestellt haben, die Jesus den um ihn versammelten Menschen vorgetragen hat oder eventuell auch das Hohelied im Alten Testament.

Dies ist bestimmt eine herzerfrischende Gedankenwelt.

Doch wer hat sich solche Szenarien, wie die Überfälle der Israeliten in andere Stämme, schon einmal in seinem Kopf aufzeigen lassen?

Dass im Namen deren Gottes, tausende Menschen mit Schwertern die Bäuche aufgeschlitzt und Köpfe abgetrennt wurden! Wie dabei Frauen vergewaltigt werden durften, gebrandschatzt wurde und dass gesamte Hab und Gut geraubt und Kinder getötet oder abtransportiert wurden, um danach als Sklaven herzuhalten. Dies nur, weil diese Menschen eine andere Religion hatten oder sogar nur deswegen, weil sie angeblich nicht zum auserwählten Volk deren Gottes gehörten.

Mit anderen Worten, sie gehörten einem anderen Stamm an, deren Führer leider nicht das Oberhaupt dieser bestimmten Familien war. Heute würde man diese als Ausländer oder zu einer anderen ethnischen Gruppe gehörend bezeichnen. Das ist purer religiöser Faschismus!

All dieses Leid und diese Radikalisierung wird von den religiösen Führern gerne ausgeblendet und als »das war doch früher« oder mit »das ist doch nur symbolisch zu verstehen« abgetan.

Doch jeder sollte sich einmal Gedanken darüber machen, dass es heute nicht so viele Anhänger solcher Religionen geben würde, wenn diese damals nicht mit Gewalt und Unterdrückung diese Menschenmassen dazu gezwungen hätten, diesen Religionen beizutreten und ihnen die Treue zu schwören. Hierbei können sich alle drei Hauptreligionen beschämend die Hand reichen.

Denn jede dieser Religionen, hat in der Vergangenheit gemordet um ihren Gott und ihre Dogmen anderen Menschen aufzuzwingen! Denn wer sich damals nicht Missionieren ließ, wurde kurzerhand umgebracht. Das ist Fakt und geschichtlich belegt.

Das wäre vergleichbar, wenn die NSDAP aus dem dritten Reich, den Krieg überdauert hätte. Diese heutzutage immer noch Parteimitglieder verzeichnen und sich in der Neuzeit, mit einer humaneren Politik anpreisen würde. Wenn deren Mitglieder und Vorstände dann ähnliche Sprüche unter das Volk brächten, welche auch einige Religionsverteidiger, bezüglich ihrer Religionen immer wieder verbreiten, um deren Vergangenheit zu verharmlosen.

Beispielsweise, wenn diese, auch bei bestimmten Situationen sagen würden: »Aber das war doch früher, das war halt damals so!« oder »Das mit der reinen arischen Menschenrasse ist doch nur symbolisch zu sehen« oder noch besser, »Das hat doch alles nichts mit dem Hitler Regime zu tun, wenn heute jüdische Gedenkstätten geschändet werden. Das sind doch alles nur Einzeltäter, die mit der NSDAP nichts zu tun haben«.

Wer nun denkt, dass ich nun Äpfel mit Birnen vergleiche, sollte bedenken, dass beides Obst ist! Genauso, wie Massenmord immer Massenmord ist und bleibt! Dabei spielt es absolut keine Rolle, ob dieser Massenmord, wegen religiösen Ideologien oder wegen politischen Ideologien ausgeübt wurde oder wird!

Da solche Schandtaten, wie Menschen abschlachten der Ideologie wegen, in unseren westlichen Gefilden gesetzlich nicht mehr Umsetzbar sind, musste man diese Schreckensreligionsmissionierung, auf andere Schienen lenken.

Was würde sich besser anbieten, als die Weichen auf die Psycho-Schiene umzustellen!

Eine solche Taktik ist, den Menschen mit deren Gier auf Materielle Dinge zu locken. Viele Religionsmitglieder, sehen heute demnach doch fast nur noch, die auf Konsum aufbauenden Feste, bei denen Geschenke ausgetauscht werden. Diese gibt es in allen drei monotheistischen Religionen gleichermaßen. Welche das sind mag allgemein Bekannt sein.

Als kleines Beispiel fallen mir gerade diese ein:

Weihnachten, Ostern, Taufen, Konfirmation, Kommunion, Chanukka, Bar Mizwa, Beschneidungen, Ramadan, Opferfest, Valentinstag usw.

Zudem interessiert es heutzutage kaum noch jemanden, dass einige dieser Feste, aus sogenannten heidnischen Gebräuchen herführen.

Wer mir nicht glaubt darf gerne ein wenig im Internet recherchieren.

Die Religionsgründer würden solche »Pseudo- Gläubigen« heute wahrscheinlich, wie Jesus es ausdrückte, als »lau« bezeichnen. Menschen die weder heiß noch kalt sind, im übertragenen Sinn.

Also weder fest im Glauben, noch fest gegen oder ohne Glauben sind. Diese würde Jesus aber nicht annehmen sondern ausspeien wie *lau*warmes Wasser!

Deshalb ein Vorschlag an alle »Pseudo- Gläubigen«: »Vergesst eure traditionelle Religion und hört auf euch selbst und andere, vor allem eure Kinder, zu belügen! Und gesteht euch endlich ein, dass ihr schon lange nicht mehr an diese Mythen und Märchen glaubt. Befreit euren Geist endlich von den Fesseln dieser Religionen, dann müsst ihr euch und anderen auch nichts mehr vormachen. Ihr braucht euch dann auch vor keinem Vertreter eines unsichtbaren erfundenen Überwesens mehr rechtfertigen und könnt das Leben so genießen wie es ist, ohne Gewissensbisse und dem Gefühl der ständigen Überwachung!«

Als Jesus sagte »Die Wahrheit wird euch frei machen«, sprach er bestimmt nicht von blindem Glauben an irgendeine Religion, sondern davon, das wahre Leben zu erkennen und allem den Rücken zu kehren, das einen versklavt. Diese Wahrheit kann man nur erkennen, wenn man sein Gehirn gebraucht und anfängt logische Schlussfolgerungen, mit gesundem Menschenverstand zu ziehen und diese umzusetzen!

Und um das klar zu stellen: Nur weil Jesus manch weise Worte sprechen konnte, muss dieser nicht zwangsläufig der Sohn eines Gottes oder Gott selbst gewesen sein!

Wie viele Menschen hat es seither gegeben, die weise Worte sprachen und deswegen nicht gleich als göttliche Wesen oder Söhne der Gleichen angesehen oder bezeichnet wurden?

Nach meiner Meinung, hat man diese religiösen Inhalte in viele Schriften einfach hinzu gedichtet, um behaupten zu können, dass zum Beispiel Jesu Worte von Gott Inspiriert wären, damit man diese Menschen und deren Weisheiten für eigene Zwecke verwenden kann, um die Menschen zu verblenden.

Zum Schluss dieses zweiten Szenarios, möchte ich allen Gläubigen, die sich ausschließlich nur die positiven Rosinen ihrer Religion herauspicken, noch eines sagen:

»Wenn ihr dennoch an ein fiktives Wesen glauben wollt, das euch sagt was ihr zu tun und zu lassen habt, dann macht es wenigstens richtig, mit allen Freuden und auch Unannehmlichkeiten für euch und eure Mitmenschen. Wenn dies euer Gewissen belasten sollte, dann lasst es um alles in der Welt doch bitte ganz bleiben!«

Das dritte und abwegigste Szenario das noch übrig ist, welches das ausleben der Religion betrifft, bleibt bei den Religionsorganisationen aber interessanterweise immer aus. Nämlich, eine Religionsauslegung, in der nur das Böse und Schlechte aus den Schriften hervorgehoben wird, auf das sich der Gläubige dann beruft. Doch so etwas, gibt es nicht einmal für die sogenannten Satans Anbeter. Denn dies wäre nicht unbedingt ein ertragsfähiges Geschäftsmodell für die Missionierung dieser religiösen Menschensammler. Wieso? Nun, da die Mehrheit der Menschen im Grunde ein gutes Herz hat und sich deshalb so einer Religion nur sehr wenige anschließen würden! Zudem müssten deren Anhänger allesamt extrem geistesgestörte Psychopathen sein!

Gibt es nun einen Gott? - Zwischenstand

Hier gibt es nun diese verschiedenen Varianten als Antwort:

1.) Es gibt keinen Gott

2.) Es gibt einen Gott der sich nach der Schöpfung zur Ruhe gesetzt hat.

3.) Es gibt einen Gott aber wir Menschen gehen ihm am Arsch vorbei.

4.) Es gibt einen Gott der nicht die Macht hat die ihm zugesprochen wird und gerne würde aber nicht kann.

5.) Es gibt einen Gott der eine Vereinbarung mit seinem Gegner hat, dass er nicht eingreifen darf um die Vereinbarung nicht zu brechen.

6.) Es gibt einen Gott der sadistisch ist und sich an dem Leid der Menschen erfreut.

Wenn ich nun vor die Wahl gestellt werden würde und mich für eine dieser Varianten entscheiden müsste, würde ich mich ganz klar für die Nummer 1 aussprechen!

Denn Variante 2 und 4 bringen mir als Gläubigen überhaupt nichts.

Bei Variante 3 wäre es mir ein Bedürfnis, es ihm gleich zu tun.

Variante 5 und 6 würden mich sogar zu einem Gegner Gottes machen, da ich ungern ein Vertragsgegenstand bin und schon gar nicht für irgendwelche sadistischen Spielchen herhalten möchte.

Nachdem ich nun den Zwischenstand auf »Gottlos« gestellt habe, möchte ich mich der Fairness halber, doch ein wenig mit den zwei religiösen Büchern befassen, die alle beide, jedes für sich, den absoluten vollkommenen Wahrheitsanspruch gepachtet haben wollen.

Zum einen mit dem Koran und zum anderen mit der Bibel. Wobei die Bibel ja genaugenommen aus zwei total unterschiedlichen Buchhälften besteht, die sich als Altes und Neues Testament bezeichnen. Beide Buchhälften sind wiederum eine Zusammenstellung aus vielen verschiedenen Büchern und Schriften.

Da die Bibel und der Koran sehr umfangreiche Schriftstücke sind, werde ich mich natürlich sehr einschränken müssen. Deshalb werde ich mich auch nur auszugsweise mit diesen befassen.

5 Einblick in die »heiligen« Schriften

In diesem Kapitel möchte ich einen kleinen Einblick in die »heiligen« Schriften geben und auch etwas darauf eingehen, wie sich diese darstellen, woher diese kommen sollen und wer sie verfasst haben soll.

Dazu möchte ich ein wenig aus diesen Schriften zitieren und diese mit einem bürgerlichen Verständnis deuten.

Da es viele verschiedene hochtrabende, allgemein anerkannte theologische Interpretationen gibt, werde ich zu einigen meinen Senf dazu geben müssen, da die Auslegungen all dieser »Meister der Interpretation«, nach meiner Meinung, das rationale Denken und die Logik soweit überspannen, dass man diese nur noch in die Welt der Fantasie verbannen kann.

Zuerst möchte ich einen Blick in den Koran werfen.

Wie zu Anfang erwähnt, bin ich kein Religionswissenschaftler oder Ähnliches. Deshalb werde ich mich auch wie ein Otto-Normal Bürger diesen aufgeschriebenen Worten nähern. Denn nach meiner Meinung, kann Gott nicht von jedem der seine Schriften liest verlangen, zuvor studiert zu haben.

Da die Worte Gottes ja für *jeden* Menschen sein sollen, müssen sie logischerweise auch für jeden *verständlich* sein, auch *ohne* Lehrer.

Der Koran

Koran wird mit Lesung, Rezitation oder Vortrag wiedergegeben. Wobei Vortrag dem Sinn am ehesten nachkommt, da die wörtliche Offenbarung Allahs angeblich von einem Engel namens Gabriel an Mohammed in Träumen und Visionen, während er sich allein, in einer einsamen Gegend aufhielt, übermittelt oder vorgetragen wurde.

Dies wäre auch nicht anders möglich gewesen, denn da Mohammed ein Analphabet war, konnte sich Allah nur der verbalen Inspiration bedienen.

Hier kann man aber sogleich die Allmacht Allahs infrage stellen!

Warum hat er Mohammed nicht die Gabe des Schreibens geschenkt?

Allah hätte ihm ja nur solange die Fähigkeit des Lesens und Schreibens schenken brauchen, in der er Allahs Worte aufzeichnen sollte. Danach hätte Allah ja Mohammed diese Gabe wieder nehmen können. Dies wäre doch zusätzlich noch ein klarer Beweis von Allahs Allmacht gewesen und hätte den Glauben Mohammeds und der Menschen, denen er diese Worte weiter gab noch verstärkt. Dies umso mehr, da zur damaligen Zeit kaum einer lesen und schreiben konnte. Gleichzeitig wäre dann sogleich eine schriftliche Hinterlassenschaft Allahs vorhanden gewesen und nicht erst viele Jahre später!

In vielen Ländern ist der Islam in die Kultur und sogar ins Staatswesen integriert.

In der westlichen Welt fürchten sich einige davor, dass sich der Islam immer mehr ausbreitet, da dieser sehr radikale und sogar faschistische Züge aufweist. Ganz zu schweigen von seinem vorsintflutlichen Verständnis von Recht und Ordnung. Von seinem fehlenden Verständnis von Demokratie, Gleichbehandlung und Menschenrechten ganz zu schweigen. Denn in einer Gesellschaft in der man Burka, Kopftuch, Zwangsheirat, Beschneidung, Abhacken von Körperteilen, Steinigung, Ehrenmorde und der Gleichen als Gottgewollt hinnimmt und anwendet, ist das Umsetzen westlicher Werte noch sehr weit entfernt.

Oft bekommt man von Islambefürwortern den Einwand vorgeworfen, dass man mitreden möchte obwohl man den Koran nicht gelesen hat. Fängt man dann an sich mit dem Koran zu beschäftigen, wird man dann auch noch darauf aufmerksam gemacht, diesen doch bitte auf Arabisch zu lesen.

Denn angeblich soll der Koran nur in arabischer Sprache den wirklichen heiligen Sinn wiedergeben und deshalb wird oftmals das Argument gebracht, dass wenn man den Koran wirklich verstehen möchte, solle man doch vor seinem lesen erst einmal Arabisch lernen.

Hallo? Geht's noch? Erst verwirrt Allah (der im Alten Testament noch Jahwe genannt wurde) beim Turmbau zu Babel damals alle Arbeiter mit verschiedenen Sprachen (war es nun Allah oder Jahwe?), damit diese sich gegenseitig nicht mehr verstehen konnten (Oder war es etwa sogar Jesus, da dieser laut den christlichen Dogmen ja selbst Gott sein soll? Es wäre schön wenn sich die religiösen Eiferer endlich mal einigen würden, wer, was, wann und wo bewirkt haben soll!). Und dann sollen jetzt alle in der heutigen Zeit, die kein Arabisch sprechen, diese Sprache erst erlernen um seine Schrift, die zur Unterweisung *aller* Menschen dienen soll, überhaupt sinngemäß verstehen zu können?

Wie unsinnig, ist das denn?

Wenn es so wichtig wäre, Arabisch zu können, müssten doch eigentlich alle Menschen diese Sprache schon von Geburt an beherrschen oder?

Wie sollten sonst unsere Mitmenschen, welche eine Lernschwäche für Sprachen haben oder Gläubige die mit weniger Intelligenz als der Durchschnitt »gesegnet« wurden, die »eigentlichen« Anweisungen und Gebote, sowie alle aufgezeichneten Worte Allahs, lesen und verstehen können?

Entweder ist diese Lehrmeinung nicht korrekt oder Allah hat gepfuscht, indem er vergessen hat, allen Menschen diese Sprache »einzupflanzen«. Oder aber, es ist ihm völlig egal, ob die Menschen seine Worte korrekt verstehen können.

Wenn Arabisch so einzigartig wäre und nicht sinngemäß übersetzt werden könnte, müsste demnach dann auf allen übersetzten Schriftstücken, wie Gebrauchsanweisungen, Büchern, Zeitungsartikel usw. die aus dem arabischen übersetzt wurden, ein Warnhinweis stehen, dass die Übersetzung nicht *dem* Sinn entspricht, den der Verfasser im Original damit eigentlich vermitteln wollte. Deshalb ist es in meinen Augen absoluter Quatsch, dass man den Koran nur in Arabisch wirklich verstehen können soll. Dies ist nur eine religiöse Taktik der Gelehrten, die darauf abzielen soll, dass sich ein Interessierter nicht mit einem übersetzten Koran *selbst* auseinander setzt, damit dieser es schon vorab als sinnlos ansieht.

Denn die Gelehrten wollen, dass der Interessierte nur *die* Suren und Verse kennen lernt, die förderlich für dessen Missionierung sind und natürlich die Suren und Verse, die zur Fesselung des Geistes in die *spezielle* Islamgemeinschaft beitragen, die der Gelehrte selbst vertritt.

Da es einigen nicht genügt, mit neuzeitlichen Fakten zu argumentieren, habe ich es mir zur Aufgabe gemacht, den Koran etwas näher zu betrachten, und zwar so, wie er betrachtet werden sollte. Mit unerfahrenen, einfach gestrickten bürgerlichen Augen! Denn wenn der Koran heilig und von einem allwissenden Gott stammt, ist dieser für jeden Menschen selbsterklärend und verständlich und bedarf keiner zusätzlichen studierten Belehrung!

Hätte Allah sonst einen ungebildeten Analphabeten ausgewählt, um seine Gedanken, Anweisungen, Gesetze und Gebote den übrigen Menschen zukommen zu lassen?

Es wundert mich ja, dass die Menschen Mohammed überhaupt zuhörten und ihm geglaubt haben! Ach ja, ich vergaß, er hatte ja viele *schlagfertige* und *einschneidende* »Argumente« um die Menschen, die weiter leben wollten zu überzeugen!

Nun denn, wie auch immer. Zurück zum angeblich, notwendigen Arabisch-Sprachkurs.

Da ich keine Zeit und auch keine Lust habe vorher Arabisch zu lernen um im Koran zu lesen, werde ich es wagen mich der deutschen Übersetzung zu bedienen.

Zuvor möchte ich aber noch ein wenig auf den Gründer des Islams eingehen.

Wie schon erwähnt, ist der Koran eine Ansammlung von Suren und Versen, die ein Hirte mit Namen Mohammed durch einen Engel vorgetragen bekommen haben soll. Wenn man Mohammeds Biografie bis zu diesem Zeitpunkt etwas nachvollzieht und ein Psychogramm erstellen würde, käme dabei bestimmt kein himmelhoch jauchzender, fröhlicher Mann im mittleren Alter zum Vorschein, sondern eher ein vom Leben gebeutelter, verbitterter, depressiver, machtbesessener, gieriger Mann der auf kleine Mädchen steht und der kein Vertrauen mehr in sein zukünftiges Leben hat, mit der Angst, dass der Verlust geliebter Menschen niemals endet und der sich wünscht, dass wenigstens nach seinem Tod noch eine paradiesische Welt existiert, damit er nicht ganz austickt. Wie komme ich zu so einer Aussage?

Nun, das Erste mit dem Mohammed fertig werden musste und das seine Psyche prägte war, dass er ohne Vater aufwachsen musste. Denn dieser starb leider schon vor seiner Geburt. Dies war natürlich auch schon in der damaligen Zeit ein hartes Los. Dann, als Mohammed 6 Jahre Alt war, verlor er auch noch seine Mutter. Dies machte Mohammed zu einem Waisen. Zu seinem Glück lebte wenigstens sein Großvater noch, der ab da an seine Erziehung übernommen hatte. Doch als wäre dies noch nicht genug der Schicksalsschläge, starb sein Großvater nach kurzer Zeit auch noch. Damit Mohammed nicht ohne Vormund weiter aufwachsen musste, übernahm sein Onkel Abu Talib die Verantwortung für seinen Neffen.

Als junger Erwachsener arbeitete Mohammed später für Chadidscha in Mekka, die eine hoch angesehene Kaufmannswitwe war. Als Mohammed 25 Jahre Alt war, nahm er Chadidscha zur Frau. Chadidscha gebar Mohammed zwei Söhne, die eigentlich seine Erben werden sollten. Doch traurigerweise starben diese schon im Kindesalter. Danach bekamen Mohammed und Chadidscha noch vier weitere Kinder. Zu all deren Unglück, waren es aber leider nur vier Töchter, die in deren damaliger Kultur weniger Wert hatten als männliche Nachkommen, da nur männliche Nachfahren sein Erbe weiterführen durften.

Nach 25 Ehejahren stirbt dann auch noch seine Frau und zur gleichen Zeit dann auch noch sein Onkel.

Das waren bis zu diesem Zeitpunkt schon einmal wahrlich heftige Schicksalsschläge die niemand einfach so wegsteckt!

Nach einer gewissen Zeit heiratete Mohammed eine Anhängerin seiner neu erfundenen Religion und zudem ein *Neunjähriges* Mädchen (s.Quellenverzeichnis) mit Namen Aischa, die eine Tochter eines Freundes war, der Abu Bakr hieß. (Dass er mit seiner neuen *neunjährigen* »Frau« nicht nur Sandburgen in der Wüste gebaut hat, kann man sich ja vorstellen, denn sonst hätte er mit der Hochzeit noch warten können, bis sie Alt genug ist). Schon allein dass er ein *Kind* (Die Altersangaben variieren je nach Überlieferung und Verständnis zwischen 6-

14 Jahren) geheiratet hat, macht ihn zu einem unleugbaren Pädophilen!

An alle die jetzt sagen: »Na das war halt früher so« sei gesagt, dass es dadurch nicht weniger verwerflich ist, dass ein 50 Jähriger seinen Penis, in die jungfräuliche Vagina, eines kleinen Mädchens hineindrückt, das dabei unheimliche Schmerzen erleiden musste, nur um der kranken perversen Geilheit ihres Mannes folge zu leisten. Dass sie durch die Verletzungen nicht starb, war dann wahrscheinlich auch der Wille seines erfundenen Allahs. Zu allem noch die verharmlosende Geschichte in seinen Aufzeichnungen die man im Koran finden kann, dass dieses kleine Mädchen daraufhin sogar stolz gewesen sein soll, von einem 50 Jährigem Mann »beglückt«, (Ich nenne dies Vergewaltigung), worden zu sein, treibt mir die Zornesröte ins Gesicht! (Ich kann gerade gar nicht so viel essen, wie ich kotzen könnte. Wer hier noch von Heiligkeit spricht und solch einen Mann als Vorbild ansieht, dem ist absolut nicht mehr zu helfen).

Entschuldigung, aber ich habe gerade sehr großes Mitleid mit der Kleinen und verspüre große Wut gegenüber diesem Mann, wenn ich dies vor meinem geistigen Auge vorüber ziehen lasse.

Denjenigen, die nun Argumentieren, dass wenn Allah diese Hochzeit eingerichtet hat, es dann doch nicht angezweifelt werden dürfe, sage ich nur eins: »Wie kann man so einem grausamen Gott überhaupt folgen? Das ist doch nur noch wegen der Angst nicht für Ewigkeiten in einer Hölle gefoltert zu werden oder weil man *alles* akzeptiert und annimmt, nur um einmal in ein himmlisches Paradies einzugehen«. Manche gehen ja für dieses Paradies buchstäblich über Leichen. Meiner Meinung nach ist so ein Verhalten einfach nur egoistisch oder geistesgestört!

Der weitere Werdegang Mohammeds, war gepflastert mit Missionierung, Schlachten und Kriegen, gepaart mit Versklavung und Unterdrückung Andersgläubiger bis zu seinem Tod.

Natürlich alles im Namen Allahs, seines angeblich liebevollen und barmherzigen Gottes.

Dem Wort Islam wird die Bedeutung gegeben, sich Allah *freiwillig* unterwerfen zu *dürfen*!

Dies beinhaltet, dass man sich freiwillig ohne Widerspruch, an alle Verbote und Gebote hält und sich selbst für Allah erniedrigen möchte. Doch die Mullahs und andere islamische religiöse Führer, haben diese Bedeutung durch eigene Interpretationen, im Laufe der Zeit, immer weniger nur auf sich selbst und die Einzelperson bezogen, sondern haben diese Unterwerfung auf die gesamte Menschheit übertragen. Dementsprechend, haben sie diese Freiwilligkeit in einen Zwang und ein Müssen umgewandelt. Es beutet somit heute nicht mehr »Ich Unterwerfe mich« sondern »Du *musst* dich unterwerfen!« und »Du *musst* alle Ungläubigen unterwerfen!«. Doch diese Definition der Freiwilligkeit in dieser Religion sind zweierlei Paar Schuhe!

Denn wenn man nach den Worten im Koran geht, die sich Mohammed damals ausgedacht hat, überwiegt eindeutig der Zwang! Denn wer sich *nicht* »freiwillig« Allah unterwirft, wird zwangsweise, ohne Gnade erwarten zu können, in der Hölle schmoren und für alle Ewigkeit bestialische Strafen erleiden!

Um einen kleinen Überblick aufzuzeigen, möchte ich hier einmal ein paar ausgewählte Koranverse zitieren, wie krank der Autor dieses heiligen Buches war und was dieser darunter versteht, wenn er seinen Gott, also Allah, als barmherzig, Gütig und *all*-verzeihend bezeichnet.

Hier nun die barmherzigen und liebevollen Zeilen, was Menschen zu erwarten haben, *nur* weil diese *nicht* an Mohammeds Allah glauben wollen oder können oder einfach nur ihr eigenes Leben selbst bestimmen wollen:

Sure 14 Verse 16-17: *»Vor ihm liegt die Hölle; und getränkt soll er werden mit siedendem Wasser. 17. Er soll daran nippen und soll nicht imstande sein, es leicht hinunterzuschlucken. Und der Tod soll zu ihm kommen von allen Seiten, doch soll er nicht sterben. Und außerdem ist noch eine strenge Strafe.«*

Sure 4 Vers 56: *»Die Unseren Zeichen Glauben versagen, die werden Wir bald ins Feuer stoßen. Sooft ihre Haut verbrannt ist, geben Wir ih-*

nen eine andere Haut, damit sie die Strafe auskosten. Wahrlich, Allah ist allmächtig, allweise.«

Sure 7 Vers 41: »Sie sollen die Hölle zum Pfühl haben und als Decke über sich. Also belohnen Wir die Ungerechten.«

Sure 14 Verse 49-50: »Und an jenem Tage wirst du die Schuldigen in Ketten gefesselt sehen. 50. Ihre Gewänder werden von Pech sein, und das Feuer wird ihre Gesichter einhüllen.«

Sure 17 Vers 97: »Und wen Allah leitet, der ist der Rechtgeleitete; die aber, die Er zu Irrenden erklärt, für die wirst du keine Helfer finden außer Ihm. Und Wir werden sie versammeln am Tage der Auferstehung, auf ihren Angesichtern, blind, stumm und taub. Ihr Aufenthalt wird die Hölle sein; sooft sie erlischt, wollen Wir die Flamme für sie wieder anfachen.«

Sure 18 Vers 29: »...Siehe, Wir haben für die Frevler ein Feuer bereitet, dessen Zelt sie umschließen wird. Wenn sie dann um Hilfe schreien, so wird ihnen geholfen werden mit Wasser gleich geschmolzenem Blei, das die Gesichter verbrennt. Wie schrecklich ist der Trank, und wie schlimm ist das (Feuer) als Lagerstatt!«

Sure 22 Verse 19-22: »...Die nun ungläubig sind, Kleider aus Feuer werden für sie zurechtgeschnitten werden; siedendes Wasser wird über ihre Köpfe gegossen werden, 20. Wodurch das, was in ihren Bäuchen ist, und die Haut schmelzen wird; 21. Und ihnen sind eiserne Keulen bestimmt. 22. Sooft sie vor Angst daraus zu entrinnen streben, sollen sie wieder dahin zurückgetrieben werden; und (es wird zu ihnen gesprochen werden): -Kostet die Strafe des Verbrennens.-«

Sure 23 Vers 104: »Das Feuer wird ihre Gesichter verbrennen, und sie werden darin schwarze Gesichter haben.«

Sure 37 Verse 64-68: »Er ist ein Baum (der Baum Saqqüm Anm. des Autors), der aus dem Grunde der Hölle emporwächst; 65. Seine Frucht ist, als wären es Teufelsköpfe. 66. Sie sollen davon essen und (ihre) Bäuche damit füllen. 67. Dann sollen sie darauf eine Mischung von siedendem Wasser (zum Trank) erhalten. 68. Danach soll ihre Rückkehr zur Hölle sein.«

Sure 44 Verse 43-48: *»Siehe, der Baum Saqqüm 44. Ist die Speise des Sünders. 45. Wie geschmolzenes Erz wird er brodeln in (ihren) Bäuchen, 46. Wie das Brodeln kochenden Wassers. 47. «Ergreift ihn und zerrt ihn in die Mitte des flammenden Feuers; 48. Dann gießet auf sein Haupt die Pein des siedenden Wassers.«*

Sure 47 Vers 15: *»...denen siedendes Wasser zu trinken gegeben wird, das ihre Eingeweide zerreißt ...«*

Sure 56 Verse 42-43: *»(Sie werden) inmitten von glühenden Winden und siedendem Wasser (sein) 43. Und im Schatten schwarzen Rauches.«*

Sure 69 Verse 35-37: *»Keinen Freund hat er drum hier heute 36. Und keine Nahrung außer Blut, mit Wasser gemischt, 37. Das nur die Sünder essen.«*

Sure 73 Verse 12-13: *»Bei Uns sind schwere Fesseln und ein rasendes Feuer. 13. Und erstickende Speise und schmerzliche Strafe«*

Sure 76 Vers 4: *»Wahrlich, Wir haben für die Ungläubigen Ketten, eiserne Nackenfesseln und ein flammendes Feuer bereitet.«*

Sure 88 Verse 6-7: *»Keine Speise sollen sie erhalten als das trockene, bittere, dornige Kraut, 7. Das nicht nährt und nicht den Hunger stillt.«*

Wer sich solche sadistischen Fantasien ausdenkt und diese als Wahr und von einem liebevollen, barmherzigen und allverzeihenden Gott, den Menschen präsentiert, der hat nach meiner Meinung sehr ernste psychische Probleme. Ich würde so jemanden ganz klar als Geistesgestört bezeichnen!

Spätestens nachdem ich mir die Biografie Mohammeds einverleibt hatte, war für mich persönlich klar, dass diese Religion niemals auf einen gütigen barmherzigen Gott der Liebe begründet sein kann, sondern von einem machtbesessenen, pädophilen, verbitternden Mann, der für seine Taten den Gott Abrahams in neuem Gewand vorschieben will, der von diesem erfunden wurde.

Doch auch Abraham hatte seinen Gott nur erfunden oder war seinen Wahnvorstellungen ergeben, wenn man sich diesen Gott einmal näher anschaut. Abraham war der erste bekannte Patriarch, der ganz klar das

Krankheitsbild eines schizophrenen Psychopathen zeigte. Der Unterschied zur heutigen Zeit ist, dass dieses Krankheitsbild damals noch nicht entdeckt oder bekannt war.

Wenn Sie meinen dass ich übertreibe, möchte ich gerne Ihre Meinung dazu wissen, wie Sie heute jemanden beschreiben würden, der Stimmen hört und daraufhin seinen Sohn an die Hand nimmt, mit ihm auf einen Hügel geht, mit seinem Sohn zusammen einen Opferaltar herrichtet, ihm einredet dass er zu Ehren dieser Stimme geopfert werden müsse und bereit ist, seinen Sohn für diese Stimme zu töten!

Zum Glück hat ihn sein Gewissen, in Form einer weiteren Einbildung, rechtzeitig zurückgehalten und er hat seinen Sprössling dann doch nicht umgebracht. Ach ja, ich vergaß. Das war ja eine *Anweisung* Gottes! Na dann ist ja alles gut. Er darf so etwas natürlich anordnen! Denn wenn es Gott sagt, ist so etwas natürlich Gut und nicht mehr Böse, Krank und Verwerflich, außerdem hat er ihm ja vorher noch Einhalt geboten.

Hallo ...? Ich bitte alle Gläubigen das Hirn vom Standby-Modus, ab und zu auf Denkmodus umschalten und mit der Entfesselung, des von den Religionen verblendeten Geistes zu beginnen, danke!

Verzeihung, aber hier komme ich wirklich nicht ohne Ironie aus! Denn allein schon der psychische Druck, den dieser Gott, Abraham *und* seinem Sohn aufbürdete, ist kein Akt der Liebe und Güte. Nein, egal wer jemandem so etwas antut, ist ein grausamer gestörter Sadist, auch wenn dieser angeblich der Schöpfer aller Dinge sein soll! Mir ist zumindest kein Mensch bekannt, der von jemandem, den er liebt verlangt, dass dieser seine Kinder umbringen soll, um ihm seine Liebe und Treue zu beweisen. Selbst wenn er ihn kurz davor, von der Tat abhalten würde! Denn so etwas, wäre für einen geistig *gesunden* Menschen, unvorstellbar!

Wer mir hier widersprechen sollte, den möchte ich nun bitten, sofort einen Arzt für Nervenheilkunde, aufzusuchen!

Obwohl der Offensichtlichkeit seines kranken Geistes und seiner unmenschlichen Handlungen, wurde die Unerklärbarkeit dieser Stimme in Abrahams Kopf dann zu einem Gott, dem heute drei Weltreligionen folgen und sich seit jeher gegenseitig bekriegen und/oder denunzieren.

Hitlers Größenwahn und Geisteskrankheit war schon krass, als er es schaffte, dass sich die ganze Welt, zwölf Jahre lang bekriegt hatte und durch seine Befehle, Millionen von Menschen zur Zwangsarbeit gezwungen und/oder getötet wurden. Doch was Abraham geschafft hat, dass sich die Menschen im Namen der verschiedenen Religionen, schon seit Jahrtausenden bekriegen, verfolgen, abschlachten und versklaven kann kein Mensch jemals mehr überbieten. Hier geht es nicht nur um das Töten an sich, sondern auch darum wie diese Menschen tagtäglich miteinander umgehen. Jeder denkt er wäre etwas Besseres und Gott stehe nur auf seiner Seite.

Vielleicht hätte Abraham dieser Stimme damals Einhalt geboten, wenn er gewusst hätte, was für Folgen sein Wahn in der Zukunft nach sich ziehen würde.

Das ist *Jahrtausende* lang anhaltender religiöser Rassismus in Reinform. Doch darüber regt sich niemand auf! Bei Gott werden hier dann sogar zwei Augen zugedrückt, gelle!

Wenn es dennoch jemand wagt, sich darüber negativ zu äußern, wird derjenige sogleich in eine passende Schublade gesteckt und das Thema ist erledigt.

Diese Religionen, hätten niemals so viel Erfolg gehabt, wenn die damalige patriarchische männerdominierte Kultur nicht als Normal und Unantastbar angesehen worden wäre und diese nicht mit überaus extremer Brutalität die Menschen zu ihrem Glauben gezwungen hätte.

Dennoch hatte im Laufe der aufgeklärten Zeit, auch das Christentum, immer mehr an Zuspruch erhalten, da man erkannte, wenn man den Menschen einen trügerischen Frieden predigte, und zudem Frauen und Männer gleich behandelte, dass die Frauen von dieser Religion eher angetan waren, als bei Religionsgemeinschaften, in denen sie unterdrückt oder gar als Menschen zweiter Klasse behandelt wurden. Wobei ich hier das Christentum nicht loben oder verharmlosen möchte, da dieses auch unglaublich viele schreckliche Dinge im Laufe der Zeit über die Menschheit gebracht hat.

Nun denn, dann will ich mal ans Eingemachte gehen und mich nun weiter dem eigentlichen Thema widmen und mich mit dem Koran befassen. Ich werde an die Suren nach Allahs Willen wortwörtlich herangehen wie es im Koran in Sure 2 Vers 42 geschrieben steht in der es heißt:

Sure 2 Vers 42: *»Und vermenget nicht Wahr mit Falsch noch verhehlet die Wahrheit wissentlich.«*

Zudem werde ich nicht alle Suren im Text ausführen können da es viel zu umfangreich wäre. Gleichzeitig sollte jeder den Koran als Quelle mit in Betracht ziehen, um sich selbst ein Bild machen zu können. Doch möchte ich vorher darauf aufmerksam machen, dass jedes Duplikat des Koran, welches nicht dem Originalen von Mohammed selbst entspricht, von Allah abgelehnt wird! Unnötig zu erwähnen, dass es eigentlich überhaupt kein geschriebenes Buch von Mohammed gegeben hat, da er selbst nichts aufschreiben konnte!

Der folgende Vers ist deshalb auch der erste Widerspruch in sich!

Denn im Koran in Sure 2 Vers 79 heißt es:

»Wehe darum denen, die das Buch schreiben mit ihren eigenen Händen und dann sprechen: »Dies ist von Allah« das sie dafür einen armseligen Preis nehmen möchten! Wehe ihnen also um dessentwillen, was ihre Hände geschrieben, und wehe ihnen um dessentwillen, was sie verdienen!«

Hier steht ganz klar *»die das Buch schreiben, mit ihren eigenen Händen«* und nicht »die das Buch schreiben, mit ihren eigenen Gedanken, Wünschen, Anweisungen oder Vorstellungen«! Es geht in dieser Sure, wortwörtlich und unmissverständlich, um das handschriftliche Aufsetzen eines Koran oder um das Kopieren desselben und nicht um Sinnverfälschung! Wer dies nicht akzeptieren will, akzeptiert auch Allahs Willen nicht, da er seine Worte mit Weisheit und Bedacht gewählt haben soll.

Natürlich könnte man nun einwenden, dass in unserer heutigen Zeit des Buchdrucks, keine Kopie mehr mit den eigenen Händen geschrieben wird und man deshalb einen gedruckten Koran wieder verwenden darf.

Doch was war in der Zwischenzeit?

Waren alle kopierten, mit der Hand geschriebenen Koran Exemplare, vor dem Buchdruck verwerflich?

Warum werden nur die angeprangert, die diese Koran Vervielfältigungen geschrieben haben, aber nicht diejenigen, die sie benutzt oder gelesen haben?

Oder will uns dieser Vers nur mitteilen, dass die Worte Allahs nur mündlich weiter gegeben werden dürfen und dass es gar kein geschriebenes Buch geben dürfte, das sich Koran nennt?

Wie auch immer.

Der Koran widerspricht sich schon im Eröffnungskapitel

Hier nun:

Sure 1 (Al-Fátihah) Die Öffnung

Vers 1.

»Im Namen Allahs, des Gnädigen, des Barmherzigen.«

Im diesem ersten Vers ergibt sich schon die erste unbeantwortete Frage. Wenn es dort heißt *»Im Namen Allahs«* wird dargelegt dass Allah, was nur ein Titel ist und nichts anderes bedeutet wie Gott und dies wiederum mit »der Mächtige« übersetzt bedeutet, einen Namen hat!

Doch wie lautet sein Name? Wieso steht dort nicht »zu Ehren Allahs«, oder »Allah dem Gnädigen und Barmherzigen«? Warum wird hier von einem *Namen* gesprochen wenn er keinen hat? Namen sind da um Persönlichkeiten erkennen zu können und um Verwechslungen zu vermeiden!

Vers 2.

»Aller Preis gehört Allah, dem Herrn der Welten,«

Im zweiten Vers sind gleich Zwei Ungereimtheiten vorhanden.

Zum einen heißt es dort »Aller Preis gehört Allah« Ein Preis ist etwas was man bekommt wenn man etwas gewinnt durch diverse Wettbewerbe, ob im Sport, in der Wissenschaft oder aber auch wer Frieden verbreitet hat. Es ist eine Anerkennung für Leistung. Vielleicht ist es auch nur eine schlechte Übersetzung und soll eigentlich »Lobpreisung« heißen. Dann ist der Satz in Ordnung.

Ach ja, wer hier nun einwendet, dass dies doch wohl nur eine Haarspalterei wäre, möchte ich mitteilen, dass Allah auch hätte besser aufpassen können wer, wie, seinen »heiligen« Koran übersetzt.

Oder hat er nicht die Macht dazu dies zu überwachen und zu lenken?

Weiter steht geschrieben, *»dem Herrn der Welten«:*

Dies zeigt auf, dass es noch andere Welten geben muss und nicht nur die Erde. Da Allah die Anbetung seiner »Person« geniest und sogar anordnet, wird er demnach wohl dafür gesorgt haben, dass es auf diesen anderen Welten auch Wesen gibt, die ihn anbeten müssen, wenn sie nicht in die Hölle geworfen werden wollen.

Demzufolge muss man davon ausgehen, dass nicht nur die Erde von intelligenten Wesen wie den Menschen bewohnt wird. De facto muss es laut diesem Vers, auch intelligente Außerirdische geben, was von den islamischen Gelehrten mit der These abgestritten wird, dass es sich bei sogenannten Außerirdischen, *nur* um die bösen Dschinn oder Dämonen handelt.

Vers 3.

»Dem Gnädigen, dem Barmherzigen,«

Dieser Vers ist eigentlich total unnötig, da es sich nur um eine Wiederholung des ersten Verses handelt!

Vielleicht hatte der Autor ja eine Schreibblockade oder einfach übersehen, dass er dies schon aufgeschrieben hatte. Natürlich kann dies auch erwünscht gewesen sein, um damit Allahs später noch folgenden fragwürdigen negativen Taten und Gebote gezielt überdecken zu können. Denn indem dem Gläubigen immer wieder suggeriert wird, dass Allah angeblich gnädig und barmherzig ist, tritt das negative Erscheinungsbild dieses Gottes dadurch in den Hintergrund.

Vers 4.

»Dem Meister des Gerichtstages.«

Das Wort Meister, kann hier rein theoretisch, nur auf einen Meister in Bezug auf einen oder besser »Den« religiösen Führer stehen. Gerichtstag wird in der Religion ausschließlich auf den Tag der Rache Gottes bezogen, an dem alle Ungläubigen und Andersgläubigen von diesem ausgelöscht werden sollen. Somit wird Allah hier als Führer eines Genozids an Milliarden von Menschen beschrieben, den er an einem bestimmten Tag über die Welt bringen wird.

Demnach ist dies der erste Vers im Koran um den Menschen Angst einzujagen und ihnen zu drohen, dass sie an Allah glauben müssen und ja nichts anders machen dürfen als ihr *Meister* es ihnen in diesem Buch befiehlt. Da sie sonst vor sein Gericht gestellt werden, an diesem bestimmten Tag.

Eigentlich kenne ich den Titel »Meister« in religiösen und magischen Schriften, nur in dem Zusammenhang, in denen dieser, als Herr der Unterwelt bezeichnet wird. Dies mag im Islam eventuell anders sein.

Vers 5.

»Dir allein dienen wir, und zu Dir allein flehen wir um Hilfe.«

Hier kommt nun die Unterwerfung zum tragen, mit der Suggestion, dass die Gläubigen Allahs Hilfe benötigen. Es wird auch nicht gebeten, sondern sofort gefleht!

Welch schreckliches Schicksal muss die Menschheit doch heimgesucht haben, dass Allah um Hilfe angefleht werden muss.

Doch vor oder für was, wird hier eigentlich um Hilfe gefleht?

Zudem handelt jeder Gläubige gegen Allah, wenn er jemand anderes als Allah um Hilfe bittet! Denn es steht geschrieben *»zu Dir allein flehen wir«*!

Wer also einen Mitmenschen anfleht ihm zu helfen, ihn beispielsweise vor einem Kriminellen zu beschützen, erzürnt damit Allah, da der Hilfesuchende sich an einen Mitmenschen gewandt hat und nicht an diesen Gott.

Vers 6.

»Führe uns auf den geraden Weg,«

Dieser Vers, ist nur für Menschen interessant, welche vom vorgegebenen islamischen Weg abgekommen sind oder noch nie auf dem gemeinten Weg waren.

Denn sonst würde hier statt »den«, das Wort »dem« stehen!

Auch wenn es wieder nur ein Übersetzungsfehler sein könnte, wird hier suggeriert, dass die Gemeinten blind oder unfähig sind, da sie sonst nicht geführt werden müssten. Hier wird Allah wieder einmal als Führer beschrieben.

Mit anderen Worten wird damit gesagt: Ohne Allah seid ihr nichts und könnt nichts und wisst nicht, wie man auf dem Weg des Lebens überlebt oder glücklich werden kann!

Es ist schon traurig, wie wenig der angebliche Schöpfer der Menschen, seinen eigens geschaffenen Geschöpfen zutraut. Das zeigt doch auch, dass er irgendetwas falsch gemacht oder einfach nur schlampig gearbeitet haben muss!

Vers 7.

»Den Weg derer, denen Du Gnade erwiesen hast, die nicht (Dein) Missfallen erregt haben und die nicht irregegangen sind.«

Wenn das die ersten Zeilen des Koran sind und vorher noch niemand mit dem fertigen Werk vertraut war, ist es doch seltsam, dass es schon Menschen gab, denen Gnade erwiesen wurde, da vorab doch noch niemand wissen konnte was Allah als falsch oder richtig beurteilt. Hier wird suggeriert, dass es schon Sünder gab, die der Gnade bedurften, obwohl es noch keine eindeutigen Gesetze und Gebote in Schriftform gab, die für alle Menschen zugänglich waren.

Was wäre denn die Alternative zur Gnade gewesen? Der Tod, die Verstoßung, eine Krankheit oder nur Liebesentzug?

Dies wird man wohl nie erfahren, da es ja die ersten Verse sind. Die einzige Erklärung, die ich hier erahnen könnte ist, dass es sich hierbei um den geraden Weg handelt, welcher in der Bibel im Alten Testament vorgegeben wurde. Sehr verwirrend diese Zeilen!

Durch das Wort »Missfallen« wird erneut der erhobene Zeigefinger als Drohung eingesetzt!

Fazit der ersten Sure: Zuckerbrot für Allah und Peitsche für die Menschen!

Allah wird beschrieben als gnädig und barmherzig, als ein Meister und Richter, er lässt sich bedienen und anflehen, er ist ein Führer, er kann verärgert sein und man kann sein Missfallen auf sich ziehen.

Zu deutsch: »Wenn du mich anbetest und tust was ich dir sage, ist alles gut! Wenn nicht, flehe mich an und *vielleicht* erweise ich dir dann Gnade. Egal wie ich mich entscheide oder was ich mache, du *musst* mich barmherzig nennen, dann verschone ich dich vielleicht am Tag des Gerichts.«

Puh, hoffentlich kommen nicht auch noch Verse, dass man sich Allah zum Vorbild nehmen soll, denn sonst sind Psychopathen vorprogrammiert!

Eigentlich würde ich hier schon gerne abbrechen, da ich jetzt schon Gänsehaut habe.

Da ich aber versuche, so gut wie es mir noch möglich ist, unvoreingenommen zu sein, werde ich dennoch in die zweite Sure hineinschauen.

Sure 2. (Al-Baqarah) Die Kuh

»Im Namen Allahs, des Gnädigen, des Barmherzigen.«

Die übliche Lobhudelei vor jeder Sure die allein der Suggestion dient!

Vers 1.

»Alif Lám Mím.«

»Alif Lám Mím.«, bedeutet was?

»…?«, mehr kann ich dazu nicht schreiben. Denn angeblich weiß niemand, was diese Buchstaben oder Wörter genau bedeuten, außer Allah allein.

Diese Erklärung finde ich so was von verwirrend. Denn warum in aller Welt, sollte ein angeblich so weiser Gott, wie Allah dargestellt wird, in ein Buch das er den Menschen gegeben haben soll, das zur Belehrung dient, Wörter oder Buchstaben hineinschreiben lassen die nur er versteht?

Soll nun Allah oder sollen die Menschen den Koran lesen?

Sorry, aber das ist für mich der absolute Blödsinn überhaupt.

Vers 2.

»Dies ist ein vollkommenes Buch; es ist kein Zweifel darin: eine Richtschnur für die Rechtschaffenen;«

Siehe Vers 1., wie vollkommen und ohne Zweifel dieses Buch ist!

Dieser zweite Vers ist eigentlich nicht einmal einen Kommentar wert, wenn man den ersten Vers mit hinzu nimmt.

Wer an so was als Buch eines *vollkommenen* Schöpfers aller Dinge glaubt hat für mich den Schuss nicht gehört.

Verzeihung, doch hier kann ich echt nicht mehr objektiv sein. Denn der Schwachsinn geht in dem nächsten Vers gleich weiter.

Vers 3.

»Die da glauben an das Ungesehene und das Gebet verrichten und spenden von dem, was Wir ihnen gegeben haben;«

Nun, beten und glauben an das Ungesehene ist doch genau das, was alle Religionen aus macht und gehört doch zu den Grundpfeilern aller Religionen, um unangenehmen Fragen ausweichen zu können. Dies ist eine rein dogmatische Textstelle in sogenannten »heiligen« Büchern.

Doch die folgenden Worte *»spenden von dem, was Wir ihnen gegeben haben«* enthält wieder unbeantwortete offene Fragen.

Was für Spenden? Geld, Ziegen, Stoffe, Früchte?

Wer ist der Hilfsbedürftige der Unterstützung bedarf oder welche Sache soll hier eigentlich gefördert werden?

Denn laut dem Duden ist eine Spende: *»etwas, was zur Hilfe, Unterstützung, Förderung einer Sache oder Person gegeben wird, beitragen soll«*.

Wer ist überhaupt mit »*Wir*« gemeint, welche den Rechtschaffenen die Spenden gegeben haben? Normalerweise spendet man ja etwas von sich selbst, oder? Hier wird aber erwähnt, dass von dem gespendet werden soll, das man von jemand anderes bekommen hat! Entweder wiedermal ein Übersetzungsfehler oder einfach nur total verwirrend.

Äh, hallo? Mal ehrlich, welcher Hirte oder Otto-Normal Bürger soll dieses Wirrwarr den verstehen können?

Vers 4.

»Und die glauben an das, was dir offenbart worden, und an das, was vor dir offenbart ward, und fest auf das bauen, was kommen wird.«

Die erste Frage, die bei diesem vierten Vers aufkommt ist: Wer ist hier mit »*dir*« gemeint?

Spricht hier der Koran den Leser an oder wurde Allah etwas offenbart, was unsinnig wäre, da er ja allwissend sein soll und ihm nichts offenbart werden müsste?

Wenn hier davon die Rede ist, dass diejenigen an das glauben, was Mohammed durch Allah den Gläubigen offenbart hat, dann wäre es weniger verwirrend, wenn dies dann auch so in diesem Vers stehen würde, ohne vorher Rätselraten zu müssen!

Zudem, ist der Koran nun einzig und allein nur für Mohammed herabgesandt worden oder für alle Menschen?

Die nächsten Worte werfen eine weitere Frage auf.

Von was wird hier gesprochen, was kommen soll?

Das Paradies und die Hölle können es nicht sein, da diese Orte nicht *zu* den Gläubigen kommen, sondern die Menschen ja angeblich nach deren Tod zu diesen *hin* gehen. Demnach kann hier nur der Tag des Gerichts Allahs gemeint sein. Doch wieso sollte man als Gläubiger fest darauf bauen, dass dieser Tag der Rache Allahs kommt? Fesselt so eine Vorstellung den Geist des Gläubigen nicht von vornherein mit Angst und Schrecken? Denn dieser Tag bringt unweigerlich auch den Tod und Verlust geliebter Menschen und Freunde mit sich, da bestimmt nicht jeder Mensch der sich im engen Kreis des Gläubigen befindet ein treuer Anhänger Allahs ist!

Hier muss der Geist eines Gläubigen schon sehr streng gefesselt sein, damit dieser dann die Vorgehensweise seines Gottes als gerecht und gut ansieht und eventuell sogar verlauten lässt, dass es diese Menschen nun mal nicht anders verdient hätten!

Also freudig seinem Gott zu dienen und mit Liebe im Herzen seinem Glauben nachgehen zu können, sieht für mich aber anders aus!

Vers 5.

»Sie sind es, die der Führung ihres Herrn folgen, und sie werden Erfolg haben.«

Wieder wird darauf aufmerksam gemacht, wie wichtig es für die Menschen sein soll, einen Führer zu haben und diesem zu folgen! Irgendwie erinnert mich das an einen gewissen Zeitabschnitt in Deutschland, in dem die gleichen Worte benutzt wurden, um den Menschen eine Propaganda aufzudrücken, wegen dieser die ganze Welt ins Chaos und Leid gestürzt wurde. Dies sind diktatorische Anweisungen!

Wer ein wenig den Verstand einschaltet, wird erkennen, dass dieser Koran und seine Religion keine friedliche Glaubenssätze verbreiten, sondern sehr in Richtung Faschismus tendieren.

Zudem kann man sehen, wie viel Erfolg jene haben, die der Führung »ihres Herrn« folgen, wenn man in verschiedene islamische Länder schaut. Deshalb wollen viele ja in andere Länder auswandern, weil es in ihren Heimatländern ja so toll ist, dank der wunderbaren islamischen, menschenfreundlichen, toleranten und demokratischen Führung!

Da gehe ich nun nicht näher darauf ein.

Mag ja sein, dass sich manche Menschen in solchen islamischen Staatssystemen wirklich wohl fühlen. Doch mit meiner westlichen Einstellung, wäre das absolut nichts für mich.

Verse 6. und 7.

»Die nicht geglaubt haben – und denen es gleich ist, ob du sie warnst oder nicht warnst -, sie werden nicht glauben. 7. Versiegelt hat Allah ihre Herzen und ihre Ohren, und über ihren Augen liegt eine Hülle, und ihnen wird schwere Strafe.«

Stopp! Hier werde ich abbrechen, da mir der 7. Vers die Nackenhaare aufstellt und ich nur noch einen Tyrannen vor mir sehe und keinen Gott der Liebe, Güte und Barmherzigkeit.

Dennoch werde ich die zitierten Verse noch kurz mit meinem normal bürgerlichen Verständnis kommentieren.

Verse 6 und 7: Allah entscheidet also, *wer* glauben *darf* und wer nicht! Gleichzeitig bedeutet dies, dass Allah *schon vorher* festsetzt, wer schwere Strafe erleiden wird, *ohne* die Chance zu gewähren, überhaupt zum Glauben kommen zu können, da er ihre Herzen und Ohren versiegelt! Fair ist anders!

Jetzt weiß ich auch, warum ich niemals zum Glauben des Islam finden werde und dementsprechend, ist es total unnötig, im Koran weiter zu lesen.

Dieser Allah, hat schon über mich entschieden und ich erwarte meine schwere Strafe, ohne Chance auf Barmherzigkeit, Gnade und Erleuchtung. Yippie.

Soviel zum Thema: Allah ist barmherzig und gütig.

Ich bitte alle Moslems, nicht alles blind zu glauben, sondern ein wenig mitzudenken, ob die religiöse Tradition hier wirklich Sinn macht.

Ab hier, werde ich nur noch ausgewählte Suren kommentieren, da ich dem Lobpreis Gesülze nichts abgewinnen kann und es einfach nur widersprüchlich ist, so einen grausamen und unfairen Gott zu verehren.

Da es ja eigentlich um Widersprüche und widersinnige Aussagen geht, möchte ich nun den Koran sprechen lassen, in dem es heißt:

Sure 2 Vers 62: *»Wahrlich, die Gläubigen und die Juden und die Christen und die Sabäer – wer immer (unter diesen) wahrhaft an Allah glaubt und an den Jüngsten Tag und gute Werke tut -, sie sollen ihren*

Lohn empfangen von ihrem Herrn, und keine Furcht soll über sie kommen, noch sollen sie trauern.«

Äh, hallo? So etwas unlogisches, aus dem »Mund« eines allwissenden und angeblich vollkommen Gottes?

Kein Jude oder Christ glaubt wahrhaft an Allah, den Gott des Korans oder akzeptiert Mohammed als Propheten, der die Worte des Korans empfangen haben soll! Denn wäre dem so, dann wären diese, keine Juden oder Christen mehr! Zudem müssen diese eine Kombination im gesamten einhalten, da hier nicht mit »*oder*«, sondern mit »*und*«, argumentiert wird. Also müssen diese Juden und Christen, an Allah glauben »*und*« an den Jüngsten Tag »*und*« müssen gute Werke tun! Dies ist sehr schwer umzusetzen, da jede Religion, ihre eigene »heilige« Schrift hat und jede dieser Schriften, eine andere Sichtweise, vom letzten oder jüngsten Tag hat und alle Religionsorganisationen etwas anderes, unter »guten Werken« verstehen. Das bedeutet unweigerlich, nur wer zum Islam *konvertiert,* wird seinen »Lohn« von *seinem Herrn* empfangen, der nach dem Koran *nur* Allah alleine sein darf. Doch auch im Islam gibt es mehrere Abspaltungen und Gemeinschaften, die den Koran »anders« lesen oder interpretieren. Welche ist nun davon bitteschön, *die* Richtige?

Die nächste Ungereimtheit ist in Sure 2 Vers 80 niedergeschrieben in der es heißt:

Sure 2 Vers 80: *»Dann freilich wird Allah nimmer Sein Versprechen brechen.«*

Wenn jemand »*nimmer*« sein Versprechen bricht, bedeutet das doch, dass *vorher* Versprechen gebrochen wurden. Denn »*nimmer*«, heißt nichts anderes, als »nicht mehr« oder »nie mehr«! Welche Versprechen hat Allah denn vorher gebrochen? Und macht ihn das nicht unglaubwürdig, wenn er Versprechen bricht oder gebrochen hat? Muss damit nicht auch seine Vollkommenheit und angebliche Wahrheitsliebe, als fragwürdig abgestraft werden?

Wie viel Vertrauen hätten Sie zu einem Bekannten, wenn dieser sagen würde: »Früher war ich ein Lügner, doch ab jetzt, sag ich nur noch die Wahrheit!«? Es wäre nach solch einer Äußerung, dringend abzuraten, diesem auch nur noch ein Wort zu glauben. Denn die Aussage, dass er nicht mehr lügen würde, ist mit sehr hoher Wahrscheinlichkeit, eine Verblendung und eine weitere Lüge!

Weiter geht es mit Sure 2 Vers 84: *»Ihr sollt nicht das Blut der Eurigen vergießen oder sie austreiben aus euren Häusern.«*

Wieso wird hier explizit vom *»Blut der Eurigen«* gesprochen? Ist doch sehr parteiisch! Darf bei allen anderen dann Blut vergossen werden? Wer ist mit *»der Eurigen«* genau gemeint? Familie oder Gläubige? Wäre Allah gegen Blutvergießen allgemein, dann würde dort nur stehen: »Ihr sollt kein Blut vergießen oder irgendjemand austreiben aus euren Häusern«!

Sure 2 Vers 86 stiftet auch wieder mehr Verwirrung, als einleuchtende Weissagung.

Sure 2 Vers 86: *»Diese sind es, die das jetzige Leben dem künftigen vorgezogen haben. Ihre Strafe soll darum nicht gemildert noch soll ihnen sonst Beistand werden.«*

Wie soll man diesen Vers verstehen?

Wer das *jetzige* Leben vorzieht, wird *keinen* Beistand bekommen und soll volle Strafe erleiden?

Einige radikale Moslems haben das sogar so aufgefasst:

»Wer jetzt nicht für Allah in den Tod geht, wird das Paradies nicht sehen!« Man könnte diesen Vers auch noch krasser auslegen: *»Wer sich jetzt nicht als Selbstmord Attentäter, Allah zur Verfügung stellt, geht nicht ins künftige Leben (das Paradies) ein!«*

Ein sehr verwirrender und verstörender Vers.

Nicht gerade eine Anleitung, die jeder verstehen kann. Dieser Vers zeugt auch nicht gerade von einem liebevollen barmherzigen Gott!

Wer noch weitere Verse aus dem Koran, hier nur aus Sure 2, lesen und selbst darüber sinnieren möchte, kann ja mal die folgenden etwas näher betrachten:

Allah ist *allmächtig* und macht was er will: Sure 2 Vers 20

Allah weiß *alles*: Sure 2 Verse 29, 77

Angst schüren mit Strafen wegen Sünde/Ungehorsam: Suren 2 Verse 59, 61 und 85

Angst schüren mit dem letzten Tag des Gerichts: Sure 2 Vers 48

Angst schüren mit der Hölle: Sure 2 Verse 24, 39 und 81

Allah hat *alles* auf Erden erschaffen: Sure 2 Vers 29

Allah beschützt *nur* Gläubige: Sure 2 Vers 21

Wer dennoch das Durchhaltevermögen hat, weiter im Koran zu lesen, wird höchstwahrscheinlich, nicht bis über die neunte Sure hinauskommen, wenn er noch *etwas* Mitgefühl für seine Mitmenschen empfindet und ein gutes Herz hat. Denn wer sich mit dieser neunten Sure befasst, wird diese wahrscheinlich nur bis zum Vers 111 lesen und gar nicht mehr zum nächsten Vers übergehen, wenn man ein wenig mitdenkt. Denn dieser Vers straft den *gesamten* Islam als friedliche Religion, ohne sich herausreden zu können, der Lüge.

In diesem Vers heißt es: Sure 9 Vers 111: *»Allah hat von den Gläubigen ihr Leben und ihr Gut für den Garten erkauft: <u>sie kämpfen für Allahs Sache, sie töten und fallen</u> – eine Verheißung, bindend für Ihn, in der Thora und im Evangelium und im Koran. Und wer hält seine Verheißung getreuer als Allah? So freut euch eures Handels mit Ihm; denn dies fürwahr ist die höchste Glückseligkeit.«*

Dies ist unleugbar, eine ganz klare Ansage, für alle Muslime zu töten und für diesen Gott selbst in den Tod zu gehen!

Mein Fazit zu diesem angeblich heiligen und unfehlbaren Wort Gottes ist: Als umfangreicher Horror-Thriller-Fantasie-Schmöker, mag der Koran noch herhalten, aber bestimmt nicht als vollkommenes Buch, eines liebevollen, barmherzigen, allmächtigen, allwissenden, allverzeihenden und allweisen Schöpfergottes!

Zu guter Letzt noch Sure 66 den Vers 6, der das Herz eines jeden Hardcore-Horrorfans höher schlagen lässt. Den nun kommenden Vers, bitte schön bildlich vorstellen und auf der Zunge zergehen lassen. Dabei bitte gleichzeitig, an die angebliche Barmherzigkeit, Liebe und natürlich, die hochgelobte Eigenschaft des *All-Verzeihens* Allahs denken!

Sure 66:6: *»O die ihr glaubt, rettet euch und die Euren vor einem Feuer, <u>dessen Brennstoff Menschen</u> und Steine sind, darüber Engel gesetzt sind, streng, gewaltig, die Allah nicht ungehorsam sind in dem, was Er ihnen befiehlt, sondern alles vollbringen, was ihnen geheißen wird.«*

Der wahrlich beste Widerspruch, den der Koran zu bieten hat!

Man beachte auch die gewählte Zahlenreihenfolge in welcher dieser Vers zugeordnet wurde! (Die bekannte 666, die dem Zeichen des Tieres entspricht, welches die Zahl Satans symbolisiert!)

Wieso wurde genau dieser Vers, mit dieser Nummerierung eingerichtet? Nur ein Zufall?

Möge sich bitte jeder selbst eine Meinung darüber bilden.

Islam und Hinduismus

Wenn ein Moslem, einen Hindu, mit dem Koran zum Islam bewegen möchte, wird dieser mit sehr hoher Wahrscheinlichkeit, bei diesem auf Granit beißen. Denn spätestens, nach Sure 2 Verse 67 bis 71 wird der Moslem den Koran wieder schließen müssen und jeder wird wieder seine eigenen Wege gehen, sofern es danach keine Toten oder Verletzten geben würde!

Wie ich auf so eine Aussage komme?

Nun, wenn man den folgenden Textabschnitt im Koran liest und diesen, dem hinduistischen Glauben entgegenstellt, wird ein sehr großes No Go für einen Hindu aufgezeigt.

Denn dort steht geschrieben:

Sure 2 Verse 67-71: *»Und (denket daran) als Moses zu seinem Volke sprach: «Allah befiehlt euch, eine Kuh zu schlachten»; da sagten sie: «Treibst du Spott mit uns?» Er sprach: «Ich suche Zuflucht bei Allah, daß ich nicht sei der Unwissenden einer.» 68. Sie sprachen: «Bitte dei-*

*nen Herrn für uns, daß Er uns deutlich mache, was sie ist.» Er ant-
wortete: «Er spricht, es ist eine Kuh, weder alt noch jung, voll erwachsen, zwischen beidem; nun tut, wie euch geboten.» 69. Sie sprachen: «Bitte deinen Herrn für uns, daß Er uns deutlich mache, welches ihre Farbe ist.» Er antwortete: «Er spricht, es ist eine Kuh von
hellgelber Farbe, rein und reich im Ton; eine Lust den Beschauern.»
70. Sie sprachen: «Bitte deinen Herrn für uns, daß Er uns deutlich mache, welche es ist; denn (alle solchen) Kühe scheinen uns gleich; und
wenn es Allah gefällt, werden wir rechtgeleitet sein.» 71. Er antwortete: «Er spricht, es ist eine Kuh, nicht gebeugt unter das Joch, das
Land zu pflügen oder den Acker zu wässern; eine ohne Tadel; von ei-
nerlei Farbe.» Sie sprachen: «Nun hast du die Wahrheit gebracht.»
Dann schlachteten sie sie, ob sie es gleich ungern taten.«*

Nach dem lesen dieser Worte, wird klar, dass hier zwei gegensätzliche
religiöse Dogmen aufeinanderprallen. Auf der einen Seite, die musli-
mische Lehre, welche durch den Koran aufzeigt, dass für Allah jede
Kuh nur ein ganz gewöhnliches Tier ist und nach den oben zitierten
Koranversen nicht geheiligt, sondern sogar geschlachtet werden soll!
Auf der andern Seite, das hinduistische Dogma, welches besagt, dass
die Kuh ein heiliges Tier sein soll, dem man Respekt und Anerkennung zu erweisen hat.

Dementsprechend wäre es für einen Hindu so, als ob man bei einem
Moslem, die Kuh im Koran mit einem Propheten oder sogar mit Allah
selbst austauschen würde! Denn in einer sehr alten hinduistischen
»heiligen« Textsammlung, die Atharvaveda genannt wird, steht geschrieben: *»Die Kuh ist Wischnu, der Herr des Lebens.«*

Da Allah bei den Moslems auch als »Herr des Lebens« gilt und sein
Prophet Mohammed, dessen irdischer Vertreter sein soll, ist dieser Vergleich nicht weit hergeholt.

Dementsprechend, wäre es für einen Moslem so, als ob er von einem
Hindu das Atharvaveda vorgelegt bekommen würde und dann diese
Verse lesen müsste: *»Und (denket daran) als ... zu seinem Volke
sprach: »Wischnu befiehlt euch, einen Propheten Allahs zu schlachten« ... Sie sprachen: «Bitte deinen Herrn für uns, daß Er uns deutlich
mache, welcher es ist.» Er antwortete: «Er spricht, es ist ein Prophet,*

*weder alt noch jung, voll erwachsen, zwischen beidem; nun tut, wie
euch geboten.»... Sie sprachen: «Nun hast du die Wahrheit gebracht.»
Dann schlachteten sie einen Propheten Allahs , ob sie es gleich ungern taten.«*

Welche Gefühle oder Emotionen würden nach dem Lesen dieser Zeilen bei einem streng gläubigen Moslem wohl entstehen?

Bei gewissen Vertretern des Islam, würden wahrscheinlich nicht einmal mehr Worte fallen, sondern es würden sofort Köpfe rollen!
Dementsprechend ist es nicht verwunderlich, dass ein Hindu, der die
Zeilen aus dem Koran liest, welche *keine* »Was wäre wenn?« Textpas-
sage ist, ein sehr erschreckendes Bild von den Muslimen haben muss!
Demnach, ist es auch kein Wunder, dass es in Indien und Pakistan, immer wieder Blutbäder zwischen Hindus und Muslimen gibt!

Dies alles nur, wegen irgendwelchen Fantasiegebilden, die sich ein
psychisch gestörter Mann einmal ausgedacht oder durch Einbildungen
vorgestellt hat!

72 Jungfrauen für Selbstmordattentäter

Um vorab dem entsetzten Ausruf entgegenzuwirken, das Selbstmord
im Islam doch verboten ist, möchte ich dem zustimmen. Dennoch gibt
es im Islam eine Ausnahme, die sich »Istishhad« nennt. Und diese
Ausnahme, bezieht sich nun mal, nach der Meinung von einigen Is-
lamgelehrten, eindeutig auf die Option, dass für einen Märtyrer der
Selbstmord erlaubt ist!

Eigentlich wollte ich es vermeiden, das Thema Terroristen und Selbst-
mordattentäter im Bereich Islam einzufügen. Doch bis Dato, ist mir
keine andere monotheistische Religion bekannt, in deren Namen solche Gräueltaten *heute* noch verübt werden.

Normalen Menschenverstand, sucht man bei diesen fanatisch Gläubigen, leider vergebens. Denn hier, sind nur ganz primitive Triebe, die
Tragkraft zur Durchführung solcher Unmenschlichkeiten. Denn man
höre und staune; wer sich im Namen Allahs in die Luft sprengt und

noch zig Ungläubige mit in den Tod reißt, rettet sich und die Opfer nicht nur vor der Hölle, sondern kommt sogar ins himmlische Paradies Allahs und bekommt zusätzlich noch 72 Jungfrauen geschenkt, um sich an diesen vergehen zu können. Alles Legal und mit dem Wohlwollen Allahs natürlich!

Diese Art der Belohnung ist überaus zweckdienlich um notgeile Gläubige in den Tod schicken zu können.

Die Selbstmord Attentäter, die für diese 72 Jungfrauen in den Tod gehen, sind in meinen Augen nur psychopathische, total schwanzgesteuerte Schwachmaten, die nur eins im Kopf haben wenn sie den Knopf drücken, um die Bombe zu zünden und das ist »FICKEN, YEAH, FICKEN, JUNGFRAUEN FICKEN, ALLAHU AKBAR« … … BOOM!

Ich kann mir auch nicht vorstellen, dass bei diesen Selbstmord-Attentätern auch nur ein Homosexueller dabei gewesen ist. Denn was will der mit Jungfrauen als Belohnung anfangen? Ach so, ich vergaß. Homosexuelle könnten die ganze Welt für Allah zur Explosion bringen und würden trotzdem in der Hölle landen, da homosexuell zu sein, ja etwas Abscheuliches für deren Schöpfer aller Dinge ist.

Doch wieso hat Allah dann solche Triebe mit erschaffen? Oder ist Allah doch nicht der Schöpfer *aller* Dinge? Oder hat etwa der »Seelenbeauftragte Allahs« eventuell nur nicht richtig aufgepasst, in welchem Körper, eine bestimmte Seele die er zugeteilte hat, gelandet ist?

Einige behaupten ja auch, dass Homosexualität eine Krankheit sein soll. Doch wieso in aller Welt, verurteilt Allah demzufolge dann Menschen dafür, dass diese mit dieser »Krankheit« geboren wurden? Und wieso hat Allah dann so eine Krankheit erschaffen? Wenn er dies nicht hat, was viele Islamverfechter hier einwenden werden, wäre Allah dann wirklich der Schöpfer *aller* Dinge?

Nein, er wäre dann nur der Schöpfer jener Dinge, die diese religiösen Eiferer selbst gern hätten, was ihr Gott erschaffen hat und was nicht! Doch damit denunzieren sie ihren eigenen Gott und seine angeblich heilige Schrift, den Koran! Auf die Frage, warum es nun Homosexualität gibt, hat der Koran keine Antwort! Und nur, weil diese Menschen so sind, wie sie sind, diese zu verurteilen, sie nur noch auf ihre sexuelle Gefühlswelt zu reduzieren und als Sünder zu bezeichnen, kann wohl auch nicht im Sinne eines barmherzigen, gütigen und liebevollen Gottes sein.

Ups, ich drifte ab. So zurück zum eigentlichen Thema.

Es stellen sich nun noch weitere Fragen, welche bei diesen Selbstmord Märtyrern aufkommen:

Gehen die wirklich für ihren Gott in den Tod, um ihm zu dienen und ihm Ehre zu erweisen? Oder doch nur, um ihre primitiven Triebe, im danach kommenden versprochenen Paradies, befriedigen zu können? Was wird eigentlich mit den Jungfrauen, nachdem diese »gebraucht« wurden? Wie soll man diesen ganzen Sachverhalt mit den 72 Jungfrauen überhaupt verstehen? Sitzen diese Frauen, jede für sich auf einer Wolke und warten, bis sie eine nach der anderen, je nach Stimmung des Märtyrers benutzt werden? Wie müssen sich diese Frauen fühlen? Wer könnte mit gesundem Menschenverstand behaupten, dass sich diese Frauen, die als reines Sex-Objekt *gehalten* werden, nach ihrer Entjungferung wie im Paradies fühlen?

Wie verhält es sich eigentlich, wenn sich weibliche Muslima, als wandelnde Bomben, für ihren Allah zerfetzen lassen? Sind diese alle lesbisch oder bekommen diese, nach ihrem Selbstmord-Martyrium, dann junge gut gebaute Männer zur Verfügung gestellt, die noch nie mit einer Frau geschlafen haben? Dürfen diese sich überhaupt als Märtyrerinnen zur Verfügung stellen oder ist das einzig und allein den Männern vorbehalten?

Fragen über Fragen, die dieses himmlische Paradies, als unwirkliches Fantasiegebilde zerplatzen lassen, wie ein zu üppig gefüllter Luftballon. Wie verblendet und gefesselt muss ein Geist sein, um an so einen Quatsch zu glauben? Auch wenn man daran glaubt, »normal« also durch einen natürlichen Alterstod, in dieses, im Koran vermittelte Bild des Paradieses einzugehen, ohne sich selbst und andere in die Luft zu sprengen, ist dieses ganze Szenario, dennoch total verrückt und verwirrend! Jetzt höre ich wieder die lauten Stimmen, die mir zurufen: »Das hat doch alles nichts mit dem Islam zu tun! Der Islam ist doch eine Religion des Friedens ... bla, bla, bla ... « Wenn dem so ist, wieso werden solche Terroristen, wenn sie überleben oder der Anschlag schief gelaufen ist, nicht aus dieser Religionsorganisation ausgeschlossen und zusätzlich der öffentlichen Schande ausgesetzt? Wenn diese dem Islam doch angeblich Schande bereiten würden, wieso werden die Mitglieder und Vorstände gewaltbereiter islamischer Organisationen, die solche Anschläge planen, nicht geächtet, sondern diejenigen, die diese Organisationen anprangern? Manche rufen sogar zu einem Mordauftrag (Fatwa) auf, nur weil jemand den Islam anprangert oder mit Humor untermauerter Satire verbreitet. Doch jene, die im Namen Allahs Menschen umbringen, werden nur als »Verirrte« bezeichnet und schon ist die Sache vom Tisch! Wo bitteschön, ist hier die Verhältnismäßigkeit, mit der solche Taten gemessen werden? Hier spielt doch ausschließlich nur noch eines eine Rolle, und zwar, ob es sich um einen Gläubigen oder um einen Ungläubigen handelt! Wieso gibt keiner der Islam Verbände eine offizielle Bestätigung heraus, dass dies nicht in Übereinstimmung mit dem geschriebenen »heiligen« Koran geschieht und solche Attentäter, nicht als Gotteskrieger gelten, die sogar ihr Leben für Allah und sein Wort geben würden?

Wieso bezeugen sie nicht öffentlich, und zwar Weltweit, dass so ein Verhalten, im Widerspruch Allahs ist und nicht in den »heiligen« Suren des Korans zu finden ist? Ganz einfach. Weil sie es nicht können. Denn die Beweise sprechen eindeutig gegen sie! (Sure 16 Verse 105-109, Sure 9 Vers 5, 12, 14)

Wieso versuchen religiöse islamische Führer und Geistliche, nach solchen Anschlägen dennoch, immer alle Schuld von sich zu weisen, obwohl der Märtyrertod in Moscheen, oftmals als süß und Gottgefällig dargestellt wird, da diese Gläubigen ja alles für ihren Gott getan haben, was sie konnten? Da sie wissen, dass diese Handlungsweise solcher Islamisten, von der Allgemeinheit der »Ungläubigen« nicht akzeptiert wird, müssen sie notgedrungen in der Öffentlichkeit behaupten, dass dies nichts mit dem Islam zu tun habe. Doch welche Islamauslegung sie dabei gerade im Sinn haben, kann niemand nachvollziehen! Denn wenn sie die Taten, dieser Krieger Allahs, öffentlich anprangern würden, müssten sie damit rechnen, dass sie vor allen Gläubigen ihr Gesicht verlieren würden und obendrein, vielleicht sogar von höherer Stelle verboten bekämen, weiter zu Predigen und zu Lehren. Es scheint demnach zwei Gesichter, in einer Maske des Islam zu geben, welche sich je nach Situation und Zuhörer (Gläubige oder Ungläubige) abwechseln. Sind nur Gläubige anwesend oder ist das Wort nur an diese gerichtet, ist es der kriegerische Islam, der diese Attentäter, als Märtyrer und als treu und loyal gegenüber Allah preist.

Sind es hauptsächlich Ungläubige Zuhörer, dann wird in verschiedenen Glaubensauslegungen des Islam das Dogma der Taqiyya ausgegraben, welches es diesen Muslimen erlaubt, zu Täuschen und zu Lügen, damit der Islam besser da steht, als er eigentlich ist. Dies ist dann dieser andere angeblich friedliche Islam. Dieses Dogma wird mit Sure 3 Vers 28 gerechtfertigt, da man sich Ungläubige nicht zu Freunden machen soll. Feinden oder Nicht-Freunde muss man ja nicht immer die Wahrheit sagen, sondern kann deren treudoofe Kleingläubigkeit auch mal für die eigenen Zwecke ausnutzen. Aber ich kann mir gut vorstellen, dass wenn es heute noch Kreuzritter geben würde, die mit der Waffe missionieren würden, die Priester heute auch sagen würden: »Das hat doch alles nichts mit dem Christentum zu tun … bla, bla, bla, bliblablubb … !«

Oder wenn die Juden (Alt-Testamentarischen-Israeliten), heute noch andere Stämme ausrotten würden, hätte das natürlich auch nichts mit dem Judentum zu tun usw.

Wenn wir ehrlich sind, würde es vielmehr Tote geben, wenn sich alle drei Hauptreligionen, wortwörtlich an ihre »heiligen« Schriften halten würden. Zum Glück, hält sich kaum noch jemand an die Worte dieses schrecklichen Gottes, in diesen Schriften. Denn sonst hätten wir vielleicht heute schon, das berüchtigte Armageddon. Wenn jemand Bücher kennt in denen mehr Gewalttaten, als in der Bibel und dem Koran vorkommen, bin ich ganz Ohr.

Kommen wir nun zur Bibel, die mit dem Koran sehr gut konkurrieren kann. Vieles ist ähnlich, dennoch gib es grundverschiedene Ansichten und Lehren!

Die Bibel ist eine Sammlung mehrerer Schriftrollen und Textfetzen, die über einen sehr langen Zeitraum und an vielen verschiedenen Orten gefunden wurden.

Aus diesen Schriftrollen und Textfetzen wurden später, in der einfachen Ausführung 66 verschiedene Exemplare ausgewählte und zu einem Buch zusammen gefügt. In deren Texten wurden allerlei Poesie, Lieder, Geschichten, Briefe, Gebote, Gesetze, verschiedene kulturelle Eigenschaften und Verhaltensweisen der damals lebenden Menschen und vor allem viele mythologische Fantastereien aufgezeichnet.

Einige der Mythen kennt man auch aus anderen gefundenen Texten, die nur ein wenig abgewandelt, wieder in diese neue Textsammlung, die heute Bibel genannt wird, aufgenommen wurden. Diese Schriften wurden zuvor natürlich immer erst mündlich übermittelt und weiter gegeben. Bei manchen dauerte dies mehrere hunderte oder sogar tausende Jahre lang. Andere wurden »schon« nach Jahrzehnten, bestimmter Ereignisse niedergeschrieben. Als diese zu Papyrus kamen, wurden diese immer wieder Handschriftlich übersetzt und abgeschrieben.

Dies hatte fatale Folgen, was die Überlieferung und auch die Übersetzungen angeht. So wurde zum Beispiel »Maria die junge Frau« zu »Maria die Jungfrau«.

Ein winziger Übersetzungsfehler, der zu einer absolut unrealistischen dogmatischen Glaubenslehre wurde. Durch diesen Fehler wurde dann auch noch bei einigen christlichen Organisationen, das erste und zweite Gebot der Alt-Testamentarischen Top 10 (Zehn Gebote), das ja angeblich immer noch das unantastbare Grundgerüst aller drei monotheistischen Religionen sein soll, übergangen oder einfach gebrochen. Denn bei einigen wird diese angeblich ewig während Jungfrau Maria, mehr verehrt als Gott selbst! Sie wird indirekt sogar über Gott gestellt, da sie laut deren Dogma, sogar zu seiner Mutter erhoben wurde. In manchen christlichen Kirchen stehen ihre Statuen und ihre Bilder überall. Es gibt sogar extra errichtete Kapellen, in denen Marien Figuren auf kleinen Altären stehen, auf denen die Gläubigen *ihr* zu Ehren, Kerzen anzünden können.

Dies führte im Laufe der Zeit dazu, dass Jesus, der angebliche Sohn Gottes und König aller Menschen, zu einem Säugling degradiert wurde, der nur noch als hilflos anzusehendes Baby, in den Armen Marias liegt oder im Winter als Christ-Kindlein, in einer Krippe unter einem Nadelbaum wahrgenommen wird.

Somit wird den Gläubigen damit suggeriert, dass es nicht mehr Jesus, geschweige denn Gott ist, der die Macht hat, wie es in der Bibel dargestellt wird, sondern das diese Macht, nun einer Religionsorganisation übertragen worden wäre, die sich Christentum nennt und diese nun selbst entscheiden dürfe, welche Worte aus den heiligen Schriften nun befolgt werden müssten und welche nicht so wichtig oder ernst zu nehmen wären!

Durch solche Fehler kann man sehr gut erkennen, dass diese Schriften nicht von einem Überwesen das Gott genannt wird übermittelt und überwacht wurden.

Auch heute kann man ohne Probleme diese Schriften verfälschen und umdeuten ohne Gefahr zu laufen sogleich vom Blitz erschlagen oder von einer schweren Krankheit verflucht zu werden! Doch wie am Beispiel Maria zu sehen ist, konnten sich auch ungewollt, Fehler durch das handschriftliche Abschreiben einschleichen. Erst mit dem Buchdruck schwand die Häufigkeit von Kopierfehlern, da die Lettern nur noch einmal zusammengestellt wurden. Doch auch Lettern konnte man austauschen und den Sinn nach seinem Gutdünken verändern.

In der erweiterten Version der Bibel, wurden noch andere Schriftstücke hinzugefügt, die sich Apokryphen nennen. Diese sind jedoch nicht gern gesehen, da sie ein etwas anderes Bild von Jesus und seinen Nachfolgern vermitteln, das nicht immer in die Dogmen einiger christlichen Glaubensorganisationen und Sekten hinein passen. Also, indirekt ausgedrückt: »Was uns nicht gefällt, bleibt weg!« oder »Was nicht passt, wird passend gemacht!« ist die Vorgehensweise, aller Religionsorganisationen die diese ehemaligen Schriftrollen und Textfetzen als ihre heilige Schrift ansehen! Was würde wohl deren Gott dazu sagen wenn es ihn wirklich geben würde?

Die Bibel wurde dann unterteilt in das Alte Testament und das Neue Testament. Im Alten Testament wird Gott in den älteren Exemplaren noch Jahwe oder Jehova genannt. In den neueren Übersetzungen nur noch Gott oder HERR. Da man heute sowieso nicht mehr genau bestimmen kann wie der Name dieses Gottes nun richtig ausgesprochen wird, da man nur die vier Konsonanten JHWH aus den älteren hebräischen »Urschriften« zur Verfügung hat, wurden die verschiedenen Aussprache Möglichkeiten entfernt. Denn wenn man den Namen falsch aussprechen würde, müsste man sich nach dem dritten Gebot, der berühmten Zehn Gebote, vor Gott verantworten, weil man seinen Namen nicht missbrauchen soll. Nach meiner Meinung wäre es doch für einen allmächtigen Gott eine Kleinigkeit, hier Licht ins Dunkel zu bringen, oder?

Was auch seltsam ist, ist der angebliche Gesinnungs- oder Charakterwandel Gottes von beiden »Testamenten«. Im Alten Testament lässt er alles abschlachten, was nicht bei drei auf den Bäumen ist und im Neuen, lässt er angeblich aus Liebe zu den Menschen, »nur« seinen zum Mensch gewordenen Sohn, der er ja angeblich selber war, für alle Sünden der Menschen wie ein Schwerverbrecher von der Staatsmacht hinrichten. Doch dies hat in meinen Augen nichts mit Liebe zu tun. Denn so eine Vorgehensweise, ist einfach nur Krank! Ein *allmächtiger* Gott, hätte *alle* Mittel und die nötige *Weisheit* zur Verfügung, um diesen Sünden erlösenden Zustand, auch humaner, gewaltfreier, friedlicher und harmonischer herbeizuführen! Zudem war die Strafe, die diese angebliche Erbsünde herbeiführte, extrem überzogen, da es sich bei der Verfehlung, eigentlich nur um einen Fruchtdiebstahl und Neugier, der ersten Menschen handelte!

Hallo, geht´s noch? Wir leben im Jahre 2016 und die Wissenschaft kann uns mittlerweile fast alle Fragen beantworten! Für was brauchen wir Menschen noch solche abstrakten Fantasiegebilde, um die Zustände auf der Welt und die Entstehung der Lebewesen darauf erklären zu können?

Aber egal, widmen wir uns nun ein paar Texten, aus dieser angeblich vollkommenen und als heilig bezeichneten Schrift, die sich Bibel nennt. Wer immer noch daran glaubt, das die Bibelübersetzungen von Gott überwacht werden, damit diese nicht verfälscht oder unsinnig

Übersetzt werden könnten, dem möchte ich eine Übersetzung ans Herz legen bei der ich aus dem Lachen nicht mehr heraus kam.

Ehrlich, ich hab buchstäblich Tränen gelacht. Dies war zwar bestimmt von dem Autor nicht beabsichtigt, dennoch hätte ein allmächtiger Gott so eine Übersetzung bestimmt nicht zugelassen, da diese wahrscheinlich wirklich ungewollt, mehr an Comedy erinnert, als an ernste gottgegebene Worte einer heiligen Schrift. Auch wenn der Autor mit seiner modernen Übersetzung nur die Jugend mit ihrer Sprache etwas mehr auf den Geschmack der Bibel bringen wollte. Diese Übersetzung ist von Martin Dreyer und nennt sich »Die Volxbibel«. Anfänglich wurde diese Übersetzung noch abgelehnt. Doch als die religiösen Gelehrten und Eiferer sahen, dass diese so gut bei der Jugend ankam, wurden bei vielen die konservativen Zweifel gelöst und ab da an, war diese Übersetzung schon im Sinne Gottes und der Religion.

Was man nicht alles zulässt, um noch mehr Mitglieder sein eigen nennen zu können und diese Menschen zu zahlenden Verfechtern deren Fantasiegebilde zu fördern!

Kommen wir nun zu der Übersetzung Luthers zurück und widmen uns dessen Inhalt.

In einem der vielen Schriftstücke der Bibel, welches Johannes Evangelium genannt wird, kann man in den ersten Zeilen lesen: Johannes Kapitel 1 Verse 1 bis 5

»1. Im Anfang war das Wort, und das Wort war bei Gott, und das Wort war Gott.

2. Dieses war im Anfang bei Gott.

3. Alles ward durch dasselbe, und ohne dasselbe ward auch nicht eines, das geworden ist.

4. In ihm war Leben, und das Leben war das Licht der Menschen.

5. Und das Licht scheint in der Finsternis, und die Finsternis hat es nicht erfaßt.«

Wer seine grauen Zellen etwas fordert, wird schon nach den ersten fünf Wörtern die Heiligkeit dieses Evangeliums der Bibel anzweifeln müssen. Die Bibel soll ja angeblich von dem einzig wahren Gott, der allmächtig und allwissend ist, zu den Menschen gesandt worden sein, um ihnen die Wahrheit zu lehren.

Doch mit etwas Logik kann es einfach nicht sein, dass am Anfang das Wort war. Warum? Nun, jedem Wort *muss*, und hier wird niemand widersprechen können, mindestens *ein* Gedanke voraus gehen. Jedes Wort das geäußert wird muss zuvor erdacht werden! Demnach kann im Anfang nicht das Wort gewesen sein, was ein vollkommener und weiser Gott eigentlich wissen müsste! Selbst wenn wir »das Wort« durch »der Gedanke« ersetzen, würde das bedeuten, dass Gott nur ein Gedanke ist, also etwas Erdachtes oder Ausgedachtes.

Lassen Sie mich noch kurz die Parallele zu 1. Mose ziehen. Dort steht: *»Im Anfang schuf Gott die Himmel und die Erde.«* Wenn Gott nun, der anfängliche Gedanke ist, hat dann kein allmächtiges, allwissendes Wesen die Erde erschaffen, sondern ein Gedanke! Was nicht unerwähnt bleiben darf ist, dass die Übersetzung für »Gott« nichts anderes ist als »der Mächtige«. Somit würde eine neue Übersetzung oder Interpretation der ersten Worte des Johannes dann lauten müssen: »Im Anfang war der Gedanke. Und der Gedanke war bei dem Mächtigen. Und der Gedanke, war der Mächtige.« Also kurz gesagt: »Am Anfang war ein mächtiger Gedanke!« Da aber jeder Gedanke auch einen Denker erfordert, ist nun die Frage: Wer war dieser Denker dessen mächtiger Gedanke, als erstes da war? Nun die Antwort darauf wäre dann: Gott selbst wäre selbst nur dieser mächtiger Gedanke, der von einem anderen göttlichen Wesen erdacht wurde, der selbst wiederum auch dieser Gott ist! Dies ist genau so verwirrend, wie die Antwort auf die Frage, wer nun Gott erschaffen hat! Da hier, die Weisheiten der Gelehrten zu verstummen beginnen, kam man mit der bahnbrechenden Idee, dass Gott schon immer war und immer sein wird. Gott hätte keinen Anfang und kein Ende! Was für ein Quatsch! Da bei diesem Sachverhalt, gerne das Argument gebraucht wird, dass ein Ring beispielsweise, auch kein Anfang und kein Ende haben soll, um so die Zeitlosigkeit Gottes zu veranschaulichen, muss ich einwenden, dass jeder Ring, zuvor auch erst gefertigt werden muss. Bei allem was gefertigt wird, gibt es einen Anfangspunkt. Dieser fängt meist schon bei der Zeichnung an! Also, bevor ein Ring nicht geschlossen wurde, gab es bei diesem einen Anfang!

An alle, die nun einwenden, dass nach deren Interpretation »das Wort« mit Jesus gleichzusetzen ist, muss ich einwenden, dass dies leider auch nicht möglich ist wenn man die Naturgesetze akzeptiert. Denn wie soll *zuerst* der Sohn Gottes, vor Gott dem Vater selbst, am Anfang gewesen sein? Mein Sohn kann niemals, vor mir gelebt haben! Außer mein Sohn, bin ich selbst und dann müsste ich selbst, vor mir gewesen sein, was wiederum absoluter Bull-Shit ist! Das ist Fakt und wer etwas anderes behauptet, hat in Biologie und Physik nicht aufgepasst!

Diese Lehre, das Jesus »das Wort« und somit im Anfang oder als erstes da gewesen sein soll, ist eine einzigartige, unrealistische und unlogische Menschenverdummung ohne gleichen! Dies ist genauso schwachsinnig, wie die Behauptung, dass Jesus Gott selbst wäre und gleichzeitig noch *ein* heiliger oder *der* Heilige Geist!

Das beste Beispiel, dass Jesus nicht Gott sein kann, ist die Begebenheit im Neuen Testament, indem Jesus, mit Gott, einen Dialog gehabt haben soll, als er am Kreuz hing. Denn dann hätte Jesus folgende Worte sagen müssen: »Ich, Vater und Sohn, vergebe ihnen, denn sie wissen nicht was sie tun« oder bei dem inbrünstigen Gebet vor seiner Hinrichtung »Ich, Vater und Sohn, warum habe ich mich verlassen?!« Es wäre doch absoluter Quatsch, zu sich selbst zu beten, was Jesus offensichtlich mehrmals getan hatte, auch wenn er *alleine* war! Dies wäre doch ein Anzeichen von Schizophrenie gewesen, oder?

Doch beim Glauben, gehen leider oft die Lichter der Rationalität und Logik aus.

Wer es aber dennoch wagt nachzudenken, der wird sogleich als verblendet hingestellt oder dass er vom rechten Weg abgekommen sei.

Doch mal ehrlich, wer hat denn den rechten Weg wirklich verlassen?

Damit meine ich, den rechten Weg, des *normalen* Menschenverstandes!

6 Gut vs. Böse bzw. Böse wird zu Gut

Es klingelt an der Tür. Eine Frau öffnet und ein Mann drückt gewaltsam die Tür auf und verschafft sich unsanft Einlass in die Wohnung. Er hält der Frau eine Waffe an den Kopf. Dann hält er ihr ein Halsband vor die Nase und weist sie an, sich dieses anzulegen. Das Halsband scheint mit einem Sprengsatz versehen zu sein und es sind diverse LED-Dioden zu sehen, die grün leuchten. Als die Frau sich das Halsband mit zittrigen Händen angelegt und die beiden Enden miteinander verbindet, hört sie noch ein kurzes Klicken und die beiden Enden rasten ein. Nun blinken die Dioden Rot und das Halsband scheint scharf geschaltet zu sein. Der Mann stellt ihr eine Tüte vor die Füße, in der tausende von kleinen Zettelchen sind, auf denen jeweils eine Forderung oder Anweisung steht. Außen auf der Tüte, stehen folgende Worte: »Halte alles ein was auf den Zetteln geschrieben steht, dann bekommst du 10 Millionen Euro. Doch wenn du versagst, dann … BOOM. Du musst alles genau beachten und umsetzen, bis ich wiederkomme.« Die Frau ist verstört und sieht in die Tüte. Mit fragenden, ängstlichen Blicken, schaut sie in Richtung des Mannes. Bevor sich der Mann umdreht und zur Tür hinaus geht, sagt er noch zu ihr »Ruf mich, wenn du Fragen hast!« dann geht er seines Weges und lässt die Frau, mit seiner Tüte voller Anweisungen, allein. Die Frau schreit dem Mann noch panisch nach, wie sie ihn den erreichen könne, ob dieser nicht wenigstens eine Telefonnummer für sie hätte, damit sie ihn erreichen könne, wenn sie Fragen hätte. Doch sie bekommt keine Antwort mehr. Als der Mann nicht mehr zu sehen war, fängt sie verzweifelt an in der Tüte zu wühlen. Sie entdeckt, dass sich die Forderungen und Anweisungen auf den Zettelchen teilweise widersprechen. Als sie sich diese Widersprüche näher betrachtet, hat sie nur noch einen Gedanken: »Ich bin tot!«

Wie würde man das Verhalten oder den Charakter des Mannes einordnen?

Gemein? Sadistisch? Psychopath? Ungeheuer? Monster?

Oder als liebevoller und barmherziger Wohltäter, nur weil er einem beim Bewältigen einer unlösbaren Aufgabe, 10 Millionen Euro als Lohn geben würde? Was würde die Frau nun alles machen, um dieses explosive Halsband wieder abgenommen zu bekommen, wenn nun ein angeblicher Bote oder Handlanger des Mannes sie besuchen würde? Sie würde bestimmt *alles* dafür machen, um nicht Gefahr zu laufen, dass ihr Kopf von ihrem Hals gesprengt würde. Wäre sie wie Abraham, wäre sie sogar bereit, ihr eigenes Kind umzubringen! Würde sie dem Mann oder seinem Boten Liebe entgegenbringen wenn dieser es verlangen sollte? Natürlich, würde sie das! Am Anfang wäre diese zwar nur vorgetäuscht, doch nach einer gewissen Zeit, hat sie gelernt mit der Situation zu leben und diese Liebe wird zur Gewohnheit. Diese Frau zeigt dann Anzeichen des Stockholm-Syndroms und ist einer emotionalen Erpressung ausgesetzt! Da der Mensch sich schnell an etwas gewöhnt und seine Gewohnheiten ungern ändert, würde diese Frau nach Jahren immer noch in den Zetteln wühlen und das Halsband wäre zur Normalität geworden. Doch obwohl sie schon viele Anweisungen auf den Zettelchen, in ihrem Leben umgesetzt hat, lässt sich der Mann nicht mehr blicken. Auch die Anweisungen, die sich widersprochen hatten, hat sie umgesetzt. Dennoch lebt sie noch immer und das Halsband blinkt fröhlich weiter vor sich hin und suggeriert ihr, dass es noch scharf geschaltet ist. Dadurch, dass nichts passierte, als sie die widersprüchlichen Anweisungen befolgt hatte, könnte sie ja nun mehr, wieder machen was sie will, da dies ja eigentlich aufzeigt, dass sie von dem Mann nur betrogen wurde. Denn sie ist weder tot, noch hat sie 10 Millionen Euro bekommen. Doch aus Angst, dass dieses Halsband doch keine Attrappe sein könnte, hält sie wahrscheinlich bis zu ihrem natürlichen Tod daran fest, in den Zetteln zu wühlen und alles zu tun was auf diesen geschrieben steht!

Wer verschiedene »heilige« Schriften gelesen hat wird zwangsläufig auf genau dieselben Parallelen stoßen wenn es um Gott, Belohnung und Strafe geht!

Mal ehrlich, was ist schlimmer, wenn jemand zu Ihnen sagt: »Du machst jetzt was ich sage, oder du bist tot!« oder »Du machst was ich sage, oder du wirst nach deinem Tod für alle Ewigkeiten gequält und misshandelt!«?

Obwohl beides verwerflich ist würde ich sagen, dass die erste Aussage noch Human ist, im Gegensatz von Aussage Zwei! Die Erste, würde ein böser Erpresser verwenden. Die Zweite hingegen, verwendet ein allmächtiger, allwissender Gott, der behauptet die absolute Liebe in Person zu sein!

Nun, wenn das absolute Liebe ist, dann will ich nicht wissen, was für dieses Wesen dann Hass bedeutet!

Diese Eigenschaften und Handlungsweisen passen doch überhaupt nicht zusammen und sind doch total widersprüchlich!

Doch dieser Gott wird nun mal, genau so, dargestellt. Wenn etwas Gutes geschieht wird es immer Gott zugeschrieben, doch wenn etwas Schreckliches oder Böses passiert, dann wird es immer Satan, dem Zufall oder irgendetwas anderem in die Schuhe geschoben!

Was ist überhaupt Gut und was ist Böse?

Nach den Informationen der Bibel oder des Koran, müssten die Menschen dies doch nun genau wissen. Denn oftmals sind es kulturelle und religiöse Eigenschaften, die öfter nur zeitlich begrenzt sind, welche als Gut oder als Böse angesehen werden.

Hier einmal nur Zehn kurze Beispiele:

01.) *Sklaverei*: früher gut/erlaubt/gesellschaftlich anerkannt. - heute böse/verboten/unmenschlich.

02.) *Polytheismus*: früher gut/akzeptiert/die Wahrheit. - heute böse/verpönt/dämonisch/lächerlich.

03.) *Gleichbehandlung von Frauen*: früher böse/absurd. - heute gut/normal.

04.) *Atheismus*: früher böse/verfolgt. - heute gut und böse/ aber akzeptiert/geduldet.

05.) *Kinder heiraten/Sex*: früher gut/erlaubt/gesellschaftlich anerkannt. - heute böse/verboten/pervers/pädophil.

06.) *Drogen*: früher gut/erlaubt/Ritualgegenstand. - heute böse/verboten/vom Teufel.

07.) *Handwerks- und Dienstleistungsberufe*: früher gut / geschätzt und hoch angesehen / etwas Besonderes. - Heute schlecht/verachtet oder belächelt weil nicht studiert/ oft nur für Menschen zum Ausleihen gebraucht / nur für »dumme« Arbeiter bezeichnet. (Den Wert oder die Wertschätzung einer Arbeit, in der modernen Gesellschaft, kann man meistens am Gehalt/Lohn sehen, den der Arbeitgeber dafür bezahlt! Denn es spielt schon lange keine Rolle mehr, welchen allgemeinen Nutzen die ausgeübte Tätigkeit bringt, sondern nur noch die Wirtschaftlichkeit (finanzielle Nutzen).

08.) *Bibel lesen*: früher böse/verboten. – heute gut/erlaubt/normal.

09.) *Rockmusik:* früher böse/verpönt/verteufelt. - heute gut/Geschmackssache/normal.

10.) *Technik*: früher böse/Teufelswerk. - heute gut/nützlich.

Dies bezieht sich natürlich nur auf meine Kultur, die in meiner Region der Welt so gesehen wird. Doch in anderen Ländern mag diese Aufzählung nicht zutreffen. Also, selbst in der heutigen Zeit, ist es geografisch und kulturell abhängig, was als Gut/Positiv oder Böse/Schlecht angesehen wird. Oftmals wechselt sich das Gute und Böse, in zeitlichen Intervallen ab, wenn man das Ansehen von Menschen in religiöse Zugehörigkeiten, Ethnien, finanziellen Status und Vorlieben näher betrachtet.

Doch wo ist nun die Erkenntnis von Gut und Böse bitteschön? Haben Adam und Eva doch nicht gesündigt oder ist das alles nur eine Farce, um den Menschen den Stempel der Sünde aufdrücken zu können? Es kann niemals, feste Maßstäbe für Gut und Böse geben, solange es Menschen mit verschiedenen kulturellen und religiösen Meinungen, Moralvorstellungen und Denkweisen gibt!

Für was wurden Adam und Eva denn nun bestraft?

Wenn es Gott darum ging, dass sie die Erkenntnis von Gut und Böse nicht erlangen durften, nun dann ist dies ja auch nicht eingetroffen. Wenn sie nicht werden sollten wie Gott, dann hätte er sich doch beruhigt zurück lehnen können, da die Menschen ja aus Fleisch und Blut sind und keine Geist-Geschöpfe. Zudem können sie keine Wunder vollbringen sondern können nur Dinge tun, die sich auf ihre körperlichen Fähigkeiten beschränken. Also könnten sie niemals werden wie Gott, auch wenn sie es wollten! Logisch oder? Ich wäre auch gern Superman, doch ich werde nie zu einem werden. Hab ich denn nun deshalb solch einen abartigen Fluch verdient, nur weil ich mir Superkräfte *wünsche* obwohl ich niemals welche erlangen werde?

Wenn es Gott nur darum ging, dass dieser Baum und die Früchte daran sein Eigentum waren und er deshalb sauer war, ist das doch kein Grund so übertrieben auszuticken und wegen einer *Frucht,* die *gesamte* Menschheit und deren Nachkommen zu verfluchen und ins Verderben zu schicken, nur weil diese Frucht an seinem Baum hing!

Ein allwissender Gott, hätte zudem, auch niemals Bedenken gehabt, vor der Aussage Satans in Gestalt einer Schlange, dass wenn Adam und Eva sein Gebot vom Baum der Erkenntnis zu naschen nicht beachten, dass die Menschen erkennen würden, was Gut und was Böse ist und sie wie Gott werden! Denn es war und ist, unmöglich für die Menschen, dass sie wie Gott werden könnten und dass sie absolut bestimmen können, was nun gut und was böse ist!

Was war also Gottes Problem?

Gott wird immer wieder als *der* Gute dargestellt, doch ich habe noch nicht einen Vers in der Bibel oder dem Koran gefunden, indem Satan Menschenmassen umgebracht oder verflucht hat.

Im Gegensatz zu Gott, der sogar einmal die gesamte Erde ersäuft haben soll, weil sich eine gewisse Anzahl der Menschen nicht so verhalten haben, wie er es gerne gehabt hätte. Heute würde man dies als Genozid bezeichnen!

Wer ist nun Gut? Und wer ist Böse?

Der Gute, ist immer derjenige, für den man Partei ergreift. Partei ergreift man für jemanden, der einem sympathisch ist. Sympathisch wird jemand meist dadurch, dass er den eigenen Vorstellungen und Lebenseinstellungen entspricht (auf gleicher Wellenlänge ist) oder wenn man von diesem mit Materiellen Dingen überhäuft wird und sich dadurch glücklicher fühlt (nicht ist!).

Da die Religionen, Gott *immer nur* als heilig, barmherzig und liebevoll den Menschen präsentieren und dies immer wieder, wie ein Mantra in deren Köpfe hämmern, wird dieses suggestive Bild von vielen einfach so übernommen. Wird dieses Sympathiebild Gottes, aber durch bestimmte Sachverhalte, wie böse Taten gestört, wird sogleich ein anderes Bild generiert, das diesem Gott wieder Sympathiepunkte einbringt. Dann heißt es beispielsweise: »Das ist doch alles nicht so schlimm«, »Das war früher halt mal so«, »Wenn Gott das sagt oder so will, dann muss das schon seine Berechtigung haben«, »Das ist doch nicht wörtlich zu sehen«, »Gottes Wege sind unergründlich und dürfen nicht infrage gestellt werden.« oder einer meiner Lieblings Ausreden »Das war nicht Gott, das war Satans Werk«.

Wie die Bibel es schon vormacht, machen es die religiösen Eiferer natürlich dann auch nach. Das beste Beispiel hierbei, ist die Erzählung von Hiob und wie Gott mit Satan diesen benutzte, um zu zeigen, dass er im Recht ist. Doch ob Gott Hiobs Geist mit seiner Allmacht nicht beeinflusste, kann leider kein Mensch nachvollziehen und selbst Satan hätte dies nicht gemerkt, wenn Gott dies nicht gewollt hätte!

Denn die Macht, diese ganze Situation zu seinen Gunsten zu manipulieren, müsste er ja eigentlich haben!

Hiob - Nur ein harmloser Test der Loyalität?

In der Erzählung von Hiob, im gleichnamigen Bibelbuch, wurde eine der wenigen Begebenheiten nieder geschrieben, in der Satan einem Menschen, direkt Leid angetan haben soll. Dies aber auch nur, weil Satan von Gott aus, Hiob materiell, körperlich und mental fertig machen sollte.

Für Gott war Hiob nichts anderes, als ein Beweisstück um Satan zu präsentieren, wie Gott die Menschen beeinflussen und für sich einnehmen konnte. Ein »Beweis« dafür, dass die Menschen Gott sogar noch Loyal bleiben würden, wenn ihnen *alles* bis auf den Tod genommen würde.

Dieses »Ereignis«, in dem Hiob die Hauptrolle spielte, war ein reines »Loyalitäts-Experiment«, auf Kosten eines viel zu gutmütigen und vertrauensseligen Menschen, seiner Familie und dessen Angestellten. Ich würde die Vorgehensweise Gottes und Satans gegenüber Hiob, Sadismus in Reinform nennen!

Um nun dem Aufschrei entgegenzuwirken der nach dieser Aussage auf mich hernieder prasseln wird, möchte ich zunächst einen kleinen Einblick geben, wie diese »Präsentation der Loyalität« Hiobs ablief.

Nun, nachdem Satan Gott vorwarf, dass Hiob ihm gegenüber nur Loyal wäre, weil er alles im Übermaß hätte, fühlte sich Gott dazu berufen, seinen Standpunkt damit zu verteidigen, dass er Satan freie Hand lässt und dass dieser alles versuchen solle, Hiob von ihm abzubringen. Um diese Behauptung Satans zu eliminieren, die Gottes Stolz verletzte, ging Gott buchstäblich über Leichen und ließ großes Leid über viele unbeteiligte Menschen kommen.

Der ganze nun folgende Ablauf, wäre nicht passiert und im Keim erstickt worden, wäre Gottes Stolz und seine Selbstverliebtheit nicht so ausgeprägt gewesen.

Da Gott ja angeblich allmächtig ist, hätte er Satan einfach nur reden lassen können. Er hätte bedenkenlos, auf schon vorausgegangene Menschen hinweisen können, die früher gelebt haben und in jeder Situation ihres Lebens Gott loyal geblieben sind. Doch Gott brauchte wahrscheinlich eine weitere Bestätigung, dass ein Mensch ihm immer loyal ist, egal was kommt. Deshalb wurde nun Hiob, zum Objekt, eines grausamen Spiels gemacht. Doch wäre Hiob genauso loyal geblieben, wenn er gewusst hätte, dass er nur wie eine Spielfigur behandelt, benutzt und ausgenutzt wurde? Die Antwort darauf werden wir wohl leider nie erfahren!

Die erste Aktion wie Satan Hiobs Loyalität »testen« sollte war, dass Hiobs Knechte, mit Beeinflussung der Sabäer niedergemetzelt und *alle* seine Rinder und Esel geraubt wurden. Danach, wurden *alle* seine Schafe und die Knechte, die sie hüteten, von Gott bei lebendigem Leib abgefackelt, indem er Feuer vom Himmel regnen ließ. Das Nächste war, dass Gott und Satan, Hiob die Chaldäer auf den Hals schickten, um ihm *alle* seine Kamele zu nehmen und weitere Knechte mit der Schärfe des Schwerts abschlachten ließen.

Nachdem nun sein *gesamtes* Hab und Gut geraubt und seine Knechte tot waren, nahmen sie sich seiner Familie an.

Zuerst zerstörten sie mit einem Sturm, das Haus, indem sich alle seine Söhne und Töchter aufhielten während diese gerade am essen und trinken waren. Hierbei wurden *alle* getötet.

Als Hiob weiterhin loyal war, diskutierten Gott und Satan weiter.

Nun sollte Satan Hiob mit einer schweren Krankheit zuzusetzen, um seine Loyalität zu testen. Diese Krankheit war so grausam, das Hiobs ganzer Körper mit großen eiternden Beulen besetzt war, die so juckten, das er sich mit Tonscherben das Fleisch blutig kratzen musste, um sich eine gewisse Linderung zu verschaffen.

Der letzte »Test« um Hiobs Loyalität zu prüfen war, dass zu allem, was er bisher erleben musste, auch noch mehrere Leute auf ihn einredeten, um ihn von Gott abzubringen. Dies war dann zusätzlich noch, ein wahrhaft, vollkommen göttlich-satanischer Psychoterror, vom feinsten!

Eigentlich hätten Hiob die Augen aufgehen müssen, bei den vielen Argumenten die auf ihn einprasselten. Doch Hiob, war so in seiner Welt der Untertänigkeit gefangen, dass er jegliche Grausamkeiten, die Gott nicht von ihm fern hielt, als Rechtens auffasste und Gott bis zuletzt sogar verteidigte. Sogar seine Frau, die ihm trotz der schweren Schicksalsschläge, weiterhin treu zur Seite stand, vertrat die Meinung, dass er doch Gott verfluchen und sterben solle, um nicht noch mehr leiden zu müssen!

Daraufhin legte der Autor dieses Textes, Hiob folgende Worte in den Mund, die Hiob zu seiner Frau gesagt haben soll:

»Du redest, wie die närrischen Weiber reden. Haben wir Gutes empfangen von Gott und sollten das Böse nicht auch annehmen?«

Diese Antwort Hiobs, ist jedoch so dermaßen suggestiv, für alle Leser dieses Bibelbuchs, dass man vielen Gläubigen Verständnis entgegenbringen muss, wenn diese trotz eines beschissenen Lebens, weiterhin daran glauben, dass Gott diese lieben würde.

Denn sie nehmen einfach das an, was der Autor dieses Bibelbuches aufgeschrieben hat, ohne selbst logische Schlussfolgerungen zu ziehen.

Das wäre das Gleiche, wenn eine Frau ihren Mann weiterhin treu wäre und ihn verteidigen würde, wenn dieser sie schlägt, vergewaltigt, mit Thallium vergiftet so dass sie Krank wird, er deren gemeinsame Firma mitsamt den Arbeitern abfackelt und deren Kinder misshandelt und tötet, nur um mal zu gucken, ob sie ihm, nicht nur in guten, sondern auch in schlechten Zeiten treu zur Seite steht!

Wenn die Frau unter solchen Umständen dann auch sagen würde: »Ach, ich hab doch alles von meinem Mann bekommen. Wieso soll ich dann nicht auch zu ihm halten, wenn er mich vergewaltigt, krank macht, Menschen ermordet und mir wieder alles nimmt? Ohne ihn hätte ich ja auch meine Kinder nicht bekommen können und deswegen darf ich mich nicht beschweren, wenn er sie misshandelt und tötet. Er sagt doch, dass er mich liebt. Und deshalb liebe ich ihn auch weiterhin!«

Wie verdreht, beeinflusst, hörig und gefesselt muss ein Geist sein, um einem solchen Konstrukt nachzueifern und ein solches als Gut und Liebevoll zu verteidigen? Nur weil sich der Täter Gott nennt, muss man so etwas doch nicht für Gut befinden oder akzeptieren, oder?

Das Buch Hiob, ist für die Geistlichen der beste Freibrief dafür, dass Gott mit uns Menschen machen kann, was er will und wir uns nicht beschweren dürfen.

Es ist *das* Buch, welches den Geist eines Gläubigen mit den dicksten und straffsten Fesseln fängt und gefangen hält. Denn durch diese Worte Hiobs, wird die Grenze der Moral für Gott vollkommen aufgehoben.

Alles was Gott macht, ist demnach Gut und mag es noch so verwerflich sein!

Das Buch Hiob, ist ein wahres Meisterwerk der Suggestion, damit sich Menschen freiwillig, ohne zu murren in Sklaverei begeben und dabei sogar noch Freude empfinden und ihren Unterdrücker Liebe und Loyalität entgegen bringen.

Wer sich dennoch beschwert, ist dann ein Sünder und darf mit allerlei Strafankündigungen belegt werden. Zusätzlich noch ein paar Dogmen hinzudichten, die angeblich von Gott anerkannt werden oder sogar direkt von diesem kommen sollen und Schwuppdiwupp, sind die Menschen einzig und allein, nur noch in den Händen der Religionsvertreter, die mit ihren »Schäfchen« nun machen können was sie wollen!

Um noch einmal zu Hiob zurückzukommen und zu veranschaulichen, was Gott und Satan mit ihm und zusätzlich noch mit anderen Menschen und Lebewesen, eigentlich wirklich gemacht haben:

Sie haben, um die Loyalität eines *einzigen* Menschen zu testen:

Hiob selbst:

- 1.000 Rinder (entspricht 500 Joch Rinder) rauben lassen!

- 500 Esel rauben lassen!

- 3.000 Kamele rauben lassen!

- mit einer grausamen Krankheit geschlagen!

- psychische Schmerzen zugefügt! (alle Kinder tot, alle Arbeiter tot, alle Tiere weg, Leid seiner Frau mittragen und enormer materieller Verlust u.v.m.)

Tiere qualvoll getötet:

- 7.000 Schafe mit Feuer vom Himmel *lebendig* verbrannt!

Menschen qualvoll getötet:

- Hiobs sieben Söhne und drei Töchter, mit einem selbst erschaffenem Sturm umgebracht!

- alle Knechte die für Hiob arbeiteten, entweder mit dem Schwert niedermetzeln lassen oder mit Feuer vom Himmel lebendig abgefackelt!

- durch deren Tot, den Verwandten psychische Schmerzen und Leid verursacht! (Trauer Mann/Frau, zukünftig ohne Vater/Mutter aufwachen müssen, Finanzielle Probleme Zukunftsangst u.v.m.)

Die genaue Zahl der ermordeten Knechte ist leider unbekannt. Schätzen würde ich diese, auf etwa *mindestens* 1.500 Menschen. Pro Joch Rind und einen Esel jeweils einen Knecht, der diese beim Pflügen führte, pro 100 Tiere (Schafe, Rinder, Kamele) als Herde, jeweils einen Knecht der diese hütete. Wenn ich nun noch Aufseher und Knechte mit zusätzlichen anderen Aufgaben mit aufführen würde, wären es um einige mehr. Doch 1.500 (Tausend-fünfhundert!) *unschuldige* Menschen abzuschlachten, reicht schon aus, um einen Gott, der behauptet liebevoll und barmherzig zu sein, der Lüge zu überführen!

Hier spielt es auch keine Rolle mehr, wer das ausführende Organ war, wenn der Mächtigere unter ihnen, dem weniger Mächtigen, freie Hand gibt, so etwas zu tun und dabei beobachtend und prüfend daneben steht!

Hier kommt nun die Frage auf, ob Satan überhaupt gehandelt hätte, wenn Gott nicht gesagt hätte, dass Satan doch einfach mal machen solle was er Gott vorwarf.

Dies alles nur, um zu zeigen, dass ein Mensch auch unter extremen psychischen und physischen Qualen und Leid zu Gott halten kann. Auf Kosten anderer unschuldiger Leben, die mit der Loyalität Hiobs überhaupt nichts zu tun hatten!

Wie mag sich die Frau oder die Kinder, eines ermordeten Knechtes Hiobs, wohl gefühlt haben? Welche Schmerzen, mag ein Knecht Hiobs erfahren haben, während dieser bei lebendigem Leibe verbrannte?

Die Gläubigen bekommen immer nur Hiob, den ach so treuen Diener Gottes vor Augen geführt, aber niemals auch nur eine Anmerkung darüber, in der Hiobs Knechte mit schmerzverzerrtem Gesicht und schreiend in Flammen stehen, weil plötzlich Feuer vom Himmel auf sie herabfällt. Wie sich dabei das Fleisch von den Knochen löst und die Haut aufplatzt, Schwarz wird und sich in Asche verwandelt. Dieses Erlebnis ist schon grausam genug, doch dieser arme Mensch wusste nicht einmal, warum ihm so etwas angetan wurde.

Eine wahrlich barmherzige und liebevolle Tat Gottes! Ja Gottes!

Denn dies, war nicht Satans Werk, sondern das von Gott selbst!

Es heißt nämlich wortwörtlich in Hiob Kapitel 1 Vers 16: *»Das Feuer Gottes fiel vom Himmel und verbrannte Schafe und Knechte und verzehrte sie.«* Dieser Vers, zeigt klipp und klar, dass Gott nicht nur Zuschauer bei diesem »Test« war, sondern auch mitwirkender! Sonst müsste in diesem Vers stehen: *»Das Feuer des Teufels«* oder *»Des Satans Feuer vom Himmel ... «!* Doch so steht es nun mal *nicht* in diesem Bibeltext!

Was musste Hiobs Frau, wegen diesem »Loyalitäts-Experiment« oder dieser »Wette« der Mächtigeren, alles ertragen und gefühlt haben? Auch diese Frage hat ihre Berechtigung! Hiobs Frau, hatte genauso wenig mit diesem kranken Spiel zu tun, wie treu oder loyal ihr Mann Gott gegenüber sein kann!

Welche Ängste, Hiobs Söhne und Töchter in dem vom Sturm heimgesuchten Haus aushalten mussten, kann sich nun jeder selbst einmal vorstellen und hierbei versuchen, die allseits behauptete, immerwährende Liebe und Barmherzigkeit Gottes zu finden oder zu erfassen! Dieses Bild, das entsteht, wenn dieses Haus nach und nach über ihnen zusammenfällt und sie dabei von Holzbalken erschlagen und dabei allerlei Gliedmaßen gebrochen und zerquetscht werden. Wenn sie vor Schmerzen schreien, während sie von Splittern durchbohrt wurden und sich Wunden auftun die das Blut nur so fließen lassen, sich Haut und Fleischfetzen von ihren Körpern abschürfen und herausschneiden, ist wahrlich ein vollkommener Akt der Zuneigung Gottes zu diesen Menschen gewesen!

Aber Hey, ist ja alles nicht so Schlimm, denn es erfüllte doch einen höheren Zweck, gelle!

Liebe Leser der »heiligen« Schriften, bitte schaut ein wenig über den Tellerrand hinaus, den euch eure Geistlichen beigebracht haben zu betrachten!

Wenn jetzt wirklich noch das Argument kommen sollte, dass Hiob doch von Gott entschädigt wurde, muss ich mich fragen, wie gefesselt ein Geist sein muss, der so etwas nun noch erwähnt!

Nichts desto trotz, werde ich auch dazu ein Gegenargument anführen.

Denn auch, wenn Hiob danach wieder geheilt, seinen Reichtum in höherem Maße zurück gegeben wurde und er wieder Nachkommen bekam, ist die Vorgehensweise Gottes absolut sadistisch und hochmütig. Denn den Schmerz, den Hiob und seine Frau, in ihren Herzen weiterhin mit sich herum trugen, konnte oder wollte Gott ihnen nicht nehmen. Gott hatte ihnen nämlich nicht ihre alte Familie zurück gegeben, sondern nur seinen »billigen« Segen, neue Kinder bekommen zu können, um eine neue Familie gründen zu können! Das hätten Hiob und seine Frau, mit Sicherheit auch ein weiteres mal, ohne Gott geschafft! Die ermordeten Knechte blieben ebenfalls tot, da Gott diese nicht wieder auferstehen ließ und die Trauer und Schmerzen deren Familien hat Gott auch nicht gelindert. Diese Menschen, werden in seinem »heiligen« Buch nicht gewürdigt, ja nicht einmal erwähnt! Für Gott waren diese Menschen nur wie Gegenstände und sie waren ihm Scheißegal!

Ein Gott der Liebe, der das Leben schätzt und als heilig ansieht, hätte hier bestimmt ganz anders gehandelt! Dieser Gott, der in diesem Bibelbuch erwähnt wird, ist ein kaltes, gefühlloses Wesen und alles andere als Heilig!

Aber Hey. Hauptsache Gott fühlt sich danach als Sieger und kann weiterhin seiner Anbetung frönen, da ihn dennoch weiterhin geistig gefesselte Menschenmassen, voller verstandesmäßigen Umnachtung, als Gut und Liebevoll ansehen.

Es ist echt traurig, dass so etwas als Liebe Gottes ausgelegt wird, wenn Hiob von Gott nur als eine Schachfigur behandelt wird und zusätzlich um ihn herum etliche Leben ausgelöscht und Leid verbreitet wird!

Diese Geschichte und der Fall Adam und Eva, wird dann von Theologen und Gelehrten auch noch als Erklärung für all das Leid aufgeführt, das es auf der Erde gibt.

Es soll angeblich, alles nur eine Prüfung sein, ob Satan alle Menschen von Gott wegziehen kann oder nicht.

DAS IST KRANK!

Ein Gott der Liebe und Barmherzigkeit, würde so etwas *niemals* zulassen oder gar inszenieren, nur um sehen zu können, ob *ein* Mensch ihm gegenüber loyal bleibt!

Da dies ein sehr brisantes Thema ist, möchte ich zuvor etwas klar stellen. Es gibt keinen Grund, mich als sogenannten Satans-Anbeter, in irgendeine Ecke zu stellen oder als Satans-Sympathisant, in die gewünschte Schublade zu stecken. Denn erstens, bete ich niemanden an und zweitens, wäre es Unfug an Satan als reales Geistwesen zu glauben, an Gott aber nicht. Dementsprechend, sind beide für mich nur *imaginäre* Wesen, die nur in den Köpfen von religiösen Gläubigen existieren. Meine Argumentation bezieht sich somit nur, auf den Inhalt der »heiligen« Schriften, die für mich nicht mehr Bedeutung haben, wie ein guter Film oder ein Buch, über das man Diskutieren, Argumentieren oder eine Besprechung abhalten kann.

So denn, da ich viel mit Fragen arbeite, möchte ich nun auch in diesem Abschnitt mit solchen beginnen.

Wo steht eigentlich in den »heiligen« Büchern geschrieben, dass allen Menschen, denen Leid zugefügt wurde, dieses Satan zu verantworten hat, *ohne* dass Gott diesem die Erlaubnis oder Anweisung dazu gab?

War oder ist Satan etwa doch nur ein Werkzeug Gottes, damit sich der Allmächtige seine Finger nicht selbst schmutzig machen muss, um so besser vor seiner Schöpfung dazustehen und dass Gott es jemand anderem in die Schuhe schieben kann?

In den Schriften wird beispielsweise immer nur davor »gewarnt«, dass Satan (der Teufel) die gesamte Erde irreführen würde. Dieses Irreführen, bezieht sich nach meiner Kenntnis hauptsächlich darauf, dass Satan angeblich Lügen verbreitet, die Gott schlecht aussehen lassen würden. Nun, wenn dies so wäre, dann müsste ich alle »heiligen« Texte, die in der Bibel oder im Koran zu finden sind als Werke Satans betrachten. Denn diese lassen, wenn man etwas weiter denkt, kein gutes Haar an Gott.

Doch dass Satan für all das Böse auf der Erde verantwortlich ist und dass er dies, *freiwillig* und mit Inbrunst unter den Menschen verbreitet, wie es immer dargestellt wird, konnte ich nirgends lesen. Auch habe ich keinen Vers in der Bibel gefunden, in der es beispielsweise heißt:

»Und der Widersacher Gottes, der Teufel und Satan genannt wird, sagte zu seinen Dämonen »Lasst uns alle Menschen quälen, verängstigen und töten, die wir auf der Erde finden können, nur so als Vorgeschmack, bevor sie von Gott in mein Reich, welches die Hölle genannt wird, abgeschoben werden. Lasst uns hinausgehen und Naturkatastrophen verursachen, lasst uns daran gehen Embryos in den Bäuchen der Menschenfrauen zu verunstalten und deren Geist krank machen, geht daran den Verstand der Menschen zu verändern damit sie sich gegenseitig töten und verachten, lasst uns dafür sorgen das es so vielen Menschen wie möglich schlecht geht!« Dies alles befahl er seinen Untertanen, nur weil es ihm Spaß bereitet. Und die Dämonen lachten und klatschten ihrem Herren zu und sagten »Dies alles werden wir tun, du bist unser Herr, unser Meister der Unterwelt. Diese deine Befehle, werden wir immerdar mit wahrer Leidenschaft für dich ausführen. Denn wir hassen die Menschen genauso wie du!« So berichtete es der Engel ... Gott, nachdem er sie belauscht und beobachtet hatte.«

Eine Bitte an alle Gläubigen, wenn ich so einen Vers übersehen haben sollte, dann gebt mir bitte Bescheid! Dann werde ich sofort an einer Neuauflage dieses Buches arbeiten!

Es sind ausschließlich nur die Religionen, mit ihren Lehrern, Führern und Geistlichen, die Gott als vollkommen gut, barmherzig, liebevoll und unantastbar heilig darstellen, da sie die negativen Handlungen und Befehle Gottes aussortieren und ausblenden, weshalb deren Anhänger deshalb an deren Auslegung Gottes glauben.

Nach meiner Meinung war Satan nur ein Engel, der zu unbequem für Gott wurde, weil er ihm seine Meinung sagte, indem er Gott mitteilte wie er Gottes ganze Herrschaftsweise sah und empfand. Vielleicht konnte Satan es nicht mehr mit ansehen, dass viele Gebote und Gesetze Gottes viel zu extrem und nicht Einhaltbar für die Menschen waren. Zusätzlich wollte er es eventuell nicht mehr mit ansehen, welche drakonischen Strafen die Menschen von Gott auferlegt bekamen. Was Satan auch aufgestoßen haben könnte, war die andauernde Selbstbeweihräucherung und der übertriebene Hochmut Gottes. Der sogar soweit ging, dass er Menschen auswählte, diese als sein Volk bezeichnete und diesen unter Strafandrohungen befahl andere Stämme, Völker und Familien niederzumetzeln, sie auszurauben und teilweise auch zu versklaven. Dies alles nur, weil sie Gott nicht anbeten wollten oder schon eine andere Gottheit verehrten. Da Gott diese Menschen benutzte, um *seine* Kriege zu führen, war das dann auch kein Mord mehr, den er selbst in den Zehn Geboten verurteilte, sondern »nur« noch Kriegsopfer und Feinde. Doch wenn hierbei, ungewollt andere unschuldige Menschen zu Tode kamen, war das eben unvermeidbarer und unvorhergesehener Kollateralschaden! Die geraubten Sachen und das Gold war dann auch kein Raub und Diebstahl mehr, sondern legale Kriegsbeute, die den »Tapferen und Treuen« dann demnach zustand. Doch wie die religiöse Interpretation, für Vergewaltigung und Versklavung, nun genannt oder umbenannt wird, die Gottes »Heer« mit seinem Wohlwollen durchführten, ist mir bis dato nicht bekannt. Doch diese Fakten werden dann immer ganz geschickt ausgeblendet. So stellt sich mir zumindest, der Sachverhalt in den als Heilig angesehenen schriftlichen Berichten dar.

Auch wenn dies nun alles sehr Gefühlsbetont erscheint, was ich hier schreibe, möchte ich nochmals darauf hinweisen, dass ich diese »heiligen« Berichte, nur genauso betrachte, wie einen Film oder einen Fantasie-Roman! Ganz anders sehen dies natürlich die Gläubigen und deren Vorsteher.

Doch wird Gott in diesen Schriften zu grausam dargestellt, wird dies sogleich uminterpretiert oder alles nur als Gleichnis und Metapher ausgelegt. Wenn alle Ausreden dennoch nicht greifen sollten, wird dann halt Satan zum Sündenbock gemacht und alle jubeln wieder Gott zu.

Die Geistlichen und Gelehrten stellen Satan immer als *den* Bösen dar! Doch auf welcher Basis beruht diese Behauptung überhaupt?

Ist es nur deshalb, weil Satan den Menschen eine gewisse Art von Spaß und Ungezwungenheit eingesteht, die in den Augen der konservativen Geistlichkeit nicht genehm oder zu frei ist? Wollen diese eventuell nicht, dass die Menschen Spaß am Leben haben und ihren angeblich von Gott gegebenen freien Willen gebrauchen?

Mag sein, dass nicht alles was Spaß macht, auch immer förderlich für den einzelnen Menschen ist, aber wo kämen wir hin, wenn wir den ganzen lieben langen Tag, nur Beten und schlafen würden? Ab und zu mal spazieren gehen und im Wald die frische Luft einatmen? Sicherlich kann so eine Lebensweise nicht schaden, doch Spaß würde dies den meisten Menschen nicht machen! Wenn Gott den Menschen nur *den* »Spaß« zugestehen wollte, den uns die Religionen vorschreiben wollen, wieso hat deren Gott dann beispielsweise psychedelische Substanzen in Pflanzen erschaffen, wenn diese nicht konsumiert werden dürfen? Warum produziert die Hanfpflanze dann THC? Warum gären Früchte und entsteht dabei Alkohol? Sind das nach deren Schriften nun Gottes oder Satans Schöpfungen und Erfindungen? Kann Satan überhaupt schöpferisch Tätig sein, wenn angeblich Gott der alleinige Schöpfer *aller* Dinge ist?

Der Slogan: »Sex, Drugs and Rock´n Roll«, würde in Gottes Gebots-Vorstellung der Religionen dann eher lauten: »Vermehrung, Milch und Kirchenlieder (Lobgesänge)«

Wer in so einer Welt leben möchte, hat noch nie wirklich gelebt sondern bisher nur existiert! Denn es gibt einen großen Unterschied, zwischen leben und nur existieren. Zu leben, bedeutet frei zu sein, machen können, zu was man Lust hat, nicht nach irgendwelchen religiösen Zwängen und Vorgaben vor sich hin zu siechen. Dies schließt natürlich nicht aus, dass man sich wie jeder andere in der Gesellschaft, auch an die Gesetze der Allgemeinheit hält und sich mit einem guten Gewissen, moralisch einwandfrei verhält! Denn nur, weil man gerne Techno oder Rockmusik hört, sich des Öfteren mit einvernehmlichem Sex die Zeit vertreibt, in maßen Alkohol und andere Drogen konsumiert und gerne Partys feiert, muss man noch lange kein schlechter oder böser Mensch sein!

Habe schon einige Christen und Moslems erlebt, die ohne Gewissensbisse, kleinere Tiere gequält oder einfach so zertreten haben. Gegenüber von Death-Metal Liebhaber oder Menschen die sich der Gothic-Szene angeschlossen haben, die von religiösen Menschen oftmals als Satansanbeter denunziert werden, jeden Käfer und jede Fliege leben lassen und sanft aus der Wohnung ins Freie setzten.

Soll heißen: Nicht die Religiosität, macht einen zu einem besseren Menschen, sondern der Charakter des Einzelnen und dessen innere Einstellung des Herzens! Dabei spielt es absolut keine Rolle, wie sich derjenige Kleidet, er seine Haare hat, welche Musik er hört und welchen Vorlieben er in seiner Freizeit nachgeht. Am wenigsten spielt dabei eine Rolle, ob derjenige an Gott, an Satan oder sonst wen glaubt oder nicht!

In einer total »Gottgefälligen« religiösen Welt in der es nie mehr heißen dürfte: »No Risk no Fun!«, wäre wahrscheinlich sogar ein Sprung vom fünf Meter Brett im Schwimmbad Verboten, da es gefährlich sein könnte. Zudem müsste man beim Schwimmen dann einen Ganzkörperanzug tragen, der bis zum Hals geht und sogar das Haar bedeckt. Das Männer und Frauen in ein und demselben Becken schwimmen dürften, wäre ja dann auch so was von unanständig, dass Schwimmbäder dann bestimmt ganz abgeschafft würden.

Wenn ich mich entscheiden müsste, zwischen einem 70 jährigen Leben im Stil der Religionen oder einem nur 40 jährigen Leben, in einer Art, dass es mir auch Spaß macht, würde ich gerne auf die restlichen 30 Jahre Zwang und Langeweile verzichten.

Doch selbst, wer sich nach religiöser Ansicht für die kürzere Lebenszeit mit Spaß entscheiden würde, hätte dann nicht nur weniger gelebt, sondern würde dann trotzdem noch, mit einer ewigen Qual in der Hölle bestraft oder würde beim kommenden Gerichtstag Gottes umgebracht werden. Bestimmt gibt es auch Hardcore-Religionen, die Lehren, dass die Menschen, die sich nicht an deren Dogmen halten, beides widerfährt (also erst von Gott ermordet und danach ab in die Hölle)!

Hierzu kann ich nur eines sagen: »Ein hoch auf den angeblichen freien Willen, den ich, wenn ich ewig leben möchte (im Himmel oder auf der Erde), eigentlich gar nicht gebrauchen darf!« Dies wird wahrscheinlich auch Satan erkannt haben. Und damit er den Menschen diese Wahrheit nicht vermittelt, wurde er kurzerhand verbannt und als der Böse abgestempelt und denunziert! Dementsprechend, spielt Satan in meinen Augen nur die Rolle des Sündenbocks. Vielleicht wird er auch deshalb des Öfteren mit einem Ziegenkopf dargestellt, um den aufmerksamen denkenden Menschen dies aufzuzeigen.

Wer muss all das Leid nun verantworten?

Wenn Gott das Leid nicht wollte, hätte er ja den Menschen so erschaffen können, dass sich die Menschen zumindest gegenseitig kein Leid zufügen können. So eine Art Gen-Bremse für physische und psychische Gewalt und abartiger Sexualität wie beispielsweise Sodomie (Sex mit Tieren).

Heute nennt man die Eigenschaft, die einen bremst etwas Schlechtes zu tun, Gewissen. Doch dieser evolutionäre Schutzmechanismus, wird leider immer noch als göttliche Führung ausgelegt. Doch wäre es eine göttliche Führung, wäre das Gewissen bei ausschließlich *jedem* Menschen *gleichermaßen* vorhanden! Doch die Evolution sortiert das weniger Vorteilhafte erst im Laufe der Zeit aus und deshalb gibt es leider auch noch Menschen, die auf gewissenlose Weise handeln und dadurch anderen Schaden zufügen. Die meisten Menschen jedoch, gehören zum Glück schon der Überlebenslinie an, die ein besseres, funktionierendes Gewissen aufweist, welches für die weitere Lebenserhaltung der Spezies Mensch viel Vorteilhafter ist. Deshalb werden sich die Menschen, mit funktionierendem Gewissen auch in der Zukunft eher behaupten, als jene, deren Gewissen einen Defekt zum Unvorteilhaften aufweist.

Nach diesem kleinen Abstecher, möchte ich nun wieder auf die Religionen und ihren angeblich verantwortungsvollen, vollkommenen, liebevollen, barmherzigen und alles verzeihenden Gott zurück kommen, der angeblich all das uns umgebende Leid nicht wollte oder will. Jesus sagte einmal »An ihren Früchten werdet ihr sie erkennen!« Heute würde man sagen »Taten sprechen mehr als Worte!«

Doch welche Taten hat Gott selbst begangen?

Wieso hat Gott Massenhaft Menschen abschlachten lassen?

Wieso hat Gott Lebewesen wie Viren und Bakterien erschaffen, die Menschen krank machen oder sogar töten können?

Wieso gibt es giftige Pflanzen und Tiere, die den Menschen schaden können?

Weshalb kann ein Raubtier nicht erkennen, ob seine Beute die vor ihm steht, ein Mensch ist den er nicht reißen soll?

Dieses Wieso, Warum, Weshalb, welches Gott durch seine angebliche Schöpfung als Unverantwortlich straft, könnte man Endlos weiterführen. Hier wird nun wieder der Aufschrei der gottestreuen Gläubigen kommen, die behaupten, dass dies nicht Gottes, sondern Satans Schuld wäre und dieser für alles Negative die Verantwortung trage.

Der Streit zwischen Gott und Satan, wer nun schuld hat, an all dem Leid, erinnert mich irgendwie an die Meinungsverschiedenheiten zwischen Linker- und Rechter Politik. Keine der beiden politischen Meinungen sind ausnahmslos gut oder durchgängig böse, keiner der beiden hat *die* bessere oder *die* schlechtere politische Meinung. Beide beanspruchen jedoch für sich selbst, im absoluten Recht zu sein und schieben die Schuld, wenn es dem Land nicht so gut geht, ohne Rücksicht auf Verluste der Gegenpartei zu. Hauptsache sie können die anderen am besten denunzieren und schlecht machen, um den Anschein zu wahren, selber besser dazustehen. Doch es gibt leider keine politische Meinung, die allumfassend und vollkommen im Recht ist und mit der alles Elend abgeschafft werden kann! Denn ob dies gelingen könnte, liegt alles nur im Auge und in der Fantasie des Betrachters selbst! Genau so, wird es auch in der Religion gehandhabt. Hier wird jedoch immer Satan als Leid-Verursacher angeprangert und Gott als der immerwährende Gute. Doch da beide nur imaginäre Fantasiewesen sind, die den Geist der Gläubigen vor der eigentlichen Wahrheit verschließen, ist es unausweichlich, dass es die Menschen selbst sind, die sich und ihrer Umwelt schaden und all das Leid antun. Doch da leider noch viel zu viele Menschen einer Gottesfigur als Leit- oder Vaterfigur nachjagen zeigt, dass sie noch nicht reif genug sind, ihre schlechten Eigenschaften und gewissenlosen Taten, sich selbst einzugestehen und dafür selbst die Verantwortung zu übernehmen. Sie verhalten sich wie kleine Kinder und dementsprechend bezeichnete Jesus die Menschen damals auch als solche. Da Kinder im Allgemeinen noch Jung und unreif sind, benutzte er eventuell diese Metapher für Menschen, die an etwas glauben müssen, um ihr eigenes Leben überhaupt meistern zu können.

Die Menschheit ist nun mal noch sehr Jung oder unreif, was die moralische Vollkommenheit betrifft. Hier sind noch viele tausende Jahre

Evolution nötig, damit die Spezies Mensch wirklich harmonisch und gewissenhaft miteinander und mit ihrer Umwelt leben kann.

Wenn ich Jesus zitiere, bedeutet das nicht, dass ich ihn als Sohn Gottes oder als Propheten dessen betrachte. Es sagt nur aus, dass dieser Mann auch positive und hilfreiche Äußerungen unter das Volk getragen hatte, wie andere weise Philosophen und Freidenker auch. Hierbei spielt es auch keine Rolle, ob Jesus nun eine reale Person war oder eventuell auch nur eine erfundene fiktive Figur aus einer ausgedachten Geschichte! Dass man auch fiktiven Figuren Weisheiten in den Mund legen kann, zeigt die Literatur zur Genüge.

Da ich mich hier auch viel über die moralischen Werte der »heiligen« Schriften entrüste, bedeutet nicht, dass ich es nicht auseinander halten kann, welche Moralvorstellungen in früherer Zeit, in kultureller Weise als akzeptabel galten und welche es heute sind. Es geht mir aber dennoch darum, herauszustellen, dass viele religiöse Vorgehensweisen in der Neuzeit absolut indiskutabel sind. Die Menschheit hat in den letzten 100 Jahren viel dazu gelernt und das *nur*, weil sie sich von negativen religiösen Moralvorstellungen lösen konnte, die ohne die Hilfe von Agnostikern und Atheisten nicht möglich gewesen wäre. Würden diese heute noch verfolgt, gefoltert, verbrannt, gesteinigt oder weggesperrt, hätten wir wahrscheinlich immer noch die Sklaverei, Frauen Unterdrückung, Ehrenmorde, Blutrache, Kreuzzüge, Inquisition, Hexenverbrennungen und Steinigungen. Vielleicht würde man heute dann auch noch kleine Mädchen mit alten Säcken verheiraten und würde kein Wort über die abscheuliche Pädophilie verlieren.

Eines kotzt mich dennoch immer wieder an. Dass sich die Religionen, ganz vorne das ach so »heilige« Christentum anmaßt, dass diese heutige tolerante und weltoffene Moral ihr Verdienst wäre. Nur weil sich die meisten christlichen Religionen mittlerweile an dieses neuere Weltbild angepasst haben, bedeutet nicht, dass sie es auch bewirkt haben. Denn wenn man genauer hinsieht, haben die heutigen christlichen Religionen mit dem damaligen frühen Urchristentum und dem darauffolgenden Christentum des Mittelalters überhaupt nichts mehr zu tun. Was man natürlich als Vorteilhafte Veränderung bezeichnen kann.

Eigentlich sind die heutigen liberalen und weltoffenen christlichen Religionen und ihre Gläubigen nur noch Pseudo-Christen, die ihr »heiliges« Buch die Bibel nur noch zum Ausschlachten der Positiven Inhalte gebrauchen. Mit dem eigentlichen Christentum hat das aber zum Glück nichts mehr zu tun! Dies zeigt ganz klar, dass die meisten sogenannten Reformen aus weltoffenen und freien agnostischen Weltanschauungen entnommen wurden und nicht aus theologischen Dogmen.

Eines dieser wenigen Dogmen, die sich Positiv auf die Menschheit ausgewirkt haben, nachdem dem einfachen Bürger die Bibel zum lesen zugänglich war, waren die Worte, die Jesus damals sinngemäß gesagt haben soll: »Liebe deinen Nächsten wie dich selbst« oder wie es der Volksmund immer wiedergibt: »Was du nicht willst was man dir tut, das füge auch keinem anderen zu«. Doch selbst diese »Weisheiten« sind heutzutage überholt! Denn wenn sich jemand aus Lust selbst ritzt, an Fleischerhaken schaukelnd die Schmerzen genießt, sich geißelt, oder an ein Kreuz schlagen lässt wie es einige Hardcore-Gläubige an sogenannten Prozessionen zu Ehren ihres Erlösers vormachen, wäre es moralisch verwerflich mit seinen Mitmenschen genauso zu verfahren. Auch gibt es Menschen, die dem Sadomaso frönen oder in der Ehe fremdgehen ohne Gewissensbisse zu haben. Sogar Kreditvergaben mit Zinseszins können heute ein Leben finanziell und psychisch zerstören. Demnach müsste es nach meiner »Weisheit« heute heißen: »Füge niemandem etwas zu, das derjenige als Leid empfindet oder ihm später einmal Leid zufügen wird und gib jedem worüber dieser sich freut und ihm Glück beschert, solange es auch du verantworten kannst!« Wie kann es sein, dass ein allwissender Gott nicht schon früher solche sinnvolleren Regeln aufgestellt hat, mit dem Blick auf kommende Zeiten? Denn dieser Spruch wäre früher doch auch nicht verkehrt gewesen oder?

Doch statt seine vollkommene Weisheit zu gebrauchen um die Menschen zu belehren, war das das Einzige, was dieser Gott den Menschen zukommen gelassen hatte, dass er das erste Menschenpärchen mit einem Fluch bestrafte, der noch heute über der ganzen Menschheit liegen soll. Und diesen aussprach, wegen einer unglaublich lächerlichen Verfehlung!

Über dieses Dogma möchte ich im nächsten Abschnitt dieses Buches schreiben, um die Fesseln der Religion, die den Geist gefangen halten etwas mehr zu lösen.

Adam, Eva und die Erbsünde

Dass Gott laut den »heiligen« Schriften wie ein Kind im Sandkasten beschrieben wird, das die Menschen aus Erde, Lehm, Matsch und einer Rippentransplantation zusammen gebastelt haben soll und durch seinen Atem zum Leben erweckt haben soll, ist für mich so unterirdisch dass ich diesen Teil gerne überspringen möchte. Hier haben die Evolutionsbiologen sowieso die besseren Argumente.

Was ich als weitaus wichtiger erachte, ist das Dogma der Erbsünde oder Weitervererbung der Sünde an unser aller Vorfahren. Der erste Sündenfall soll ja, zumindest nach den religiösen Gelehrten, angeblich einer der Hauptgründe sein, weshalb es so viel Elend und Leid auf der Erde gibt.

Doch welche Rolle spielt der Ruf Gottes hierbei?

So, nun mal Klartext: Der Gott der Liebe, der allwissend und allmächtig ist, schenkt zwei Menschen das vollkommene Leben mit »freiem« Willen im Paradies, um es ihnen nach einer gewissen Zeit wieder wegzunehmen! Warum? Nun, weil sie ihren »freien« Willen gebrauchten um eine Frucht von einem Baum zu essen, der als »Baum der Erkenntnis« bezeichnet wird. Zusätzlich bekamen sie noch den Fluch für Schmerzen, Krankheiten, Ängsten und langsamen Zellverfall bis zum Tod auferlegt.

Dies alles, obwohl Gott es durch seine Allwissenheit schon vorher wusste, dass sie sich nicht an seine Anweisungen halten können. Eigentlich spielt es gar keine Rolle, weswegen sie sich nicht an sein Gebot gehalten haben. Denn sie hätten es nie gekonnt, da sie schon so erschaffen wurden und Gott wusste das!

Zudem, wollten sie durch ihren »Ungehorsam« ja nur wissen, was nun Gut und was Böse ist! Ist das wirklich ein Verbrechen, das diese Flüche verdient? Was bitteschön hat das noch mit Liebe zu tun, solche drakonischen Strafen für so eine Pillepalle »Straftat« zu verteilen? Wo war zu diesem Zeitpunkt der Geschichte, die so hoch gelobte Barmherzigkeit Gottes, seine so oft zitierte Eigenschaft des Verzeihens? Ab hier könnte man die Bibel eigentlich schon zuschlagen und auf den Tod warten, mit der Hoffnung, dass die ganze »heilige« Schrift, nur ein schlechter Scherz oder eine Ansammlung von Manuskripten für einen umfangreichen Fantasy-Roman war. Denn wenn *dieser* Gott wirklich existieren würde, na dann gute Nacht!

Wäre es hier nicht besser, gottlos durch die Welt zu gehen, als einen allmächtigen, allwissenden, jähzornigen, Millionen und Abermillionen von Menschen abschlachtenden Massenkiller anzubeten, mit der Hoffnung, dass dieser einen guten Tag hat, wenn man ins Gras beißt und damit er einen nicht in die Hölle abschiebt, in der man dann, wenn man Glück hat und 80 Lebensjahre übersteht, in denen man aber nach Gottes Meinung ein sündiges Leben geführt hat, als Strafe dafür für alle Ewigkeiten gequält wird? Haben die meisten von uns Menschen nicht schon zu Lebzeiten genug gelitten? Wieso wird man nach seinem Tod auch noch dafür bestraft, wenn man sich dieses elende Leben etwas versüßen möchte, auch wenn es gegen das Sündenregister dieses Gottes verstößt?

Welche Strafen dieser Gott verteilt für larifarie Verfehlungen kann man ja an der »Begebenheit« von Adam und Eva sehen! Zudem wusste er es ja schon im Voraus, wer nach seinen Vorgaben leben kann, und wer nicht. Auch, wer das kranke *Menschenopfer* Jesu als Segen annehmen wird und wer nicht.

Wer, wenn nicht Gott, müsste eigentlich wissen dass wir alle verschieden sind und unser Leben auch auf verschiedene Arten und Weisen bestreiten?

Was hat dieser Gott eigentlich davon Menschen zu bestrafen, außer einer eventuellen Genugtuung?

Macht der Mensch ihm dadurch etwas kaputt was ersetzt werden müsste, wenn er sein Leben so gestaltet wie er es als Mensch aus Fleisch und Blut für befriedigender empfindet? Oder nimmt man ihm dadurch etwa seine Eigenschaften weg, die ja das einzige sind, was für diesen Gott wichtig zu sein scheinen?

Wem sollen solche Strafen etwas bringen? Eine ewige Qual oder ein ewiger Tod, kann ja nicht mehr als Erziehungsmaßnahme angewendet werden, da es sinnlos wäre, weil es kein Zurück mehr gibt, um etwas besser machen zu können, was man dadurch gelernt hätte!

Wer trägt nun die Verantwortung für all das jetzige Leid auf Erden und auch für das angeblich spätere Leid in der Hölle?

Satan der Teufel, der sich als Schlange tarnte und den Menschen die Augen geöffnet hat? Adam und Eva, die ihren angeblich freien Willen gebrauchten? Oder müsste Gott nicht selbst die volle Verantwortung tragen, da er ja *alle* Beteiligten so erschaffen hatte und auch schon von vornherein gewusst hatte, wie sich alles entwickeln würde?

Selbst der Hinweis an Adam und Eva, dass sie bestimmt sterben würden, wenn diese vom Baum der Erkenntnis essen würden, ist irrelevant.

Denn da sie die ersten Menschen waren und ein ewiges Leben versprochen bekamen, konnten sie mit dem Begriff »sterben« oder »Tod« überhaupt nichts anfangen. Sie konnten sich den Tod, die Trauer und die psychischen Schmerzen, die dieser Zustand mit sich bringt, nicht einmal vorstellen, da vor ihnen noch nie jemand gestorben war!

Ein anderer Aspekt ist: Wäre der Tod und das damit einhergehende Leid Adam und Eva wirklich bewusst gewesen, hätten sie mit sehr hoher Wahrscheinlichkeit die Frucht dieses Baumes bestimmt nicht angerührt. Schon allein, wenn ein Tier auf einmal anfängt mit einem zu sprechen, sollten eigentlich die Alarmglocken anfangen zu läuten! Oder würden Sie eine Frucht oder Pflanze essen, von der Sie genau wissen dass diese giftig ist, selbst wenn ein sprechendes Tier ihnen weismachen wollte, dass diese Pflanze nicht giftig sein soll?

Mal ehrlich, so blöd können vollkommene Menschen doch nicht sein! Wenn doch, wären sie dann wirklich vollkommen?

Zu alledem kommt noch, dass alle Menschen diese Ur-Sünde vererbt bekommen haben sollen. Deshalb soll es ja immer noch Schmerz und

Leid geben und deshalb müssen wir für unsere lebensnotwendigen Mittel hart arbeiten. Zum Glück nicht mehr unter Schweiß, Tränen und Blut wie es so extrem übertrieben in der Bibel beschrieben wird. Bis auf den Schweiß vielleicht. Viele Gläubige nehmen dies einfach so an und *bitten* sogar noch *um Vergebung ihrer Sünden, die sie geerbt haben* sollen!

Lassen Sie mich das einmal an einem sinnbildlichen Beispiel veranschaulichen: Das amerikanische Rechtssystem, ist dafür bekannt, dass es Schwerstverbrecher auch mal zu mehreren Malen lebenslänglicher Haft verurteilt. Gehen wir jetzt einmal mit der religiösen, angeblichen Sicht und Handlungsweise Gottes der vererbten Ur-Sünde an diese Sache heran. Nehmen wir an, eine Frau würde zu fünf mal Lebenslänglich verurteilt werden. Diese hat einen Mann und eine Tochter. Nach 15 Jahren Haft stirbt sie im Gefängnis. Doch um die restlichen vier mal Lebenslänglich verbüßen zu können, werden jetzt ihr Mann und ihre erwachsene mit Zwillingen schwangere Tochter ins Gefängnis geworfen, bis diese sterben. Da aber immer noch zweimal Lebenslänglich offen sind, werden die beiden Nachkommen der Tochter, die diese im Gefängnis zur Welt gebracht hat, gleich dort behalten bis auch diese sterben. Mal ehrlich, Gerechtigkeit geht anders oder? In diesem Fall mussten nun vier unschuldige Menschen in lebenslange Haft, nur wegen der Verfehlung einer einzigen Person. Doch in dieser Veranschaulichung geht es »nur« um vier Menschen, denen es versagt wurde, ein normales glückliches Leben zu haben. Im Fall der Erbsünde sind aber ausnahmslos *ALLE* Menschen betroffen!

Handelt so ein liebevoller und barmherziger Gott? Wenn ein Mensch so handeln würde, würde man diesen einen berechnenden kriminellen Soziopathen nennen, aber wenn es sich um Gott handelt wird er dafür verehrt und um Verzeihung gebeten. Für mich leiden alle Gläubigen, die so einen Gott anbeten, an einer *Art* Stockholm-Syndrom. Denn sie wurden nach ihrer Geburt, von ihren Erziehungsberechtigten in ein Umfeld übergeben, das ihren Geist gefesselt und aus der Rationalität entführt hat. Seitdem hängen diese Menschen nun an einem geistigen Entführer, ein imaginäres Wesen, das sie Gott nennen und dem sie huldigen und Lobpreis darbringen müssen, damit sie nicht ewig in der Hölle schmoren oder am Tag des Gerichts umgebracht werden. Einige haben dadurch eine sehr kranke Definition der Liebe zu diesem Wesen entwickelt, das nur in deren Einbildung existiert. Schon allein die Lehre, dass Gott ihnen die Möglichkeit gibt ihr sündigendes Verhalten ihm gegenüber bereuen zu können, welche die Auswirkung seines eigenen Fluches an die Menschheit ist, bezeichnen sie als Liebe. Wenn diese Leid erfahren, bedanken sie sich auch noch dafür, dass ihnen »nur« dieses Leid widerfahren ist und es nicht schlimmer war! Sie würden sich sogar dafür bedanken, dass wenn sie von einem Zug erfasst und kilometerweit mitgeschleift wurden, dass sie noch »leben«, auch wenn sie nur noch ihren Kopf bewegen und flüssige Nahrung zu sich nehmen könnten. Nein, so etwas ist keines Dankes wert und schon gar keine Liebe, jemandem so etwas überhaupt zuzumuten, wenn man allmächtig ist und dies hätte verhindern können. Es wäre nicht mal eine große Sache gewesen, dies zu verhindern. Es hätte schon ausgereicht, den Zug etwas verspäten zu lassen oder kurz die Bremsen auszulösen, als »kleinen technischen Fehler«. In solch einer Situation würden viele Gläubige ihren Gott wahrscheinlich sogar noch als barmherzig ansehen und sich bedanken und sagen: »Danke dass ich noch lebe, auch wenn ich wegen Deiner unterlassenen Hilfeleistung leide, darf ich Dich trotzdem anbeten und verehren!«

Ist DAS Liebe? Nein, das ist KRANK.

Wer an so einen Gott glaubt und diesen auch noch verteidigt, tut mir mittlerweile nur noch leid!

Die Frau ist an allem schuld?!

Wenn man sich den Bericht von Adam und Eva von einem Geistlichen erklären lässt, kommt indirekt der Hinweis, dass wir die heutigen schlechten Lebensumstände hauptsächlich Eva zu verdanken hätten. Denn wenn Eva, dem Adam die Frucht des Baums der Erkenntnis nicht gereicht hätte, dann würden die Männer heute nicht an der Erbsünde mitleiden. Dementsprechend konnte der Schreiber dieses Berichts nun ganz leicht hinzufügen, dass die Frau nun dem Mann untertan sein soll, da diese den Mann damals, ja ach so hinterhältig betrogen habe. Da Eva nun mal die erste Frau war, wird diese Schuld sogleich auf alle anderen Frauen projiziert. Schwuppdiwupp, hat nun der Mann immer das sagen und die Frauen konnten nach gut dünken unterdrückt werden. Vielleicht hatten ja die Frauen vor diesen »Gottesoffenbarungen« das Sagen und um dies zu ändern, musste ein Wesen erfunden werden das es erlaubt, dies umzukehren. Eventuell waren die Männer zwar körperlich überlegen, aber die Frauen waren die klügeren. Um nun den Mann nicht als Stark und Dumm dastehen zu lassen, musste jemand her der klüger ist als die Frauen, damit dieser nun das Sagen hat. Mit einem erdachten *männlichen* Gott, der nun das Sagen hatte, konnte dieser bestimmen, dass nun der Mann das Oberhaupt der Familie ist und die Frau nach dessen Pfeife tanzen müsse. Dies führte jedoch letztendlich sogar soweit, dass die Frauen nur noch, als biologische Gebärmaschinen herhalten durften und natürlich um die Männer sexuell zu beglücken und zu bedienen. Als ob es nicht schon schlimm genug wäre, haben sich diese erfindungsreichen Männer auch noch die Geschichte der speziellen Erbsünde für Frauen ausgedacht. In der dieser Gott, nicht nur Eva, sondern allen nachfolgenden Frauen, die Strafe der Monatsblutung ausgesprochen hatte. Ganz zu schweigen, von den höllischen Geburtsschmerzen, die alle Frauen, angeblich erst ab diesem Zeitpunkt erleiden mussten, wenn sie ein Kind auf die Welt bringen.

Doch was ich mich frage ist:

Wie hätte Gott dies ohne diese spezielle extra Strafe für die Frauen geregelt? Wäre das Baby dann als Wurm aus der Scheide herausgekrochen und hätte sich dann erst mit einem lauten Plopp entfaltet? Wäre es etwa so gewesen, wie bei bekannten Beuteltieren wie den Kängurus, dass ein ca. 5 cm kleiner Säugling unten herauskrabbelt und sich in einem Hautbeutel einnistet bis er groß genug ist? Hätte vielleicht damals auch nur der Kinderwunsch ausgereicht und Schwuppdiwupp, wäre ein Kind mit dem gewünschten Geschlecht und Aussehen neben der Mutter gelegen? Dies werden wir wohl nie erfahren, da Eva überraschenderweise, ja erst *nach* dem Biss in die Frucht, Kinder bekam. Wobei ich mich auch frage, wie lange Adam und Eva schon vor dem Sündenfall im Paradies zusammen lebten? Nun, lang kann es bestimmt nicht gewesen sein, sonst hätten sie doch bestimmt schon Nachkommen gehabt! Oder hat Gott ihnen zwar gesagt, dass sie sich vermehren sollen, aber ihnen jedoch nicht erklärt, wie es funktioniert? Ich stell mir gerade vor, wie Adam und Eva auf der Erde knien und verzweifelt versuchen, wie Gott einen kleinen Menschen zusammenzumatschen und den Erdhaufen immer wieder anpusten, mit der Hoffnung dass dieser anfängt zu leben!

Wenn Adam und Eva demnach erst eine kurze Zeit im Paradies lebten, ist Gottes Reaktion noch unverständlicher! Kurz gesagt: Erst erschaffen und sogleich verflucht und verbannt, ohne Chance zuerst etwas über das Leben mit allem was dazugehört lernen und erfahren zu können!

Dass ein Gott der Liebe so verfährt, kann ich wirklich nicht nachvollziehen oder akzeptieren. Dementsprechend sind alle Geschichten und Erzählungen, die den uns bekannten natürlichen Ablauf widersprechen, nur ins Reich der Fantasie zu verbannen. Nach evolutionärem Aspekt, ist es natürlich logisch, dass es nicht schmerzfrei sein kann, wenn sich ein Säugling durch die viel kleinere Öffnung einer Vagina heraus kämpft, um das Licht der Welt zu erblicken. Zudem benötigt es auch einen zeitlichen Ablauf oder Zyklus wie die Menstruation, um für den Körper den Beginn und das Ende der Empfängnisbereitschaft zu bestimmen. Auch müssen die abgestoßenen Teile der Gebärmutterschleimhaut ja irgendwie abgebaut werden, wenn das Ei in der Gebärmutter nicht befruchtet wurde und der Prozess von vorne beginnen soll. Wie bitteschön, soll denn das Blut und der ganze »Schmotter« aus dem Körper ausgeschieden werden, wenn es die Monatsblutung nicht geben würde? Wie wurde dieser Fruchtbarkeitszyklus denn vor dem Sündenfall, von Gott bei Eva herbeigeführt oder bewerkstelligt?

Wenn diese Monatsblutung, *nur* wegen Evas Verfehlung, von Gott eingerichtet worden sein soll, dann ist das aber sehr daneben oder einfach nur Krank!

Wer denkt sich denn solch eine kranke Scheiße nur aus?

So auf die Art: »Was? Du hast in meine Frucht der Erkenntnis gebissen? Boah, dafür musst du und alle deine weiblichen Nachkommen, einmal im Monat aus deiner Vagina bluten, mit Krämpfen, Schmerzen und Stimmungsschwankungen!«

Hallo, …? Wer bitteschön glaubt heutzutage noch so etwas, wenn sein Geist nicht von irgendeiner Religion gefesselt ist?

Der gesunde Menschenverstand sollte hier, bei diesem Thema dennoch überwiegen! Diese angebliche Strafe Gottes, dient nach logischer Betrachtung, doch nur dazu, das weibliche Geschlecht denunzieren zu können. Denn allein schon, dass die Frauen diese *zusätzliche* »Strafe« von Gott auferlegt bekamen, zeigt doch auf, dass diese dann die »schlechteren« Menschen sein müssen und dementsprechend, dann ja auch so behandelt werden dürfen. Doch welche Frau, die heute lebt, kann etwas dafür, dass Eva, diese in Gottes Augen angebliche Verfehlung, damals begangen hatte?

Solch eine »Überlieferung« kann nicht von einem liebevollen, barmherzigen, alles verzeihenden und vollkommenen Gott kommen, sondern kann ausschließlich nur von einer Gesellschaft stammen, die das männliche Geschlecht als überlegen oder als das Bessere ansieht.

Wer weiß, was für eine Gesellschaft wir heute hätten wenn es diese von Männern dominierten Religionen nie gegeben hätte?

Vielleicht wären solche Begriffe wie Gleichbehandlung, Frauenquote, Gehalt und Lohn der Frauen an die Männer anpassen, dann fremd weil es doch sowieso normal wäre. Und Begriffe wie Hausfrau, Kopftuchzwang, Burka, Zwangsheirat würde es auch nicht geben, da keine Unterdrückung stattgefunden hätte oder noch stattfinden würde. Bestimmt wären die vielen verschiedenen Berufe dann auch nicht geschlechtsspezifisch eingeordnet. Es wäre doch bestimmt interessant, mit anzusehen, wenn nicht nur Männer auf dem Bau mit freiem Oberkörpcr zu bestaunen wären, die verschwitzt vor einem Betonmischer stehen, sondern auch gutgebaute Ladys mit knappen Höschen. Ja, da sieht man mal, was einem verwehrt wurde, durch die prüden und Frauen verachtenden Gebote und Gesetze der Religionen! So, nun Spaß beiseite.

Was sich die Religionen in Puncto Frauenunterdrückung erlaubt haben und immer noch erlauben, ist unter aller Sau. Mich wundert es demnach, dass sich überhaupt noch so viele Frauen, mit solchen Religionen verbunden fühlen, deren Gott eine so frauenfeindliche Vorgehensweise erlaubt, duldet oder sogar befiehlt.

Gehen wir einmal davon aus, dass dies wirklich, alles nach dem Willen Gottes geschehen würde. Wieso um alles in der Welt, sollten Frauen, diesen Gott immer noch anbeten wollen, wenn man bedenkt, dass dieser Gott, wegen der Verfehlung *einer einzigen* Frau, zusätzlich *die gesamten weiblichen Nachfahren* mit diesen grausamen Strafen, wie Geburtsschmerzen und der lästigen Monatsblutung verflucht?

Liebe Frauen, bitte denkt ein wenig über solche Dogmen nach, ob diese wirklich Sinn machen oder ob diese doch nur dazu dienen, euch zu unterwerfen. Kein Gott, der voller Barmherzigkeit und Liebe ist, würde euch solche Strafen aufbürden, obgleich er wüsste, dass ihr überhaupt nichts dafür könnt, was die erste Frau *vor tausenden* von Jahren *einmal* verbockt haben soll!

Nachdem ich den biblischen Bericht von Adam und Eva etwas beleuchtet habe, möchte ich nun zu einem anderen, angeblich wahren geschichtlichen Ereignis kommen, das nach meiner Meinung nur ein Märchen für Erwachsene war, welches in religiösen Kreisen aber, als reale Heilige Begebenheit dargestellt wird.

Es geht um die Erzählung der Sintflut.

7 Die Sintflut

Wäre die Sintflut, ein wahres, geschichtliches, von Gott herbeigeführtes Ereignis gewesen, wäre diese der größte Genozid gewesen, den die Welt je erlebt hätte. Dass ein Genozid, aus welchen Gründen auch immer, niemals eine liebevolle Handlung sein kann, müsste jedem einleuchten! Auch, wenn es ihm nicht passt, dass man seinen Gott deswegen verurteilt.

Hierzu ein kleines Gedankenspiel mit folgender provozierender Frage: Wäre die Judenverfolgung etwa gut und liebevoll gewesen, wenn nicht Hitler, sondern Gott, dies befohlen hätte?

Verstehen Sie mich jetzt bitte nicht falsch!

Ich möchte hier Hitler nicht mit Gott vergleichen, sondern lediglich die Taten beider gegenüberstellen.

Beide, wollten die totale Verehrung, *beide* ließen massenhaft Menschen abschlachten, für ihre Ideologie. Der eine war ein Mensch und deshalb war es böse. Der andere nennt sich Gott und dementsprechend wird es akzeptiert oder sogar als gut anerkannt!

Hier trennt sich der kranke gefangene, von dem gesunden freien Geist. Wer hier, ein *bisschen* den Verstand einschaltet, erkennt ganz klar, was beide für eine Einstellung hatten! Trotz alledem, wird dieser Gott immer noch angebetet! Eigentlich sollte er, genau wie Hitler, für diese grausamen Massenmorde verabscheut und angeprangert werden! Doch wer dies macht, wird selbst angeprangert und verurteilt. Welch eine verdrehte Welt, diese religiöse moralische Weltanschauung doch ist!

Wenn man dem biblischen Bericht Glauben schenken will, könnte man ja Gott noch zugestehen, dass es ihm danach ja auch leid tat, was er gemacht hatte, obwohl er durch seine Allwissenheit ja schon vorher gewusst haben müsste, welches Leid eine solche Aktion nach sich zieht. Zumindest versprach er nach der Sintflut, so etwas nie wieder zu tun, um die Menschheit zu bestrafen.

Daraufhin soll er ja auch den Regenbogen geschaffen haben, um mit den Menschen einen Bund einzugehen und um die Menschen daran zu erinnern, dass er sich in Zukunft zurückhalten würde, mit solchen Massenvernichtungen durch Wassermassen.

Doch leider, hatte dieser Gott wahrscheinlich nur die gesamte Erde im Sinn, als er diesen Bund mit der Menschheit schloss. Denn es dauerte gar nicht allzu lange, als er wieder einmal, seine Wut und seinen Zorn nicht unter Kontrolle hatte und daraufhin zwei größere Städte vernichtet haben soll. Um seinen Bund nicht zu verletzen, hat er natürlich kein Wasser benutzt um die Menschen zu ersäufen. Nein, diesmal hat er sie abgefackelt mit Feuer und Schwefel! Na zumindest, hat er kein Wasser mehr benutzt, um die Menschen zu killen. Dies war wohl der erste Fall von ausnutzen eines Schlupfloches im Gesetz oder Umgehung eines Gesetzes, wegen mangelnder klarer Definition! Demnach war Gott hier der Vorreiter und ein Vorbild für die Zukunft. Denn Nachahmer gibt es heutzutage zuhauf! Ein hoch auf die Vorbildfunktion der »heiligen« Schrift!

Was die noch ausstehende Prophezeiung betrifft, die allgemein als Armageddon oder Harmagedon bekannt ist, kann man schon mal davon ausgehen, dass dieses, ach so liebevolle und barmherzige Wesen, die Menschen nicht mehr ersäufen wird, wegen dem Bund.

Feuer und Schwefel, wären dennoch wieder einmal denkbar. Oder wie wäre es, alle Menschen verhungern zu lassen oder zu vergiften. Vielleicht wäre es für ihn auch ein Fest, wenn er die Menschen diesmal einfach aufblähen und zerplatzen lassen würde, wie es sadistische Kinder früher mit Fröschen und einem Röhrchen gemacht haben? Das wäre bestimmt wie Silvester für diesen Gott der Liebe! Denn laut mancher Religionsführer, sind wir für Gott ja nur, wie Ameisen es für uns sind!

Doch im Gegensatz zu Gott, gibt es zum Glück noch Menschen, die auch das Leben einer Ameise für wertvoll halten. Denn Leben ist Leben, egal wie groß oder Intelligent das lebende Wesen ist! Ob ich einen Menschen oder eine Ameise zerquetsche, tot sind sie danach beide! Wer dies noch nicht erkannt hat, sollte sich einmal fragen, ab welcher Größe oder welcher Intelligenz ein Lebewesen für ihn denn das

Recht auf Unversehrtheit und Leben hat, wenn deren Tod nicht zweckmäßig für Nahrung, Kleidung usw. oder dem Selbsterhalt durch Notwehr herbeigeführt werden muss? Denn wer ein Lebewesen tötet, nur weil er es kann, stellt sich auf die gleiche unmoralische Stufe wie dieser Gott, der die Macht hat Menschen zu töten weil er es kann und will! Dementsprechend, dürften solche Menschen diesen Gott dann auch nicht verurteilen. Dabei spielt es keine Rolle, wie dieser Gott die Menschen in der Vergangenheit ausgerottet hat und wie er sie in Zukunft laut den Prophezeiungen, wieder ausrotten will! Ja, der Fantasie sind hier natürlich keine Grenzen gesetzt, wie Gott uns Menschen das nächste mal aus dem Weg räumen könnte.

Wenn er schon bestimmte Menschen von der Erde runter haben will, kann er diese doch einfach verschwinden lassen, ohne Leid und Geschrei, Blutvergießen und verbranntes Fleisch.

Doch um kein Leid zu verursachen, müsste er dann auch deren Verwandte und Freunde mit verschwinden lassen oder deren Erinnerung an die vermissten Personen sofort aus deren Gedächtnis löschen. Dies wäre wenigstens eine gewisse Art, von humanem Massenmord.

Wobei es mir persönlich, außerordentlich schwer fällt, die Worte Massenmord und Human, in einem Atemzug oder Satz zu erwähnen, da dies für mich sehr Paradox ist!

Wenn er doch allmächtig ist, soll er den Menschen mit anderen Lebensvorstellungen, doch einfach einen anderen Planeten zu Verfügung stellen und sie machen lassen was sie wollen. Einmal im Jahr vorbeischauen und sie daran Erinnern, warum sie auf diesem Planeten sind und die anderen gottesfürchtigen Menschen auf der umgestalteten paradiesischen Erde leben dürfen.

Wirklich liebevoll und barmherzig wäre es in meinen Augen, wenn er auch deren Nachkommen, die Möglichkeit einräumen würde, sich ihm anzuschließen zu können. Noch barmherziger würde er sich dann sogar erweisen, wenn er Menschen umsiedeln würde, die sich nachträglich dafür entschließen, nach seinen Gesetzen und Geboten auf der paradiesischen Erde leben zu wollen.

Soviel zumindest einmal, was ich mit meinem »beschränkten« Verstand unter liebevoll und barmherzig verstehe, wenn es um Menschenleben und deren Umgang damit geht!

Vernichtungsprophezeiungen, gleich welcher Art, strafen einen Gott, der sich liebevoll und barmherzig nennt, zu einem Lügner und Scharlatan!

So, nun aber zurück zur Sintflut und deren Glaubwürdigkeit.

Was mich an Menschen fasziniert, die an die Sintflut im wörtlichen Sinne glauben ist, was man anderen einreden kann, obwohl es der absoluten Realität, dermaßen widerspricht, dass ich nur noch schmunzeln kann. Wenn an dieser Überlieferung doch etwas wahr sein sollte, müsste die Geschichte von der Sintflut und der Arche das absolut größte *technische* Wunderwerk in der Bibel sein, das dort beschrieben wird. Aber leider ein Wunder, das sich in keinster Weise wissenschaftlich oder geologisch beweisen lässt! Außerdem stellt sich die Frage, wieso ein allmächtiger Gott, ein Wunder nach dem anderen aneinander reihen soll, wenn doch nur ein einziges nötig gewesen wäre? Wieso dieser Umstand, mit einer derart alles überschwemmenden Flut, die in der Zukunft niemand mehr wirklich nachvollziehen oder als real betrachten kann?

Es gibt mehrere Punkte, auf die ich hier eingehen möchte:

1.) *Der Bau eines leider viel zu kleinen schwimmenden Kastens!*

Abgesehen davon, ob ein Holzkasten der umgerechnet 140 Meter lang, 19,20 Meter breit und 25,40 Meter hoch war, überhaupt schwimmen kann, sei dahingestellt. Doch dass dieser Kasten, von jedem existierenden Landlebewesen und jeder Vogelart, jeweils mindestens ein Pärchen beherbergen konnte, ist mehr als unwahrscheinlich. Auch wenn nach diesen Maßangaben eine Stattliche Größe von 68.275,2 m³ sehr groß erscheint, würde die Arche aus allen Nähten platzen, wenn man dort alle diese Tierarten unterbringen wollte. Damals sollen zwar noch nicht so viele verschiedene Arten *entdeckt* gewesen sein, aber es müsste diese nach der Schöpfungstheorie auf jeden Fall schon gegeben haben. Denn Gott soll ja am Ende des sechsten Tages die *gesamte* Schöpfung vervollständigt haben und ab dem siebten Tag nur noch die Ruhephase eingerichtet und selbst geruht haben. Während dieser Ruhephase, die immer noch anhält, soll Gott ja *nichts* mehr erschaffen haben.

Nun, bis heute soll es ca. 6,5 Millionen Arten von Tieren geben, die auf dem Land leben. Trotz dieser hohen Zahl, werden dennoch immer wieder neue Arten entdeckt. Gehen wir nun davon aus, dass es »nur« diese 6,5 Millionen Arten gegeben hat, die Noah unterbringen musste. Dann dürfte die durchschnittliche Größe *einer* Art nicht größer als 0,0105 m³ gewesen sein (also grob 1.1 cm hoch, breit und lang), wenn man diese vereinfacht in Würfelform darstellen würde.

Da für das weitere Überleben einer Art aber immer mindestens Zwei von einer Art benötigt werden, schrumpft der Platz auf 0,00525 m³. Das ist nicht mehr, als 5,5 mm hoch, lang und breit! Hierbei ist die gesamte Arche aber als *ein* Hohlraum zu sehen, der ohne Zwischenräume mit Getier gefüllt wäre. Also nicht gerade eine Artgerechte Haltung! Zu einer Artgerechten Haltung gehört nicht nur der Auslauf für bestimmte Arten, sondern auch ein zusätzlicher Mehrbedarf an verschiedenen anderen Arten und allerlei Pflanzen und Früchten, die als Nahrung für diese Lebewesen gehalten, gezüchtet und gezogen werden müssten. Denn mit ein wenig Proviant für alle wäre Noah nicht weit gekommen, da die Sintflut laut dem Bibelbericht 1 Jahr und 10 Tage dauerte.

Zur Veranschaulichung ein kleines Beispiel:

Ein Afrikanischer Elefant benötigt *am Tag* ca. 200-300 Kg an pflanzlicher Nahrung und ca. 100 bis 150 Liter *Süßwasser*!

Das bedeutet, das Noah für nur *einen* Elefanten, von dem es heute leider nur noch drei verschiedene Arten gibt, zwischen 75.000 Kg und 112.500 Kg Nahrung und 37.500 Liter bis 56.250 Liter Süßwasser unterbringen musste! Wobei man auch beachten muss, dass sich Nahrung, in welcher Form auch immer, in der damaligen Zeit, kein ganzes Jahr gehalten hätte. Demzufolge müsste Noah diese Nahrung ja *auch* auf der Arche angebaut haben. Ab spätestens hier, müsste jeder logisch denkende Mensch schon stutzig werden! Denn wie viele Äcker hätte Noah auf dieser einen Arche zusätzlich noch bereitstellen müssen, um für die ganzen Tiere Nahrung anbauen zu können?

Was mir gerade noch einfällt, sind die Millionen von Fischarten, die zum Überleben *ausschließlich* Süß- oder Salzwasser benötigen. Diese müsste Noah doch auch einfangen und in Aquarien unterbringen.

Denn die *einzigen* Fischarten die im Wasser der überfluteten Erde überleben könnten, wären so genannte Wanderfische wie Lachse, Meerforellen oder Aale, da diese sowohl in Salz als auch in Süßwasser leben können. Denn die salzigen Meere, würden sich ja mit den Süßgewässern und dem Regen oder Tau, das auch aus Süßwasser besteht, vermischen und dadurch, würde ein einziges riesiges Gewässer entstehen, mit einem geringerem Salzgehalt. Also ein Gewässer, das weder süß noch richtig salzig ist, indem nur wenige Fischarten existieren könnten.

Wenn man nun noch Zwischenbalken, Böden und Decken usw. mit einbezieht, zudem noch das nötige Futter, lebensnotwendige Gegenstände für Noah und seine Familie, dann schrumpft die Durchschnittsgröße einer Art immer mehr.

Wenn man dies alles mit einschließt und beachtet, kann diese Geschichte einfach nicht stimmen. Summa summarum war die Arche viel zu klein, um der Wahrhaftigkeit des biblischen Berichtes gerecht zu werden.

Wer sich einen kleinen Überblick verschaffen möchte, kann im Internet einmal Gebäude mit ca. 68.500 m³ oder dergleichen suchen, sich diese Anschauen und sich dann ein Bild darüber machen, ob es wirklich möglich wäre, die gesamte tierische Artenvielfalt in doppelter Ausführung in solch einem Gebäude unter bringen zu können!

Die einzige Erklärung die ich mir gefallen lassen würde wäre, dass Noah nur die Geninformationen der verschiedenen Arten mitführte. Wobei er die Tiere später dann auch wieder mit einer Technik zum Leben erweckt haben müsste, die es in der biblischen Zeit angeblich noch nicht gegeben haben soll!

Wer aber über so eine Technik verfügt hätte, wäre dann bestimmt nicht mit einem schwimmendem Holzkasten unterwegs gewesen, sondern eher mit einem Atom-Ionen-Hochseefrachter aus Edelstahl oder Legiertem Metall oder sogar mit einem Raumschiff, das sich auch auf der

Wasseroberfläche aufhalten kann! Zumindest müsste dieses Gefährt, sogar die *heutigen* technischen Möglichkeiten bei weitem übertroffen haben!

2.) *Von jedem Landlebewesen ein Pärchen aufzutreiben und das Weltweit!*

Da Gott dem Menschen immer alle Arbeit allein überlässt bedeutet dies, dass Noah und seine Familie auf der ganzen Welt auf Jagt gewesen sein müssen.

Wie lange würde es wohl dauern, um 13 Millionen verschiedene Tiere zu suchen, einzufangen und zurück nach Hause zur Arche zu bringen (ohne Fische)? Wenn wir ehrlich sind, wären sie heute noch mit dieser Aufgabe beschäftigt! Selbst wenn sie nur einen Abstrich für die DNA gemacht hätten wären sie heute noch damit beschäftigt!

Auch die Antwort auf die Frage, wie Noah die vielen Kleinstlebewesen mit ihren unzähligen Arten hätte unterscheiden und einfangen können, ist uns der religiöse Bericht aus der Bibel bis heute noch schuldig geblieben. Allein von den so geliebten Flöhen, sind bis jetzt 2400 verschiedene Arten bekannt. Auch von den Milben gibt es 50.000 (Fünfzigtausend!) bekannte Arten, in 546 Familien.

Selbst wenn man davon ausginge, dass diese eingefangen werden konnten: Wie um alles in der Welt, sollte Noah diese Arten bitteschön auseinanderhalten können, um sicher zu gehen, dass er von *jeder* Milbenart, nur *ein* Pärchen hat?

Ich dachte immer, dazu bräuchte man *mindestens* so etwas wie ein Mikroskop! Doch wo hatte Noah so etwas her? Wenn dies von Gott bereit gestellt wurde, wieso hat er ihnen diese Technik gleich wieder weggenommen? Wo sind diese technischen Geräte dann geblieben? Wieso hat Gott nichts von solchen Gerätschaften, die Noah als Hilfsmittel dienten, in seinem heiligen alles erklärenden Buch verlauten lassen?

Ach ja, wie hat Noah die gefundenen Arten eigentlich Katalogisiert, um nicht Gefahr zu laufen, dass er verschiedene Arten mehr als nur einmal hat? Bestimmt hat er diese nicht mit Hammer und Meißel in Steinplatten geklopft oder mit einem dünnen Stock oder einer Feder die mit Ruß oder Brombeersaft benetzt waren auf Papyrus geschrieben, oder?

Fragen über Fragen. Und jeder Antwortversuch unserer religiösen Vertreter, ergibt nur, das immer weitere und immer mehr Fragen aufkommen, anstatt für deren Fantasiegebilde die notwendige Aufklärung zu erwirken!

Danke Gott, für diese aufschlussreichen Informationen die du uns in deinen »heiligen« Büchern zukommen gelassen hast! Bin ich froh, dass ich meinen Geist von solchem Unsinn lösen und befreien konnte! Umso mehr ich in diese Thematik einsteige, desto ferner rückt für mich die Existenz eines allmächtigen und allwissenden Gottes!

Und weiter geht´s!

3.) *Es waren nur 8 (Acht!) Leute an Bord der Arche, die sich ausschließlich aus der Familie Noahs zusammen gesetzt hatte?!*

Also 8 Menschen, die sich um 13 Millionen Tiere, die Instandhaltung der Arche und der Alltagsgeschäfte gekümmert haben sollen!

Dies ist bei logischer Betrachtung schlicht absolut unmöglich, wenn man die technischen Voraussetzungen der damaligen Zeit nach der religiösen Sichtweise für wahr hält!

4.) *Regen bis die ganze Erde überschwemmt war, bis mindestens die Spitze des Berges Mount Everest mit seinen 8848 m Höhe bedeckt war?!*

Muss ich dazu wirklich etwas schreiben?

Erstens: Wo hatten Noah und seine Familie eigentlich die lebenserhaltenden Medikamente und Utensilien wie Sauerstoffflaschen und Masken her, damit sie in solch einer Höhe überhaupt überleben konnten, in der die Luft so dünn ist, dass dort nur sehr wenige Vogelarten wie zum Beispiel die Alpenkrähe existieren können?

Ganz zu schweigen von den extremen klimatischen Bedingungen in dieser Höhe, in denen die Temperaturen bis auf -60 °C fallen können! Dies beinhaltet auch, dass so gut wie alle anderen Tierarten die an

Bord der Arche waren, in dieser Höhe nicht hätten überleben können! Hier bitte einmal selber den Denkapparat einschalten!

Wer zusätzlich noch einen weiteren Denkanstoß braucht, kann sich einmal mit dem Handbuch der Trekking und Höhenmedizin von Franz Berghold und Wolfgang Schaffert beschäftigen, welches öffentlich im Internet unter www.alpinmedizin.org als PDF zu finden ist.

Zweitens: Hochwasser ist eine Sache, aber jetzt mal ehrlich: Wo soll bitteschön das ganze Wasser hergekommen sein, das die ganze Erde bis zu 8848 m über dem Meeresspiegel bedeckt haben soll? Wenn mich nicht alles täuscht, ist Regen doch in einen Naturkreislauf eingebunden. Jeder Regentropfen, besteht aus Wassermolekülen, der zuvor von einem *schon bestehenden* Gewässer aus verdunsten musste. Dieses verdunstete Wasser, muss sich dann erst zu Wolken bilden, indem sich mehrere Tropfen zusammenfügen. Wenn die Tropfen in diesen Wolken zu schwer werden, fallen diese wegen der Schwerkraft wieder auf den Erdboden zurück. Dies bedeutet zwangsläufig, es kann also höchstens nur so viel Regen fallen, wie *zuvor* Wasser auf der Erde war! Noch einfacher ausgedrückt: Die ganze Erde konnte nur mit Regen überschwemmt werden, wenn die Erde vorher schon überschwemmt war!

Dementsprechend komme ich zur nächsten Frage die dieses angebliche Geschichtsereignis Lügen straft.

5.) *Wo floss das angebliche Wasser wieder ab oder wo ist das Wasser, das die ganze Erde bedeckt haben soll geblieben? Oder besser noch, wo kam das Wasser überhaupt her, wenn die Erde nicht schon vorher überschwemmt gewesen sein soll?*

Wer nun meint, sich mit dem Eis der Antarktis usw. herausreden zu können, sollte einmal ein kleines harmloses Experiment durchführen. Man nehme ein Messbecher und fülle diesen mit Wasser. Dann hole man ein paar Eiswürfel und gebe diese dazu. Was passiert? Genau, der Wasserspiegel steigt wegen der Verdrängung an. Jetzt notiere man sich den Wasserstand. Nun wartet man, bis das Eis im Glas geschmolzen ist und danach messe man den Wasserstand erneut. Wie fällt das Ergebnis nun aus? Richtig, der Wasserstand ist so gut wie unverändert gleich geblieben.

Das bedeutet also, dass der Wasserstand auf der Erde (Meeresspiegel) nicht ansteigen würde wenn das Eis schmilzt, sondern dass der Wasserstand gleich bleiben würde, da das meiste Eis ja schon im Wasser ist und die Verdrängung schon stattgefunden hat.

Viele machen den Fehler, dass sie den Wasserstand vor dem hinzufügen des Eises notieren. Deshalb haben sie ein verfälschtes vorzeitiges Ergebnis, das den Anschein erhebt, dass der Wasserspiegel steigen würde, wenn das Eis schmilzt. Doch das Eis schwimmt schon im Wasser und wird nicht erst dazu gegeben!

Natürlich gibt es auch Eis auf dem Land. Doch mit diesem Anteil, die ganze Erde zu überfluten, ist absolut unmöglich, da der Meeresspiegel nach wissenschaftlichen Berechnungen, lediglich um 66 bis 72 m ansteigen würde. Dies ist viel zu wenig gefrorenes Wasser, um diese Sintflutartigen Zustände, die den gesamten Erdball überfluten würden, erklären zu können.

Allein meine Geburtsstadt Heidelberg liegt gerade einmal 114 m über dem Meeresspiegel und hätte ich damals gelebt, hätte ich nicht einmal nasse Füße bekommen!

Schauen Sie doch einmal im Internet nach, wie hoch der Meeresspiegel ihrer Stadt oder anderer ist, für die Sie sich interessieren und dann können Sie sehen, ob die Sintflut Sie erwischt hätte oder nicht. Viele werden sehen, dass es sie eben nicht erwischt hätte und somit fällt die religiöse Behauptung, dass die ganze Erde überflutet gewesen sein soll, ins sprichwörtliche Wasser!

Nun, wer jetzt immer noch an die Buchstäbliche Sintflut glaubt, dem möchte ich nun noch die folgende Frage stellen: Angenommen, das ganze Wasser kam aus dem Nichts, wo ist denn das ganze Wasser danach hin, das damals angeblich die ganze Erde überflutet haben soll? Im Boden versickert? Nein, dann würden wir uns nur noch auf Matsch bewegen. Denn die Erde war damals bestimmt auch schon feucht um Pflanzen ein Wachstum zu ermöglichen.

Zu dieser Feuchtigkeit soll dann noch das ganze Wasser, das über der Landfläche bis zum Mount Everest angestiegen sein soll wieder in die Erde gesickert sein? Diese Wassermassen hätte die Erde nicht noch zusätzlich aufnehmen können! Es gibt hierauf nur *eine* einfache Erklärung. Es gab keine, *alles* überschwemmende Sintflut!

Natürlich gibt es Sintflut-Verfechter, die in die Allmacht-Kiste Gottes greifen und meinen, dass Gott am Ende der Sintflut seine überdimensionale Schaufel ausgepackt habe und große tiefe Löscher gegraben hat, die man heute Atlantik und Ozean nennt und das die ganzen Wassermassen, in diese abgeflossen sein sollen. Hierbei soll Gott mit der ausgeschaufelten Erde und den Steinen, dann gleichzeitig noch viele Berge und Hügel aufgetürmt haben usw. Doch diese großartigen Fantasiedarstellungen, hätten meiner Meinung nach, nicht mal einen Platz in einem bunten Kinderbuch verdient. Doch wer so etwas unbedingt glauben möchte, bitte sehr! Doch solche Menschen glauben wahrscheinlich auch noch, dass die Erde früher wirklich eine Scheibe war und Gott diese erst aufgeblasen hat, damit sie eine Kugel wurde oder das Gott im Universum einen Lichtschalter hat, den er jeden Tag zweimal umlegt, damit es auf der Erde hell und dunkel wird!

Oh Allmächtiger, wenn es dich wieder aller Wahrscheinlichkeiten, *doch* geben sollte: Lass Hirn vom Himmel regnen und in die Köpfe solcher Menschen fallen!

6.) *Ein grüner Zweig der von einer Taube zurück gebracht wurde als Zeichen, dass das Wasser wieder zurück geht? Wie süß!*

Für eine kindgerechte Geschichte in einem Märchenbuch wäre dieses Argument noch zu akzeptieren. Doch für ein Ereignis, welches sich angeblich auf eine wahre Begebenheit bezieht und aus einem Schriftstück entnommen wurde, welches als heilig und von einem vollkommenen Gott stammen soll, ist dies doch sehr unglaubwürdig! Also auf solch ein Zeichen hätte ich mich nicht verlassen. Denn wenn man von der Natur nur ein bisschen Ahnung hat, dann könnte es auch sein, dass dieser Zweig nur von einem dahin treibenden Baumstamm gewesen wäre.

Denn nach meiner Kenntnis, hatte Holz auch damals schon die Eigenschaft, dass es im Wasser schwimmt. Oder hat Gott etwa zuvor das gesamte Treibgut entfernt?

Ein lebender Regenwurm, wäre wahrscheinlich ein besserer Hinweis gewesen. Obwohl, dann hätte Noah besser seine Frau in die Würmer-Abteilung der Arche schicken sollen um zu schauen ob noch beide da sind. Aber Halt! Da bis 2008 schon 670 Verschiedene Regenwurmarten entdeckt wurden, sollte sie besser alle »Regenwurmgehege« durchsehen. Nur der Sicherheit halber.

7.) Wenn die ganze Geschichte aber doch nur symbolisch zu verstehen sein soll, dann frage ich mich, welches Sinnbild hat dann die Aufzählung der Baumaterialien? Und was sollen mir die Maßangaben für einen tieferen Sinn vermitteln?

Für mich steht nach dieser Analyse eins fest: Die Geschichte mit Noah und seiner Familie, der Arche und der Sintflut, ist nur eine Geschichte, ein Märchen ohne tieferen Sinn und sollte wahrscheinlich nur der Unterhaltung dienen oder damit die Kinder schneller einschlafen. Wobei man bei einer kindgerechten Gute-Nacht Geschichte besser auf die Details verzichten sollte, die beschreiben, wie es Engel mit Menschenfrauen treiben, die Nachkommen dann die Menschen unterdrücken und wie die unterdrückten Menschen dann zusammen mit den Nephilim von Gott ersäuft wurden.

Leider missbrauchen die Religionen diese Geschichte heute immer noch, um ihren Mitgliedern Angst zu machen, indem sie ihnen diese Geschichte als ein Beispiel der kommenden Rache Gottes oder des sogenannten Tag des Jüngsten Gerichts, anschaulich vor Augen halten.

Bitte glaubt so einen Bullshit nicht! Würde ein Gott der Liebe existieren, würde dieser so etwas niemals machen!

Nun, wie erwähnt, tendiere ich eher dazu, dass es die damalige Art der Action-Fantasy Story für Erwachsene war, die man sich am Lagerfeuer erzählte. Vielleicht sogar in so einer Art Serie mit dem Titel: »Noahs Abenteuer«

Doch die Sintflut, ist nicht die einzige Geschichte, die dieser Noah zu erzählen hatte. Vielleicht gab es ja auch die Erzählung mit dem Titel: »Noah und sein unzüchtiger Sohn Ham«! Diese Geschichte wäre aber wiederum nicht für Kinderohren geeignet, sondern ausschließlich ein Erwachsenen Sex-Talk für homosexuelle Inzucht-Fetischisten am

Lagerfeuer gewesen! Wobei ich mal davon ausgehe, dass sein Sohn schon erwachsen war, damit es dann nicht noch abartiger gewesen wäre, als es sowieso schon war!

Eventuell waren auch solche umgangssprachlichen Sprüche im Umlauf wie: »Besoffen wie Noah« oder »Der Rebensaft der Noah schafft«.

Wieso in aller Welt, sollte die damalige Zeit so viel anders gewesen sein? Der Mensch ist immer noch Mensch und trotz der vielen Technik noch kein Roboter. Solche Geschichten und Fantasiegebilde hat es früher schon genauso gegeben wie heute und wenn Menschen unter sich sind, machen diese auch Späße und übertreiben auch mal gerne mit ihren Erzählungen und blöken gerne mal ein paar Sprüche in die Runde. Zudem war die Geschichte der Sintflut nur ein »Remake« aus ähnlichen Geschichten, deren Überlieferungen weitaus älter sein sollen, als die biblische Erzählung. Natürlich wird die Tatsache, dass diese Sintflut-Geschichte weltweit erzählt wird, von den Religionen als Beweis aufgeführt, dass diese alles überschwemmende Flut real gewesen sein soll. Doch wer etwas weiter denkt, erkennt auch, die wahrscheinlichere Möglichkeit, dass es nur eine gute und spannende Geschichte war, die sich weltweit verbreitet hat. Auch heute bleiben gute und spannende Geschichten nicht in lokalen Kreisen, sonder verbreiten sich um den gesamten Erdball. Doch werden diese Storys deshalb gleich real?

Ein gutes Beispiel wäre hier, die Geschichte von »Harry Potter«, die wir der überaus talentierten Autorin Joanne K. Rowling zu verdanken haben. Oder die Geschichten, die sich um den berühmtesten Ring aller Zeiten drehen, welche sich J. R. R. Tolkien in seinem Werk »Der Herr der Ringe« ausgedacht hat und die überall bekannt wurden.

Von den Werken William Shakespeares ganz zu schweigen. Auch die noch älteren Geschichten, Erzählungen und Philosophien von Homer, Platon, Sokrates und Aristoteles, haben es zu weltweiter Berühmtheit geschafft.

Doch waren die Figuren und Begebenheiten in diesen Geschichten und Erzählungen deshalb *alle* real?

Oder waren die vielen weisen Worte und Philosophien etwa alle göttlichen Ursprungs, nur weil diese weltweit bekannt wurden oder weil einige davon, schon vor sehr langer Zeit niedergeschrieben und oft fehlerfrei abgeschrieben oder kopiert wurden?

Natürlich nicht!

In der Bibel sind noch etliche solcher Geschichten, die man auf diese Weise als »Lagerfeuer Storys« benennen könnte aufgezeichnet.

Eine davon könnte man sich zum Beispiel auch unter dem Titel »Abrahams Sexsklavin Hagar« erzählt haben. Wer die Bibel gelesen hat, könnte mit mir hier bestimmt noch einige mehr aufzählen, was hier aber nun den Rahmen sprengen würde.

Aber dennoch. Wie einer meiner Lieblingskomiker Otto Waalkes immer zu sagen pflegte:

»Einen hab ich noch, einen hab ich noch!«

Sodom und Gomorrha

Über Sodom und Gomorrha ranken sich viele Geschichten und Interpretationen. Dementsprechend möchte ich hier, nur so als kleine Anregung, einmal drei unterschiedliche Versionen aufzeigen. Natürlich kann ich diese drei Versionen in diesem Buch nur in Kurzform beleuchten, da eine ausführliche Darlegung, den Rahmen dieses Abschnitts sprengen würde. Die erste Version ist die, wie sich eine kleine Gruppe von Erwachsenen diese Geschichte, in einer gemütlichen Runde erzählt haben könnten. In etwa so, wie wir uns heutzutage treffen, um einen Film anzuschauen. Die zweite Version ist jene, wie diese Geschichte von den Religionen oft ausgelegt wird oder von den Gläubigen aufgenommen werden soll. In der dritten Version, versuche ich aufzuzeigen, wie es in Wirklichkeit abgelaufen sein könnte, wenn diese Geschichte doch einen gewissen Wahrheitsgehalt gehabt haben sollte.

So denn, hier nun:

Lost Sodom - Sex-Zombies greifen an!

Diese Geschichte ist nichts für prüde Gemüter. Nein, jetzt wird es gleich richtig »heiß«, im wahrsten Sinne des Wortes! Denn die Geschichte von Sodom und Gomorrha, könnte eine richtig abgedrehte und abartige Gruselporno-Horror Psychothriller Geschichte gewesen sein, die Gänsehaut hervorgerufen haben muss.

Ein Mann namens Lot, zog mit seiner Frau und seinen beiden Töchtern in eine Stadt, die Sodom genannt wurde.

Sein Auszug, war aber mehr eine Flucht als ein gewollter Umzug. Denn sein Onkel Abraham, der auch der Vorsteher des Hirtenvolkes war, indem Lot mit seiner Familie gelebt hatte, bekam immer mehr Aussetzer wegen seiner Geisteskrankheit. Er zeigte immer heftigere psychopathische Schübe mit seinem Wahn. Diese gingen sogar soweit, dass er die anderen Menschen in seiner Sippe, die sich nicht peinlich genau an seine Anweisungen hielten, die ihm seine Stimmen im Kopf befahlen, bestrafen oder sogar ermorden ließ.

Als sie in Sodom ankamen, besorgten sie sich erst einmal eine Unterkunft in Form eines kleinen Hauses. Als sich Lot mit seiner Familie eingelebt hatte, bemerken sie, dass die Bewohner immer merkwürdiger wurden. Die Bewohner verwandeln sich in sexbesessene Unmenschen, die sogar vor Tieren nicht mehr halt machten.

Da Lot und seine Familie die einzigen sind, die von dieser »Sex-Seuche« nicht befallen wurden, versuchen sie ohne Aufsehen zu erregen zuhause zu bleiben. Als jedoch zwei Fremde in Sodom eintrafen, wollte Lot diese auf die Situation in der Stadt aufmerksam machen. Deshalb, passte Lot sie am Stadttor ab, um die Zwei sogleich schnell, leise und unauffällig in Sicherheit zu bringen, indem er diese in sein Haus mit aufnimmt. Doch wie es der Zufall so will, bemerkten die »Infizierten« die Fremden und wollen diese von Lot ausgeliefert bekommen. Sie umstellten sein Haus, klopften, schlugen und kratzten an Türen, Fenster und die Hauswände. Mit lautem Schreien und unheimlichem Stöhnen, forderten sie von Lot, dass er diese Fremden herausgeben soll, damit sie mit diesen sexuell verkehren könnten. Doch Lot weigert sich und bat dem Mob, vor lauter Angst und Panik, seine zwei Töchter zur Vergewaltigung an. Dieses Szenario entwickelt sich dann dahin, dass sich alle dazu entschieden aus dem Haus und der Stadt zu fliehen und einen Berg hinauf zu steigen. Die zwei Fremden entpuppen sich während dieser Flucht, zu Männern mit übersinnlichen Fähigkeiten, die bewirken konnten, dass diese Infizierten »Sex-Zombies«, sie nicht angreifen können.

Zum Schluss vernichteten sie Sodom und die benachbarte Stadt Gomorrha gleich mit, indem sie Feuer und Schwefel auf die Städte regnen ließen.

So, oder so ähnlich, könnte ich mir diese Story auch als guten Film vorstellen. Oder, war es doch nur eine übertriebene geschichtliche Überlieferung, in der etwa doch nicht so heiß gegessen wurde, wie angeblich gekocht wird?

Dies führt mich nun zur zweiten Version dieser angeblich wahren geschichtlichen Aufzeichnung im Alten Testament. Diese Version, wäre dann jene, wie sie die Religionen oft erzählen und Interpretieren.

Version Nummer Zwei:

Sündenpfuhl Sodom und Gomorrha!

In diesen Städten geht es nach den religiösen Meinungen, hauptsächlich darum, dass es dort üblich gewesen sein soll, Fremde mit sexuellen Handlungen zu begrüßen. Wer solch eine Begrüßung ablehnte, wurde angeblich von einem Menschenmob verfolgt, um diese sexuelle Begrüßung mit aller Gewalt aufgezwungen zu bekommen, ob der Fremde dies nun wollte oder nicht. Sodom und Gomorrha werden dargestellt, wie zwei *riesige* Swinger-Clubs, in denen es jeder mit jedem treibt. Und das nicht nur unter menschlichen Anwesenden jeden Alters und Geschlechts.

Nein, dort sollen es sogar *alle* zusätzlich mit allerlei Tieren getrieben haben. Der einzige Unterschied zwischen einem Swinger-Club und der angeblich religiösen Darstellung von Sodom und Gomorrha ist, in einem Swinger-Club wird ein »Nein« ohne wenn und aber akzeptiert!

Doch nach reichlicher Überlegung, ist das oben beschriebene angebliche von den Religionen propagierte Szenario absolut unwahrscheinlich. Warum? Nun, die Menschen sind nicht alle gleich. Menschen sind und waren schon immer verschieden in ihrem Denken, haben unterschiedliche Moralvorstellungen und handeln auch dementsprechend. Deshalb ist es unglaubwürdig, dass wirklich *alle* Einwohner dieser großen Städte *dieselben* Ansichten und Vorlieben vertreten haben sollen. Denn je mehr Menschen es in einer Stadt gibt, desto wahrscheinlicher, haben diese auch verschiedene Lebensweisen, Wertevorstellungen und Weltanschauungen.

Ich stelle mir das ganze so vor, wie es wirklich gewesen war. Dies bringt mich nun zur dritten Version, wie es nachvollziehbarer und eher abgelaufen sein könnte, wenn man voraussetzen würde, dass diese Geschichte wirklich real gewesen sein soll.

Version Nummer Drei:

Der Umzug einer Hirtenfamilie in die große Stadt - Kulturschock mit folgen!

Eine Familie, die in einem einfachen kleinen Hirtenvolk aufwuchs, welche in seiner eigenen kleinen Welt lebte und seine eigenen strengen Regeln hatte, zieht in eine große Stadt und sieht dort die verschiedenen Lebensweisen der Einwohner. Doch wie es bei den Menschen nun mal so ist, sehen diese meist nur das, was ihnen gegenüber anders ist. Hier stachen vermutlich die andersartigen, vielen verschiedenen »sexuellen« Vorlieben und Praktiken ins Auge, die bei dem Hirtenvolk die Schamesröte oder sogar den Zorn ins Gesicht steigen ließ. Zum Beispiel küssen sich die Bewohner zur Begrüßung auf die Backen oder sogar auf den Mund, je nachdem, wie vertraut sie miteinander waren. Im Wirtshaus wird der Bedienung bei einer Bestellung ein Klaps auf den Allerwertesten gegeben. Verliebte küssen sich intensiv mit Umarmungen auf der Straße und hierbei sind es nicht immer nur Mann und Frau, sondern auch gleichgeschlechtliche Paare. Tiere aller Art sind in dieser Stadt natürlich auch nicht unüblich und wenn ein Hund oder eine Ziege seinen Besitzer begrüßt, wird auch mal das Gesicht oder das Bein abgeschleckt. Diese Gesten sind für die Familie aus dem Hirtenvolk ein absolutes No Go. Sie setzten solche Verhaltensweisen sogleich mit unzüchtigem sexuellem Verhalten gleich. Eventuell wurde in Sodom auch über richtigen Sex frei gesprochen und dann würde schon die Frage an ein Mitglied dieses Hirtenvolkes, ob es denn Lust auf Sex hätte, bei diesem den Eindruck erwecken, dass man es Vergewaltigen will. Nach einer gewissen Zeit hat sich die Familie dennoch dort eingelebt und hat auch die Eigenheiten der Städter angenommen und akzeptiert. Doch nun bekommen sie Besuch von zwei Männern die angeblich Engel waren. Wobei ich denke, dass diese Männer nur aus dem gleichen Hirtenvolk stammten und mit dem Stadtleben noch nichts anfangen konnten. Nein, sie verabscheuten und verdammten dieses Leben, das gegen ihre Moralvorstellungen und gegen die Regeln des Hirtenvolkes waren!

Zudem wurden diese von Abraham und seinen Stimmen im Kopf dorthin geschickt, um zu sehen, wie viele »Gerechte«, also Menschen die nach *seinen* Moralvorstellungen lebten, noch in diesen Städten zu finden wären.

Wie Menschen nun mal sind, verhöhnen und verspotten sie gerne einmal anders denkende. Warum? Nun weil es einfach Spaß macht, deren Reaktionen mit zu erleben, wenn diese für deren »normalen« Umstände bei Menschen die diese nicht kennen Angst, Scham, Ekel oder Entsetzen hervorbringen. Dann kann es zu Situationen kommen, in denen diese Menschen den anderen hinterher rennen, um ihnen ihre »Normalität« unter die Nase zu halten. Wer schon mal ein kleines süßes Mäuschen gefangen hat und die Reaktion der schreienden Frauen daraufhin nicht als Einladung empfunden hat, ihnen die Maus unter die Nase zu halten und ihnen mit diesem süßen Mäuschen hinterherläuft um sie zu necken, der klingt für mich nicht ganz glaubwürdig oder er ist ohne Humor. Dies ist ja auch nicht böse gemeint sondern ergibt sich bei humorvollen Menschen als kleiner Spaß.

Da sich diese zwei Fremden übertrieben über die Sitten und Gebräuche in dieser Stadt erbosten und davor sogar flüchteten, rannten ein paar »Spaßbürger« diesen nach und boten diesen mit voller Absicht, spaßeshalber und in überspitzter Weise an, Sex mit diesen haben zu dürfen. Dies war für die Fremden aber zu viel des Guten. Da dieses Hirtenvolk sehr strengen Regeln unterworfen war, konnte es mit dieser Art des Spaßes aber nicht umgehen und bekam Panik. Sie flüchteten vor den »Verfolgern« in ein Haus und schlossen sich ein. Den weiteren Verlauf der Geschichte kann man in der Bibel unter 1. Mose Kapitel 19 nachlesen und ein wenig selbst sinnieren, wie diese Geschichte wahrscheinlich wirklich weiter abgelaufen sein könnte.

Was von dieser »Überlieferung« nun wahr gewesen sein könnte, ob diese nur eine Fantasie-Aufzeichnung eines talentierten Gruselgeschichtenschreibers war oder ob diese Erzählung von Abraham selbst, durch seinen schizophrenen psychopathischen Geisteszustand in die Welt gesetzt wurde, werden wir wohl nie wirklich erfahren. Genauso wenig, was von dieser Geschichte nun verfälscht, fehlerhaft oder überzogen wiedergegeben wurde!

Eine Frage beschäftigt mich aber trotzdem noch. Wieso, wurde Lots Frau überhaupt umgebracht? Nur weil diese sich nicht an die Anweisung gehalten hat, sich nicht umzudrehen? Wieso wurde sie auf eine so ungewöhnliche Art hingerichtet? Warum in aller Welt, hat Gott Lots Frau angeblich, in eine Salzsäule verwandelte? Durfte sie vielleicht nicht sehen, wie oder mit was, die Städte vernichtet wurden? Waren es womöglich keine »göttlichen« Feuer und Schwefelbälle, die vom Himmel gefallen waren? Waren es möglicherweise Raumschiffe oder Gleiter, die mit ihren Waffen die Städte in Schutt und Asche schossen und zerbombten? Hatten die Piloten den Befehl jeden zu erschießen, wenn sie sahen, dass sich jemand zur Stadt hin umdrehte? Hat sich Lots Frau nur aus Reflex oder aus Neugier umgedreht und wurde daraufhin beschossen? Wurde Lots Frau überhaupt in eine Säule aus Salz verwandelt, oder blieb durch den Beschuss dieser Hightech-Waffen, einfach nur versteinerte Asche von ihr übrig, die nur aussah wie Salzgestein?

Heute entledigt man sich auch gern unliebsamen Zeugen, die zu viel oder das falsche Wissen erlangt oder gesehen haben! Denn da sich nur Lots Frau umdrehte, war sie die Einzige, die dieses Bombardement sah und es eventuell weitererzählen konnte! Doch hätte sie dies getan, wäre das Gerüst, dieses angeblichen Gotteswerks, in sich zusammengefallen wie ein Kartenhaus! Wobei, man hätte sie ja auch nur für verrückt erklären brauchen oder sie damit denunzieren können, dass sie von Dämonen besessen wäre. Dann hätte Lot seine Frau einfach nur verbannen brauchen, denn geglaubt hätte ihr nach so einer Aktion, in der damaligen Zeit, sowieso niemand mehr.

Doch mit einem Mord, geht man nun mal das geringste Risiko ein, gelle!

Die Erklärungsversuche die sich einige religiöse Gelehrte ausdachten, kann ich leider nur mit einem Kopfschütteln abtun. Diese behaupten, dass sich Lots Frau durch das Umsehen unwürdig machte weiter zu leben. Denn sie hätte damit zum Ausdruck gebracht, dass sie sich nach dem sündigen Leben in Sodom sehnte und was sie in dieser Stadt erlebt hatte. Sie zeigte damit, dass sie nie von dort weg wollte. Dementsprechend war sie es natürlich nicht mehr Wert, mit Lot und ihren Töchtern zusammen weiter zu leben. Sie wäre sogar eine Gefahr für die Nachkommen gewesen, da sie die sodomitischen Zustände weiter führen würde. Wenn Lot umgebracht worden wäre, könnte ich es ja noch ein wenig nachvollziehen, aber Lots Frau? Die Frauen hatten doch sowieso nicht viel zu sagen. Wer sollte denn auf sie hören, wenn sie die Lebensweise der Sodomiten ihren Nachkommen vermitteln wollte. Sie wäre doch sofort von den gesetzestreuen Familienmitgliedern und den anderen Verfechtern deren Stammes gesteinigt worden. Nee nee, dieser Erklärungsversuch, das Lots Frau ihrer Sehnsucht wegen, hingerichtet worden sein soll, hinkt total!

Der nächste Abschnitt der Geschichte Lots, ist auch nicht für Kinderohren gedacht. Diesen könnte man auch als »Pornogeschichte am Lagerfeuer« ausschließlich für Erwachsene sehen. Der Titel dieser Geschichte könnte eventuell: »Lot und seine unzüchtigen Töchter« gewesen sein. Auch hier gehe ich davon aus, dass seine Töchter wenigstens schon erwachsen waren!

Denn diese haben angeblich vor lauter Panik, dass es nach der Vernichtung von Sodom und Gomorrha keine anderen Menschen mehr geben würde, ihren eigenen Vater besoffen gemacht und es mit ihm getrieben. Natürlich *nur* der notwendigen Nachkommen wegen. Wer´s glaubt! So besoffen konnte Lot zu diesem Zeitpunkt eigentlich gar nicht gewesen sein, denn sonst hätte er erst gar keinen mehr hoch gekriegt. Wie kann ein rechtschaffener, moralisch einwandfreier Mann und Vater, überhaupt einen hoch bekommen, wenn er seine eigenen Töchter vor sich hat? Ist das nicht abartig? Selbst wenn diese wunderhübsch und gut gebaut wären, müsste sein Gewissen ihm dies verwehren! Was sagt uns das? Nun, ganz einfach, Lot *wollte* es mit seinen

Töchtern treiben! Denn auch abgesehen von seinem berauschten Zustand, wusste er ganz genau, dass sie seine Töchter waren und er wusste auch zweifellos, dass sie nicht die letzten Menschen auf der Erde waren. Seine Verwandtschaft (Abraham beispielsweise) lebte ja gar nicht allzu weit entfernt von ihnen noch immer, da diese sich nicht in den Städten aufhielten, die vernichtet wurden. Somit *wollten* sie es einfach nur miteinander treiben und hier gibt es *keine* akzeptablen Ausflüchte, um dieses Verhalten dennoch als gut und moralisch einwandfrei umdeuten zu können!

Komischerweise ließ sich Gott davon täuschen, dass sie es wirklich nur um der Nachkommen gemacht hätten und Gott fand dann sogar, dass sie es gut gemacht hatten?! Ein allwissender Gott, der sich hat täuschen lassen? Der angeblich alles sieht und alles weiß? Der zuvor zwei große Städte wegen dem unzüchtigen Verhalten der Einwohner vernichtet haben soll, aber es für gut befindet, wenn sein Schützling es mit seinen zwei Töchtern treibt? Na ja, wer's glauben möchte, bitte sehr!

Nun was würde dieser Gott heute, nach Ansicht der modernen religiösen Erkenntnisse aller drei monotheistischen Religionen, mit Menschen machen die solch eine »Schweinerei« begehen würden? Wenn sie es aus freien Stücken machen würden, wären sie höchstwahrscheinlich Kandidaten für die Hölle oder würden auf der Todesliste für den Tag des Gerichts stehen! Doch wäre es Lot und würde dieser heute leben, dann käme er doch bestimmt ins himmlische Paradies. Oder?

Dies bringt mich nun zum nächsten religiösen Dogma, welches ich gerne einmal beleuchten möchte. Die angeblich wahre Lehre einer Belohnung, die es erst nach dem Tod geben soll, welche jedoch genauso wenig bewiesen werden kann, wie deren Gegenstück, die Hölle. Für viele ist dieses religiöse Versprechen ein Anlass zur Vorfreude und ein, wenn nicht sogar *der* Grund schlechthin, weiterhin an ihren Gott zu glauben und ein Leben der Selbstverleugnung zu führen.

Es geht um das fiktive und unwahrscheinliche Dogma des Paradieses.

Ich will aber auch ins himmlische Paradies!

Paradies, was und wo ist das eigentlich?

Nun, laut dem Alten Testament gibt und gab es nie ein Leben nach dem Tod im Himmel!

Denn in Prediger 9 Verse 5-10 steht klipp und klar geschrieben:

»Denn die Lebendigen wissen, daß sie sterben werden; <u>die Toten aber wissen nichts,</u> sie haben auch keinen Lohn mehr, denn ihr Gedächtnis ist vergessen, daß man sie nicht mehr liebt noch haßt noch neidet, und haben kein Teil mehr auf dieser Welt an allem, was unter der Sonne geschieht. So gehe hin und iß dein Brot mit Freuden, trink deinen Wein mit gutem Mut; denn dein Werk gefällt Gott. Laß deine Kleider immer weiß sein und laß deinem Haupt Salbe nicht mangeln. Brauche das Leben mit deinem Weibe, das du liebhast, solange du das eitle Leben hast, das dir Gott unter der Sonne gegeben hat, solange dein eitel Leben währt; denn das ist dein Teil im Leben und in deiner Arbeit, die du tust unter der Sonne. Alles, was dir vor Handen kommt, zu tun, das tue frisch; <u>denn bei den Toten, dahin du fährst, ist weder Werk, Kunst, Vernunft noch Weisheit</u>. «

Dies bedeutet nicht nur, dass mit dem Tod alles endet, sondern genau genommen sogar, dass es in den angeblich vollkommenen »heiligen« Schriften des Alten Testament, noch gar keine unsterbliche Seele gab und deshalb auch eine Belohnung in einem himmlischen Paradies total unnütz wäre!

Im Neuen Testament sieht es jedoch schon wieder anders aus. Dort wird den Gläubigen zwar von den religiösen Geistlichen eine Seele gepredigt und ein himmlisches Paradies versprochen, ob dort aber überhaupt jemand hin kommen kann ist eine andere Frage. Denn laut dem Neuen Testament, haben wir einige Ungereimtheiten zu verkraften, die den Dogmen der Religionen widersprechen.

Denn Johannes Kapitel 3 Vers 13 ist eine Textstelle, bei der diejenigen, welche nur gläubig sind, weil sie eine himmlische Belohnung erwarten, ihrem Gott sehr enttäuscht den Rücken kehren müssten.

Dort heißt es: Johannes Kapitel 3 Vers 13:

»Und niemand fährt gen Himmel, denn der vom Himmel hernieder gekommen ist, nämlich des Menschen Sohn, der im Himmel ist.«

Nach meinem Verständnis, ist mit *»des Menschen Sohn«* immer von Jesus die Rede (Zumindest habe ich dies in meiner damaligen religiösen Praxis so beigebracht bekommen).

Demzufolge wäre Jesus, *der Einzige*, der zwischen Himmel und Erde pendeln kann! Denn es heißt klipp und klar dass *»niemand* gen Himmel fährt, *denn* (was heute mit *»außer«* oder *»als«* wiedergegeben würde), des Menschen Sohn (Jesus Christus)«*. Das schließt demnach auch ein, dass Jesus der einzige ist, der in Richtung Himmel *auffahren* kann!

Nun denn, wenn die Gläubigen, die in den Himmel wollen, nicht Jesus selbst sind, haben sie nach Johannes Kapitel 3 Vers 13 keine Chance, auf ihr Paradies im Himmel.

Eigentlich ist es doch total verwirrend, dass Jesus in dieser Textstelle als *»des Menschen Sohn«* oder wie man es auch oft lesen kann, als *»Menschensohn«* bezeichnet wird.

Soll er nun der Sohn Gottes, oder doch nur der Sohn eines Menschenpärchens gewesen sein? Denn die Bezeichnung »des Menschen Sohn« untergräbt doch die Vaterschaft, oder besser gesagt, die Lebensbereitstellung Gottes. Denn Vaterschaft, setzt unausweichlich voraus, dass Gott ein Mann sein muss, der in Maria gekommen war, damit er seinen Samen in ihre Gebärmutter hineinspritzen konnte! Es wäre schön wenn sich die religiösen Gelehrten hier doch bitte einmal entscheiden könnten!

Doch wie soll ich nach diesen Informationen jetzt Johannes Kapitel 14 Vers 2 verstehen?

»In meines Vaters Hause sind viele Wohnungen; wo nicht, so hätte ich es euch gesagt. Ich gehe hin, euch eine Stätte zu bereiten.«

Das bedeutet nach logischer Schlussfolgerung doch, dass es zwar genug Platz gibt im Haus von Jesus Vater, (also Gott, im Himmel?) und er auch eine Stätte bereitet (Platz frei hält oder vorbereitet) aber nach

Johannes 3:13 dies alles sinnlos ist, da ja nur er selbst in den Himmel kann.

Vielleicht sprach Jesus ja von Josef und seinem Elternhaus und es wurde einfach nur durch Eigeninterpretation eines religiösen Eiferers zum himmlischen zuhause erklärt.

Irgendwie verknoten sich gerade meine Hirnwindungen bei all dem Salat den man bei dem Thema Paradies und Himmel von der Bibel um die Ohren geschmissen bekommt.

Ach, Gott! Wenn es dich gibt: Warum so kompliziert? Ich bin ein einfacher Mann mit einer durchschnittlichen Bildung!

Zu allem Überfluss an Texten habe ich keinen einzigen gefunden in dem es konkret heißt: »Alle Menschen die in ihrem Leben nach Gottes Gesetzen und Geboten gelebt haben, nach einem sündigen Leben Jesu Opfer angenommen und ihre schlechten Taten bereut haben, bekommen nach dem irdischen Ableben einen Geist-Körper mit dem sie in den Himmel, der ein geistiger Ort des Friedens ist, aufsteigen können, um bei seinen verstorbenen gläubigen Verwandten, Jesus, den Engeln und Gott zu sein. Der Himmel ist das Paradies in dem jeder glücklich und zufrieden sein wird. Es gibt dort weder Leid noch Schmerz bis in alle Ewigkeit. Die Männer bekommen 72 Jungfrauen und die Frauen dürfen weiterhin ihren Männern dienen und werden nicht dem Tod übergeben. Alle werden von herum springenden Jünglingen bedient und mit allem versorgt was sie sich wünschen!«

Hier habe ich nun provokanter Weise einmal biblische Lehren, mit denen des Koran vermischt, um aufzuzeigen, dass sich noch ein weiteres Problem, bei der himmlischen Belohnung die sich Paradies nennt, ankündigt.

Welchen Gott soll ich jetzt bitteschön anbeten und welche Gebote sind die richtigen?

Nach welchen Gesetzen soll ich mich richten, damit ich, in was für ein Paradies überhaupt kommen könnte?

Jetzt werden wieder alle gleichzeitig ihre eigene Religion als die Wahre anbieten und schreien:

Natürlich Allah, Mohammed und Koran

Natürlich Gott, Jesus und Bibel

Natürlich Jahwe, Abraham, Moses und Altes Testament und Talmud

Echt jetzt?

Nun meine Meinung dazu ist und bleibt:

Da es hierauf keine eindeutigen Antworten von einem Gott für die Menschen gibt, ist das Paradies kein Ziel, das irgendein Mensch erhalten oder erreichen wird. Es ist reine Fiktion um den Menschen etwas als Belohnung für ihren blinden Gehorsam und Glauben anbieten zu können.

Es ist dieselbe Bauernfängerei, die manche Trickbetrüger anwenden, um den Leuten das Geld aus den Taschen zu ziehen. Doch hier geht es nicht nur um Geld, sondern um deren einziges Leben.

Viele religiöse Menschen würden ihr Leben viel lieber anders verbringen. Doch der Glaube an die Hölle und das Paradies lässt sie die Zähne zusammen beißen und den selbst geißelnden Weg der Religion gehen.

Ach ja, wenn es doch noch jemanden gibt, der das himmlische Paradies jetzt trotzdem verteidigt, möchte ich mir erlauben diesem drei Fragen zu stellen, die er versuchen soll für sich selbst einmal zu beantworten:

1.) Kann ein Christ der nicht an Mohammed als Propheten glaubt, in seinem christlichen himmlischen Paradies auch 72 Jungfrauen bekommen, obwohl dies nur im Koran steht, nicht aber in der Bibel?

2.) Kann ein Moslem ins *biblische* Paradies, um sich mit der Gottesmutter Maria und dem Sohn Gottes Jesus Christus, von nackten Jünglingen bedienen zu lassen, wenn dieser durch einen Selbstmord dorthin gekommen ist und kurz vor seinem Tod »Allahu akbar« gerufen hat, bevor er sich und zig andere in den Tod riss?

3.) In welches Paradies kommt nun ein Jude, der an gar kein himmlisches Paradies glaubt, ja der nicht einmal an Jesus, als Sohn Gottes oder Mohammed, als Prophet Allahs glaubt ?

Die Standartantwort auf solche Fragen von einem Geistlichen oder streng Gläubigen wäre nun:

»Nun, das wird Gott dann später selbst entscheiden müssen. Dies kann und darf ich als Mensch nicht beantworten.«

Tara, schon kann man unbequemen Fragen mit Rhetorik geschickt ausweichen und wieder einmal nur dem Glauben, also dem *nicht* Wissen überlassen, um seine Herde weiterhin in einer Pseudowelt zu halten die nur in den Köpfen besteht!

Ein weiterer Gedanke den ich hatte war: Wieso hat Gott denn kein abgeschirmtes paradiesisches Gebiet auf der Erde hergerichtet um seine treuen Anbeter schon zu ihren Lebzeiten zu belohnen?

Diese müssten doch einen Sonderstatus innehaben und wären sogar noch glücklicher, wenn sie nicht erst sterben müssten, sondern in diesen Gefilden sogar ewig Leben dürften. Dies wäre doch auch ein klarer Beweis dafür, dass es einen Gott geben würde der sich wirklich um die Menschen kümmert und der sie für ihren Glauben belohnt oder?

Es ist immer wieder faszinierend, wie Trickreich sich die Religionen geben. Versprich einem Menschen eine Belohnung die er erst nach seinem Tod erhalten kann und schon ist der Mensch gezwungen dies zu glauben, da sich so eine Belohnung ja niemals beweisen lässt. Denn jemanden, der glauben muss, kann man nun mal leichter betrügen als jemanden, der nach Fakten verlangt! Wenn der Glaube dann auch noch zum Zwang oder Staatsgesetz wird, wie zum Beispiel im Mittelalter beim Christentum oder sogar noch in der heutigen Zeit beim Islam, dann kann man die Menschen belügen bis sich die Balken biegen und wehe es macht jemand den Mund auf, dann wird dieser mit einer Todes-Fatwa zum Abschuss freigegeben oder er wird öffentlich geächtet und zum Gespött gemacht.

Leider lassen sich manche dadurch immer noch beeindrucken und bekennen sich dann zumindest öffentlich dazu, dass sie auf den falschen Weg abgekommen waren, aber nun wieder auf dem geraden Weg wandeln der zu Gott führt. Natürlich denken diese immer noch so, wie sie es zuvor ausgesprochen haben, aber sie haben nun mal keinen Bock darauf verfolgt und geächtet oder sogar ermordet zu werden.

Zudem wollen sie nicht, dass man deren Familie oder Freunde als Druckmittel missbraucht, um sie zu »überreden«, dass sie von ihrem angeblichen »Irrweg« umkehren müssen, also spielen sie deren Spiel dann mit.

Zum Glück wachen immer mehr Menschen auf und befreien ihren Geist von den Fesseln der Religion, indem sie anfangen selbstständig zu denken und dieses auf-diktierte und suggerierte dogmatische Religionsgebilde hinterfragen.

Wer dann noch ehrlich zu sich selbst ist und Fiktion von Wahrheit unterscheiden kann, der wird ein wahrlich befreiendes Gefühl verspüren und ab da anfangen, ein freies und erfüllendes Leben zu führen!

Denn wer braucht schon einen imaginären »Freund oder Vater« der einen auf Schritt und Tritt verfolgt?

Der einen beobachtet, um nachzuprüfen ob man sein eigenes Leben, mit angeblich freiem Willen, nach dessen Spielregeln gestaltet?

Nur, damit dieser einen als Sünder dann bestrafen kann oder bei bestandener Prüfung ein fiktives Paradies als Belohnung schenkt, das noch niemand je zu Gesicht bekommen hat?

8 Organisierte Religion

Wieso die heutigen Christen überhaupt in einer Organisation auftreten ist mir immer noch ein Rätsel.

Denn war es nicht Jesus Christus, deren angeblicher Führer, der klipp und klar in Matthäus Kapitel 6 in den Versen 5 und 6 sagte: *»Und wenn du betest, sollst du nicht sein wie die Heuchler, die da gerne stehen und beten in den Schulen und an den Ecken auf den Gassen, auf dass sie von den Leuten gesehen werden. Wahrlich ich sage euch: Sie haben ihren Lohn dahin. <u>Wenn aber du betest, so gehe in dein Kämmerlein und schließ die Tür zu und bete zu deinem Vater im Verborgenen;</u> und dein Vater, der in das Verborgene sieht, wird dir's vergelten öffentlich.«*

Nun ich kenne *keine* einzige christliche Glaubensorganisation, die nicht zu *GEBETS* Gottesdiensten die Gläubigen zusammen ruft, in dem diese lautstark ihre Glocken läuten *oder* nach einem kontinuierlichen Zeitplan, für diverse Zusammenkünften ihre Gebäude öffnen, damit die Mitglieder sich treffen, um die Bibel zu betrachten und *gemeinsam* zu *beten*!

Also, noch offensichtlicher können sich diese Religionsorganisationen nicht gegen die Worte ihres eigenen Vorbilds und Führers hinweg setzen. Denn sie hätten sich eigentlich gar nicht erst organisieren dürfen! Jesus würde wahrscheinlich auch viele Juden heute als Heuchler bezeichnen, wenn man diese beobachtet, wenn sie öffentlich in Massen zusammen kommen um an der großen Mauer hin und her wippend zu klagen oder zu beten. Jedoch würde das die Juden kaum jucken, da Jesus von diesen nicht als Sohn oder Prophet Gottes anerkannt wird. Demnach, ist die öffentliche zur Schaustellung ihrer Anbetung in Synagogen hier nicht gewichtet. Dabei spielt es auch keine Rolle, dass Jesus von sich selbst behauptete, dass er der König der Juden sei und als Nachfahre Davids die Prophezeiung Gottes erfüllen würde.

Da Jesus im Islam jedoch als Prophet oder Bote Allahs angesehen und geschätzt wird, müssten die Muslime eigentlich auch auf seine Worte hören und müssten doch genauso auf ihre Moscheen verzichten, mit ihren zum Gebet rufenden Muezzin. Zudem holen streng gläubige Moslems mindestens fünf Mal am Tag ihren Teppich, der in Richtung Mekka ausgerichtet wird heraus um zu beten. Und dies nicht immer nur in ihren Privaträumen. Nein, oftmals mitten auf der Straße, so dass sie ja von so vielen wie möglich gesehen werden können, wie gläubig und treu ergeben diese doch Allah gegenüber sind! Dementsprechend, dürften diese sich genauso wenig organisieren und müssten ihren Gott im verbogenen und für sich alleine anbeten. Oder sagt hier der Koran etwas anderes? Wenn dem so ist, würde sich der Koran widersprechen, da in diesem auch geschrieben steht, das man den Worten der Propheten Folge leisten muss.

Denn in Sure 2 Vers 136 heißt es: *»Sprecht: Wir glauben an Allah und was zu uns herabgesandt worden, und was herabgesandt ward Abraham und Ismael und Isaak und Jakob und (seinen) Kindern, und was gegeben ward Moses und Jesus, und was gegeben ward (allen andern) Propheten von ihrem Herrn. Wir machen keinen Unterschied zwischen ihnen; und Ihm ergeben wir uns.«*

Verbreitung der Religion und Missionierung

Heutzutage braucht es keine Kriege mehr mit großer Waffengewalt und tausender Soldaten um eine Religion anderen aufzuzwingen. Heute reicht es aus Angst zu schüren und die verweichlichte zivilisierte Gesellschaft macht sich in die Hosen.

Die beste Taktik ist aber immer noch, wenn die Gläubigen einer bestimmten Religion, in andere Länder auszuwandern, um ihren Glauben, ihre Lehren und ihre Schriften zu verbreiten. Natürlich nicht alle auf einmal, sondern schön nach und nach in überschaubaren, harmlosen Grüppchen. Dort die einheimischen Frauen zu schwängern und zum eigenen Glauben zu zwingen. Mit der Zeit werden es immer mehr und mehr. Bis jenes zu bekehrende Land sich an dieses »neue« Straßenbild gewöhnt hat und nun öffentlich verkündet, dass diese Religion nun zu diesem Land gehört. Dann werden von den Nachkommen auch noch welche in der Politik eingesetzt, da diese ja mittlerweile zu diesem Land gehören oder es werden Frauen aus der Politik geehelicht und auf Händen getragen, damit diese von der neuen Religion und der Kultur ihrer Verehrer schwärmen. Schwuppdiwupp, kommt dann noch ein Kanzler und Präsident mit eben diesem religiösen Glauben und schon kann man anfangen viele »alte« Gesetze, durch »neue« dem jetzigen etablierten Glauben entsprechend zu ersetzen. Zusätzlich wird die einheimische, andersgläubige Gesellschaft von der neuen »Wertegemeinschaft« und durch die Politik heftigst denunziert, indem sie diese als Rassisten oder intoleranten Mob verurteilen. Hauptsächlich dann, wenn sich die Eingesessenen aus Angst negativ dazu äußern, dass sich alles zu deren Nachteil verändert.

Voilà, hat man einen religiösen Staat errichtet und dieses Land wurde erfolgreich ohne Blutvergießen eingenommen!

Geduld ist nicht nur eine Tugend, sondern auch eine hervorragende Taktik zur Missionierung ganzer Völker, ohne sich einem kostspieligen Krieg oder einer Eroberung mit Waffengewalt bedienen zu müssen. Dies funktioniert natürlich nur, wenn ein Land sehr lasche und leicht überwindbare Einwanderungsgesetze hat und mit übertriebener Toleranz auf andere Religionen und Kulturen zugeht und treudoofe Deals mit diesen eingeht. Denn Toleranz müsste spätestens da aufhören, wenn die eigene Kultur und deren Einwohner unter dem neuen Zustrom leidet. Leider erkennen manche Länder diese Grenze nicht, die dann schamlos ausgenutzt und überschritten wird.

Es ist ja nicht einmal gelogen, wenn diese Religionsanhänger behaupten, dass ihr Glaube zu einer Religion des Friedens gehört. Doch dass dieser Frieden nur unter den eigenen Gläubigen zählt und einzuhalten ist, wird versucht zu vertuschen oder als falsch angeprangert. Auch dass der Glaube den Anhängern erlaubt zu lügen, um deren Religion zu verbreiten, wird leider nicht in der Öffentlichkeit publik gemacht! Denn wenn es Hart auf Hart kommt, werden so einige dieser Gläubigen zu den realen Waffen greifen!

Was mich nun zu einem weiteren Gedanken bringt.

Jeder Gläubige sollte sich nun selbst einmal die folgenden Fragen stellen und für sich selbst wirklich ehrlich beantworten: Wie weit würde ich für meinen Glauben gehen?

Wäre ich bereit auf eine Anweisung eines Priesters, Mullahs, Rabbis oder anderen religiösen Führers, meinen Mitmenschen Schaden zu zufügen oder diese sogar zu töten? Würde ich dies tun, wenn Gott es mir selbst oder durch einen Engel in einer Vision oder Traum befehlen würde? Je nachdem wie die Antwort ausfällt, ist man entweder ein sanftmütiger, friedvoller und mitfühlender Mensch oder ein engstirniger, fanatischer, blutrünstiger Soziopath, der ein Herz aus Stein hat und absolut gefühllos gegenüber seinen Mitmenschen ist!

Doch wie viele Menschen gab es schon, die wegen einer Stimme im Kopf, anderen das Leben genommen haben?

Ja, Moment werden jetzt einige einwenden. Diese Menschen waren ja wohl einfach nur Krank oder Geistesgestört. Andere würden nun behaupten, dass diese Menschen von Dämonen oder bösen Geistern beeinflusst waren oder sind.

Doch wie sieht es dann mit Abraham oder Moses aus?

Wie mit Jesus oder Mohammed?

Waren diese Menschen dann auch alle krank?

Oder waren diese etwa sogar von Dämonen besessen oder beeinflusst?

Gewalt wegen religiösem Glauben ist dem ähnlich, als wenn ein Ehepartner nur dem Glauben verfallen ist, dass sein Partner fremdgeht.

Bei beiden schaltet das rationale Denken oftmals aus und es wird mit viel hysterischen herumschreienden Beschimpfungen, einfach drauflos Geschlagen, Getreten, Geschossen usw.

Denn beide Gruppen *glauben* nur, ohne es wirklich zu Wissen. Beide sind ohne triftigen beweisbaren Grund, der Eifersucht verfallen. Beide gehen nur nach einem Gefühl, das nicht wirklich greifbare Gründe hat. Bei beiden, spielt sich alles nur im Kopf ab und hat mit der Realität nichts zu tun!

Ist es das wirklich Wert, für ein Wesen, das man nicht sehen kann, mit dem man nur einseitige Monologe führen kann und welches sich nicht rational beweisen lässt und nur auf Hörensagen und Jahrtausenden alten Legenden und Mythen beruht, zu töten oder diesem überhaupt nachzueifern?

Schlimm genug, dass man so eine Frage, in einer wissenschaftlich aufgeklärten Gesellschaft des Jahres 2016 überhaupt noch stellen muss!

9 Gott und die Natur

Da Gott, der als liebevoll und barmherzig dargestellt wird, ja auch die Natur auf Erden geschaffen haben soll, frage ich mich, wieso die natürlichen Kreisläufe dann so grausam von statten gehen.

Wo man hinsieht gehört das Töten und Blutvergießen um des eigenen Überlebens für Nahrungszwecke zur Tagesordnung. Fressen und gefressen werden sind doch dann auch unleugbare Erfindungen Gottes.

Ich kenne niemanden, der es für ein liebevolles göttliches Ereignis hält, wenn ein junges Bambi von mehreren Wölfen in Stücke gerissen wird, Knochen krachen und Blut spritzt nur weil Gott es so gemacht hat.

Anscheinend ist jedem das Leben heilig außer Gott selbst!

Ich könnte es ja noch verstehen, wenn diese Tiere keine Schmerzen und kein Leid empfinden würden. Zudem kommt so eine Tötung noch viel Herzzerreißender rüber, wenn man sieht wie ein Antilopen-Junges einen Löwen mit großen angsterfüllten Augen anstarrt und dann voller Panik versucht erfolglos zu flüchten.

Aber Gott sah, dass es gut war! Was hat das bitteschön mit Liebe und Barmherzigkeit zu tun?

Spätestens hier wird klar, dass Gott, wenn es ihn überhaupt geben sollte, überhaupt nicht an cincr friedlichen Welt interessiert ist, sondern dass auch er Action und Gewalt mit Blutvergießen zu seiner Unterhaltung gutheißt oder sogar genießt. Auf Kosten anderer Lebewesen natürlich. Ihm selbst kann ja niemand etwas anhaben.

Er sitzt selbstgerecht auf seinem himmlischen Thron und schaut wahrscheinlich vergnügt diesem ganzen treiben zu, das er erschaffen hat!

Wenn es diesen Gott wirklich geben sollte, ist er bei genauerer Betrachtung, ein gefühlloses, sadistisches, unbarmherziges Wesen und sehr weit weg von dem propagierten liebevollen Gott!

Einige machen sich dann auch noch mit gefühllosen Argumenten daran ihren Gott ins heilige Licht zu stellen mit Aussprüchen wie:

»Ach, das sind doch bloß Tiere!«

Bei solchen Aussagen kommt mir dann die Galle hoch und ich könnte Platzen. Ja, sind denn Tiere keine Lebewesen? Ist denn für deren Gott wirklich nur das menschliche Leben etwas wert? Oder ist das nun auch wieder die Schuld von Adam und Eva?

Ein Einwand von Gläubigen wäre nun, dass es nun mal Geburt, Leben und Tod gibt und die ja irgendwie geregelt werden müsse. Wenn man diesen Lebenszyklus im Licht der Evolution betrachtet, ist es unumgänglich, dass sich das reale Leben in dieser Form entwickeln musste. Unter solchen Umständen darf ich auch keine moralischen Einwende haben, selbst wenn es mich schmerzt so etwas mit ansehen zu müssen.

Dieser Kreislauf der Natur müsste aber ganz anders ablaufen, wenn man einen allmächtigen, liebevollen und barmherzigen Gott mit in dieses Spiel bringt!

Denn wenn es einen allmächtigen Gott gibt, könnte er dies auch ohne Blutvergießen bewerkstelligen.

Hier ein kleines Beispiel: Man nehme von allen Tieren eine bestimmte Anzahl und lässt diese in bestimmten zeitlichen Abläufen immer wieder Jung und Älter werden, ohne dass diese sterben müssten. Als Nahrung mögen Pflanzen dienen oder allein das Licht der Sonne. Wenn ein Tier verunglücken sollte, wäre es für einen allmächtigen Gott ein leichtes, dieses wieder zum Leben zu bringen und zu heilen.

Doch wieso kommt ein allmächtiger und allwissender Gott nicht auf so eine Idee?

Muss da wirklich erst so ein kleiner unbedeutender, unvollkommener, »dummer« Mensch kommen, um ihm so einen Lösungsvorschlag zu machen, dass es auch ohne Gewalt, Schmerz und Leid ablaufen könnte?

Es werden immer wieder Filme und Bücher angeprangert die angeblich Gewalt verherrlichend sind.

Doch zu deren Verteidigung möchte ich klarstellen, dass dies *nur* Bilder oder Fantasien sind, die *keinem* wirklich Leid zufügen! In Gottes geschaffener Natur dagegen ist alles echt! Das Blut, die Schmerzen, die Angst und das ganze Leid drum herum sind so real wie Sie und ich!

Wenn jetzt immer noch jemand einwenden möchte, dass dies doch alles »nur« Tiere wären möchte ich noch hinzufügen, dass wenn dieser Gott Unterschiede macht ob es nun Menschen oder Tiere sind: Wie kann er dann zuschauen wenn sich seine »wertvolleren« Menschen in seinem Namen gegenseitig abschlachten und verachten? Dies müsste doch für ihn noch schlimmer anzusehen sein wenn er doch so Liebevoll wäre oder?

Doch da er es nicht ändert, obwohl er es könnte, ist es in seinen Augen anscheinend absolut akzeptabel.

Und Gott sah, dass es gut war, sonst würde er eingreifen! Oder, es ist ihm einfach nur scheiß egal!

Der Mensch als Treuhänder der Erde?

In 1.Mose 1:28 steht geschrieben:

»Und Gott segnete sie und sprach zu ihnen: Seid fruchtbar und mehrt euch und füllt die Erde und macht sie euch untertan und herrscht über die Fische im Meer und über die Vögel unter dem Himmel und über alles Getier, das auf Erden kriecht«

Welcher Gott, der allwissend und sehr weise ist, würde einem Wesen wie dem Menschen solche Befugnisse über seine Schöpfung übergeben oder gewähren, die er als sehr gut befunden hatte?

Er hätte doch wissen müssen wie der Mensch drauf ist oder wie er sich im Laufe der Zeit entwickelt! Dementsprechend dürfte es für Gott auch nicht überraschend sein, dass der Mensch, der als Krönung der Schöpfung angesehen wird, seine tolle Erde langsam aber sicher ausbeutet und zu einer riesigen Müllhalde umgestaltet.

Da er allwissend sein soll, wusste er doch wie der Mensch mit der Erde umgeht. Er musste doch wissen, dass der Mensch Raubbau an den Ressourcen der Erde betreibt, die Wälder abholzt, die Luft verpestet, Tiere missbraucht und quält!

Dies zeigt doch ganz klar, dass solche Sprüche wie »Macht euch die Erde untertan« nur von einem Menschen stammen können, der einen Vorwand gesucht hat die Erde und die Lebewesen auf ihr ausbeuten zu können, wie es ihm beliebt. Der dabei ein reines Gewissen vortäuschen wollte, da er ja angeblich den Segen Gottes, der ja schließlich der Schöpfer ist, mitbekommen hatte. Wäre diese »heilige« Schrift von einem weisen, liebevollen und barmherzigen Gott, dann würde vermutlich in diesem Vers etwas ganz anderes stehen. Solch ein Gott hätte nicht von »untertan machen« gesprochen, sondern eher »lebt mit der Natur und den Geschöpfen auf der Erde die ich geschaffen habe im Einklang, in Liebe und Harmonie«!

Natürlich würde die Mehrheit der Menschen deswegen mit diesem Planeten nicht besser umgehen, dennoch wären eventuell wirklich gläubige Menschen etwas umsichtiger, da diese ja diesem Gebot Gottes auf andere Weise Aufmerksamkeit schenken würden. Wenn es auch nur deswegen wäre, damit sie nicht in die Hölle kommen, wenn sie dieses Gebot nicht wortgetreu einhalten würden.

Dies zeigt wieder einmal mehr, dass es entweder keinen Gott gibt oder die sogenannten »heiligen« Schriften rein menschlichen Ursprungs sind und damit ihren Anspruch auf Göttlichkeit verspielt haben!

Hat der Mensch seine Krönung verdient?

Der Mensch wird von den Religionen immer als die Krönung der Schöpfung bezeichnet. Die Krönung sagt aus, dass er das beste Lebewesen ist, das Gott erschaffen haben soll. Doch, ist er das wirklich?

Wenn ich es mir Recht überlege, ist der Mensch nichts weiter als ein Allroundgeschöpf, das vieles gut und anderes gar nicht kann.

Hierbei möchte ich mich hauptsächlich auf die Körperlichen Fähigkeiten berufen. Denn dass der Mensch zwar sehr Intelligent aber dennoch oftmals nicht klug ist, sieht man tagtäglich wenn man die Zeitung aufschlägt oder den Fernseher anschaltet.

Schon allein sein Umgang mit der Natur und dass er Eigenschaften benutzt die nicht unbedingt förderlich sind um ein friedvolles Zusammenleben mit allen Arten zu garantieren, zeigt die überhandnehmende Dummheit der Menschen, die mit großer Wahrscheinlichkeit auch sein unweigerliches, immer schneller werdendes Aussterben vorantreibt. Das größte Anzeichen der Dummheit ist, dass der Mensch solche Artgenossen über sich entscheiden lässt die nur darauf aus sind noch Mächtiger zu werden und die das Allgemeinwohl nur interessiert, wenn es deren Reichtum förderlich ist und dies ohne Rücksicht auf Verluste. Hier kann man jegliche Regierungsform heranziehen die es gibt und schon einmal gegeben hat.

Aber um jetzt nicht weiter in die Politik abzurutschen möchte ich mich den körperlichen Fähigkeiten der angeblichen »Krönung der Schöpfung« im Vergleich mit anderen Arten widmen.

Wenn ein allmächtiger und allwissender Gott die Menschen erschaffen hätte und diese über alle anderen Geschöpfe stellen wollte, wären auch deren körperlichen Fähigkeiten, gegenüber denen aller Tiere überlegen!

Wenn ich die Macht hätte, beispielsweise das beste Fortbewegungsmittel zu bauen, dann würde ich bestimmt nicht nur den besten Motor den ich herstellen kann in dieses Fortbewegungsmittel einbauen. Nein, ich würde meine Fähigkeiten auch dazu verwenden, dass es das schnellste, energiesparendste, sicherste, bequemste und praktischste Fortbewegungsmittel ist. Vielleicht sogar dass es unter bestimmten Umständen unzerstörbar wäre. Dieses wäre auch nicht nur darauf beschränkt ausschließlich auf der Straße fahren zu können. Nein, ich würde dieses Fortbewegungsmittel so konstruieren, dass es auch schwimmen, tauchen, fliegen und sich sogar in die Erde eingraben könnte. Zudem wäre dieses Fortbewegungsmittel allen anderen die es schon geben würde in jeder Hinsicht überlegen! Ich würde sogar auf Kleinigkeiten achten wie, dass die Scheinwerfer das beste Licht haben, die alles ausleuchten und Reifen mit dem besten Grip für jedes Wetter, usw.

Doch wie sieht es beim Mensch aus?

Natürlich ist der Mensch kein Gegenstand wie ein Fahrzeug, sondern ein lebendiges Wesen. Dennoch dürfte es einem allmächtigen Gott keine Probleme bereiten ein wirklich perfektes Lebewesen zu konstruieren! Denn für diesen sollte es keinen Unterschied machen, ob seine Schöpfung nun tote Materie oder lebendig ist!

Wenn nun der Mensch die Krönung der Schöpfung sein soll, dürfte es eigentlich *kein* Lebewesen auf der Erde geben, welches dem Menschen in irgendeiner Weise überlegen ist. Um den Abschnitt nicht zu lange werden zu lassen, werde ich nur wenige Beispiele aufzeigen, wobei der Mensch gegenüber anderen Arten total unterlegen ist.

Der Adler zum Beispiel ist dem Menschen sogar in mehreren Fähigkeiten überlegen. Zum einen ist seine Sehkraft so groß, dass die Augen des Menschen dagegen so schlecht abschneiden würden, wie die eines Maulwurf gegenüber denen eines Menschen. Gleichzeitig kann der Adler und Millionen von Vogelarten fliegen und laufen, wobei der Mensch nur laufen aber nicht fliegen kann! Der Mensch hat sogar das Nachsehen gegenüber eines Maulwurfes, da dieser mit seinen körperlichen angeblich erschaffenen Gliedmaßen, viel besser graben kann als der Mensch.

Weitere Punkte die mich Nachdenklich machen sind folgende:

Wieso kann zum Beispiel bei Molchen und Salamandern oder dem Axolotl (ein mexikanischer Schwanzlurch) ein verlorenes Körperteil wieder nachwachsen, während der Mensch diese Fähigkeit nicht hat? Bei einem Hai wachsen sogar die Zähne wieder nach, jedoch dem Menschen, der die Krönung der Schöpfung sein soll, nicht einmal diese überaus nützliche Eigenschaft gewährt wurde?

Vom Schwimmen und Tauchen, vom Klettern, vom Rennen, von körperlicher Kraft und von Schnelligkeit gegenüber Millionen anderen Lebewesen möchte ich der Offensichtlichkeit halber keine weiteren Worte verlieren.

Das Fazit ist: Im Gegensatz zu anderen Lebewesen, ist der Mensch rein körperlich so gut wie allen anderen Arten nicht *überlegen*, sondern sogar absolut *unterlegen*!

Ein Lebewesen aufgrund eines einzigen Organs, als Krone der Schöpfung zu bezeichnen, nur weil dieses Organ (das Gehirn) weitaus besser ausgebildet (geschaffen?) ist, ist in meinen Augen sehr anmaßend von den Religionen. Wenn hier wirklich ein Gott seine Hände im Spiel hatte, dann hat er aber so was von versagt, das es dafür schon keine Worte mehr gibt! Die Vorteile des Menschen könnte man ohne Übertreibungen auf sein Gehirn und seine geschickten Hände reduzieren. Doch wäre eines dieser beiden nicht so entwickelt, wäre der Mensch entweder schon ausgestorben oder er würde noch friedlich im Einklang mit der Natur leben. Denn nur das Zusammenspiel dieser beiden Vorteile gegenüber allen anderen Arten hat den Menschen so weit gebracht. Das ist eindeutig Evolution und nicht Schöpfungswerk.

Davon abgesehen, hätte Gott den Menschen so erschaffen, dass dieser beispielsweise fliegen kann, hätte der Mensch keine Flugzeuge bauen müssen und hätte demzufolge dadurch die Umwelt nicht verschmutzen müssen. Genauso sieht es mit allerlei anderen technischen Gerätschaften aus. Etwas mehr Weitsicht von Gott zu verlangen wäre natürlich wohl zu viel verlangt oder?

Auch bei diesem Argument ist die Evolution, die absolut rational gesehen, logisch bessere Erklärung als eine angebliche Schöpfung!

Wenn nun das Gegenargument kommen sollte, dass der Mensch die Krönung der Schöpfung wäre, weil er die Besonderheit des Glaubens erhalten hat, möchte ich anmerken, dass kein Mensch wirklich weiß, ob dieser Glaube überhaupt einen Sinn hat, auch wenn er es meint.

Selbst wenn dieser Glaube sinnvoll wäre, wüsste trotzdem niemand hundertprozentig, ob nicht auch Tiere mit ihrem angeblichen Schöpfer auf ihre Art und Weise kommunizieren können und somit auch glauben können. Was die Einzigartigkeit des Menschen dann wiederum verblassen lassen würde.

Dem Menschen hat der religiöse Glaube eigentlich nur Verwirrung, Krieg und Spaltung gebracht!

Nur durch den religiösen Glauben, hat er die Eigenschaft entwickelt, Dinge ohne beweisbare Argumente annehmen zu können und sich dabei noch gut und überlegen zu fühlen.

Zudem hat er die Fähigkeit erlernt Gruppen zu bilden in denen nur der eigene Glaube und der dazugehörige Gläubige als wertvoll erachtet wird, wobei Andersgläubige nur den Status eines Ausgeschlossenen haben.

Manche Religionen die durch solche Gläubige entstanden sind, bezeichnen diese Andersgläubige sogar als Hunde und dass man diese genau so behandeln soll wie Straßenköter.

Wenn nun Gott existiert und dem Menschen nur durch den Glauben die Krone aufgesetzt hat, müsste man diesen dann nicht fragen, ob er noch ganz bei Sinnen war als er sich so einen Mist ausdachte?

Er wusste doch ganz genau, zu was dies führt wenn er dies nicht überwacht und steuert, bei unvollkommenen Menschen?

Weitere Gedanken die mir kamen, waren folgende:

Wenn Gott ein Geistwesen ist, wieso hat er dann materielle Dinge und Lebewesen erschaffen?

Wie kommt ein Geistwesen überhaupt auf eine solche Idee?

Was für einen Sinn soll es denn haben, das es geistige Welten (Orte) und Lebewesen und zusätzlich noch eine materielle Welt und materielle Lebewesen gibt?

Wenn wir doch alle nach dem Bilde Gottes erschaffen worden sein sollen: Wieso haben wir dann *materielle* Körper und keine Geistigen, wenn Gott doch ein Geist sein soll?

Wie kommt ein Geistwesen eigentlich auf die Idee, dass ein materieller Körper organische Nahrung aufnehmen, diese verbrennen und dann wieder ausscheiden muss?

Wie kommt so ein Wesen, das immer wach ist, eigentlich zu solchen Gedankenblitzen, dass die Menschen nicht nur Nahrung brauchen, um ihre Energie aufzutanken, sondern auch noch mehrere Stunden am Tag schlafen müssen?

Dies sind doch alles nur unnötige Unannehmlichkeiten, die einem von diesem Geistwesen aufgezwungen wurden, damit wir Menschen überhaupt überleben können!

Was hat sich dieser Gott eigentlich dabei gedacht? Hat er überhaupt dabei Gedacht oder nur mal schnell etwas erschaffen ohne Plan?

Alle diese Fragen lassen einen allmächtigen und allweisen Schöpfergott immer mehr in die Unwahrscheinlichkeit versinken. Auch hier sind wieder einmal solche natürlichen Gegebenheiten, nur mit der Evolution *sinnvoll* zu erklären!

Ein allmächtiger Gott steht hierbei nur als Totalversager diesen Umständen gegenüber! Diese wäre aber wiederum ein Widerspruch. Denn ein vollkommenes allmächtiges Wesen, kann nicht versagen!

Demnach kann es nach logischem Kombinieren und dem einschalten des gesunden Menschenverstandes, mit sehr hoher Wahrscheinlichkeit, *keinen* allmächtigen Gott geben!

Warum kein direkter Schöpfungsbeweis?

Warum dieses Spiel mit dem Ungewissen?

Wieso hat Gott nicht einfach auf alles was er angeblich erschaffen hat eine Art Stempel aufgedruckt, eingebrannt, graviert oder tätowiert auf dem »Made by Gott« oder »Made in Heaven« steht?

Dies klingt jetzt bestimmt etwas Überzogen oder Kleingeistig, aber einfach nur zu Behaupten, dass alles von einem Gott erschaffen wurde ist auch nicht gerade sehr Glaubwürdig und Naiv.

Es hätte doch genügt, wenn auf allem von Gott erschaffenem ein spezielles Zeichen oder Logo zu sehen wäre, welches mit der Evolution nicht zu erklären wäre!

Dann bräuchte niemand mehr zweifeln woher alles kommt.

Wenn die Wissenschaft doch irgendwann einmal so eine Art Hinweis in Atomen, Genen, DNS, DNA oder der Gleichen finden sollte nehme ich natürlich alles zurück!

Was mich auch sehr nachdenklich macht ist, dass es zum Beispiel für die Arche und die Stifthütte, eigentlich für die zukünftigen Generationen unwichtige Bauanweisungen und Materialauflistung gibt, aber solche lebensnotwendigen Informationen, dass so etwas wie Kleinstlebewesen wie Viren existieren, die für viele Krankheiten verantwortlich sind, nicht einmal erwähnt werden. Auch, dass um, in und auf uns, Millionen von Bakterien leben die man nicht mit dem normalen Auge sehen kann und dass alle Materie aus Atomen besteht, darüber verliert der angebliche Schöpfer aller Dinge in seiner Lebensanleitung der Bibel oder dem Koran kein Wort.

Nach meiner Meinung steht so etwas nur nicht in den »heiligen« Büchern, weil diese eben nicht heilig und eben nicht von einem allmächtigen Schöpfer sind! Denn der Schreiber in der damaligen Zeit hatte hiervon nämlich überhaupt keine Ahnung und konnte deshalb auch nichts in seine angebliche Gottesschrift aufschreiben. Deshalb ist es auch nicht verwunderlich, dass die Menschen damals wenn sie krank wurden glaubten, dass diese Krankheit ein Fluch und eine Strafe Gottes wäre. Hier könnte ich noch einmal zu Hiob zurückkehren und die Geschichte auf eine andere Art und Weise erklären. Aber dies überlasse ich nun Ihrer Fähigkeit des Denkens, gepaart mit Logik und gesundem Menschenverstand.

Zurück zu den fehlenden Fakten.

Dieses Dogma, dass alle Krankheiten eine Strafe Gottes wären, spielte dem Erfinder Gottes und dessen Nachfolger natürlich in die Hände um seine eigenen Wertevorstellungen anderen Menschen, als die Gottes aufdrücken zu können. Denn wenn diese seine Regeln nicht eingehalten hatten, brauchte er nur warten bis mal wieder jemand Krank wurde und diese Krankheit als Strafe für dessen Sünden zu erklären. So unterwirft man Menschen die nach seiner Pfeife tanzen sollen!

Heutzutage funktioniert solch eine Doktrin nur noch bedingt in wirtschaftlich und wissenschaftlich zurückgebliebenen Ländern, was für die religiösen Führer und Geistlichen ein harter Tritt in den Allerwertesten sein muss. Denn mit dem wissenschaftlichen Fortschritt haben diese bei dem Thema Krankheiten keine Chance mehr in einer aufgeklärten Welt, diese als Strafe Gottes zu suggerieren um ihre Macht ausüben zu können.

Hier sieht man, dass es nicht die Wissenschaft ist, die die Religion *verdrängt*, sondern dass sich die Religion *selbst disqualifiziert*, indem ihre Lügen und Dogmen von der Wissenschaft aufgedeckt und entlarvt wurden. In kommender Zukunft werden es ganz bestimmt noch viele mehr sein, die aufgedeckt und entlarvt werden!

Im nächsten Abschnitt möchte ich noch kurz direkt auf die Thematik Viren und Bakterien, die ich eben erwähnt habe, etwas näher eingehen.

Viren, Bakterien und Schmerzen

Nun, dass es viele nützliche Bakterien gibt ohne die wir nicht einmal leben können, ist mittlerweile allseits bekannt.

Doch wozu um alles in der Welt soll ein Gott der Liebe, Viren und Bakterien erschaffen, die Lebewesen krank machen, heftige Schmerzen zufügen und sogar umbringen können?

Wenn jetzt die Religionsverteidiger meinen, dass diese doch Satan geschaffen haben soll, dann müsste dies doch auch in den »heiligen« Schriften erwähnt werden. Doch da in diesen kein Wort darüber geäußert wird, ist es ein Leichtes, es einfach auf Satan zu schieben. Zudem wird doch Gott allein, als Schöpfer *aller* Dinge betitelt, oder?

Nirgends steht, dass Satan die Macht hat irgendetwas zu erschaffen! Wenn es doch eine Textstelle in der Bibel oder dem Koran geben sollte in der Satan die Macht zum erschaffen von Lebewesen hat dann bin ich ganz Ohr!

So, zurück zu den Viren, Bakterien und Schmerzen.

Wer schon mal Zahnweh gehabt hat, wird sich bestimmt nicht danach sehnen diese Schmerzen noch einmal zu bekommen. Ach ja, Schmerzen, seufzt. Schmerzen können etwa bei Verletzungen etwas nützliches sein, um den Körper nicht noch mehr schaden zu zufügen. Doch wofür sollen Zahnschmerzen gut sein oder besser noch wieso sind unsere Zähne so überempfindlich? Warum fangen unsere Zähne schon vor dem Tod an zu faulen? Wieso haben fiese Bakterien das Recht bekommen, übelst schmerzhafte Löscher in unsere Zähne zu fressen? Wieso kann sich Zahnstein bilden und das Zahnfleisch zurück schieben? Wieso sind Zähne nicht so zusammengesetzt, dass diese zu Lebzeiten unzerstörbar sind, egal was für Nahrung man zu sich nimmt? Wieso sind in unseren Zähnen überhaupt Nerven die diese Schmerzen hervorrufen?

Warum haben wir nicht die Fähigkeit bekommen für eine gewisse Zeit bestimmte Schmerzen einfach ausschalten zu können? Was für einen Sinn hat es, wenn ich mir ein verstauchtes Bein zugezogen habe, aber vor lauter Schmerzen nicht mehr laufen kann, um alleine zum nächsten Arzt zu kommen, damit dieser mir helfen kann?

Wieso in aller Welt, braucht das alles immer so lange, bis es geheilt ist? Weshalb sind unsere Knochen überhaupt so zerbrechlich und unser Körper allgemein so anfällig für Verletzungen aller Art?

Jede dieser Fragen, straft einen allmächtigen, allwissenden, liebevollen Gott, als vollkommenen Schöpfer der Lüge oder als Qualitätsverweigerer! Würde es einen allmächtigen Gott geben, hätte er bestimmt auch an so etwas gedacht!

Außer, es belustigt ihn wenn wir vor Schmerzen humpeln müssen oder bei einer Zahnfleischverletzung Blut beim Sprechen spritzt.

Für mich sieht es auch bei dieser Thematik vor allem danach aus, dass es gar keinen Gott gibt der uns erschaffen hat und um uns besorgt ist. Die einzig logische Antwort darauf kann uns wieder einmal nur die Evolution geben!

Yeah, ich höre sie nun wieder blöken, die religiösen Erklärer mit ihrem einzigen Allround-Argument: »Na wegen Adam und Eva«, »Erbsünde«, bla bla lalalala.

Laaangweilig, unrealistisch, unlogisch, total unterirdisch und absolut unvereinbar mit dem gepredigten Gott, der die Liebe und Barmherzigkeit in Person sein soll!

Ich gestehe ja den Juden und den Muslimen dieses Argument noch zu, da ihre Version Gottes ja total straf-geile und rachgierige Charakterzüge aufweist, aber nicht den Christen. Denn wenn Jesus für die Sünden *aller* Menschen gestorben sein soll, dann doch auch *rückwirkend* für die von Adam und Eva! Oder waren Adam und Eva etwa keine Menschen?

Nun, die beiden sollen den Bockmist ja gebaut haben. Müsste demnach *diesen* dann nicht als *erstes* vergeben werden, um das Erbe der weitergebenden Sünde nicht im Keim ersticken zu können?

Also, selbst wenn die Sünden erst ab Jesu Tod bei allen Nachfolgern Jesu für nichtig erklärt wurden, dann dürfte es doch seit Jesu Opfer auch keine Erbsündenlast mehr existieren und damit auch keine Krankheiten, Schmerzen, und Leid. Doch ich kenne keinen Christen der Immun gegen alle Krankheiten ist, der keine Schmerzen hat und dem seine lebensnotwendigen Dinge einfach so zufliegen, da er von der Sünde befreit wäre.

Wenn nun das Argument kommt, dass die Sünde erst nach dem Tod der Gläubigen, also beim Eintritt ins Paradies, vergeben wird, frage ich mich, wieso man dann jetzt zu Lebzeiten *ständig* um Vergebung seiner Sünden beichten und bitten soll, wenn die Vergebung sowieso erst *nach* dem Tod erteilt wird?

Dazu kommt noch, dass wenn man seine Sünden gebeichtet hat, man ja noch weiterlebt und dann dauert es nicht lange, bis man wieder »sündigt«. Denn das ist nun mal unvermeidbar und liegt in der Natur der Menschen, dass sie nicht Buchstabengetreu nach den Vorgaben eines Buchs leben können!

Was mag ein gerechter Gott darüber denken wenn zum Beispiel ein Krimineller seine Taten beichtet, dann mehrere »Vater Unser« und »Ave Maria« herunter plappern soll und dabei den Rosenkranz durch seine Finger gleiten lässt und danach weiter machen kann als wäre nichts gewesen?

Welchen Sinn macht es überhaupt, um Vergebung zu bitten, wenn die Sünden durch den Opfertod doch automatisch vergeben werden, wenn man an das Opfer Jesu glaubt und ihn als Sohn Gottes angenommen hat?

Richtig, dies macht absolut keinen Sinn und ist demzufolge total unnötig diesem Dogma nachzueifern!

Allen Gläubigen, die bis zu dieser Seite durchgehalten haben und immer noch ihrer Religion hinterher laufen, möchte ich bitten: »Fangt endlich an zu denken und hört auf blind zu glauben, was euch irgendjemand einreden will oder was in uralten, mündlich überlieferten »Pseudoheiligen Schriften« steht, von denen *niemand* mehr genau nachvollziehen kann, wer diese Geschichten darin erfunden und wirklich aufgeschrieben oder übersetzt hat!«

Da ich das »Sündigen« angeschnitten habe, möchte ich nun zu einem Thema kommen, das von vielen Religionen als absolutes Tabu-Thema abgestempelt wird, da es oftmals sogar als Paradebeispiel der Sünde schlechthin herhalten muss.

Es geht um die Sexualität die ja ach so »böse« sein soll!

Tabu-Thema Sexualität

Einvernehmlicher, freiwilliger Sex macht unheimlich viel Spaß und ist etwas absolut natürliches!

Wieso macht Sex eigentlich so viel Spaß, wenn man diesen, laut religiöser Dogmen, nur für die Fortpflanzung ausüben darf? Selbst wenn der Akt bei manchen nur wenige Minuten andauert!

Besser gefragt, wieso soll uns ein liebevoller Gott, der sich wünscht dass es uns gut geht, so intensive Lustgefühle bei einem ausschließlichen Zeugungsakt mitgeben, wenn wir dieser Lust nicht frönen sollen? Ist das nicht sadistisch oder zumindest gemein?

Denn diese Gefühle, die man bei einem Orgasmus bekommt, können so intensiv sein, dass man regelrecht süchtig danach werden kann.

Hätte dieser Gott diese Gefühle dann nicht einfach weg lassen müssen? Es hätte doch ein Gefühl ausgereicht, wie wenn wir spucken oder wenn wir pinkeln.

Durch sein Gebot »Seid fruchtbar und werdet viele« hätten sich die Menschen auch ohne dieses Lustempfinden weiter vermehren müssen oder?

In der Evolution der Menschen ist die Lust am Sex eine Animation, damit viele Nachkommen gezeugt werden um den Fortbestand der Art zu gewährleisten. In der Evolution spielt es auch absolut keine Rolle, ob vor der Fortpflanzung ein Vertrag oder Ritual absolviert wurde. Hier ist es nur ausschlaggebend ob zwischen den Sexualpartnern die sogenannte Chemie stimmt!

Doch bei den Religionen wird Sex oftmals als etwas Schmutziges abgetan und es wird propagiert, dass man nicht einmal darüber reden soll. Sex wird nur als Sünde betrachtet, die gebeichtet und bereut werden muss, um ins Paradies eingehen zu können.

Dieses natürliche Bedürfnis, als eine Sünde dazustellen, ist auch einer der großen Tricks der Religionen um Macht über die Menschen ausüben zu können! Deshalb ist Sex vor der Ehe bei den meisten Religionen auch nicht erlaubt. Aber mal ehrlich, wer *will* wirklich bis zur Ehe warten, um seine tiefen körperlichen Gefühle mit seiner großen Liebe auszutauschen? Ist es nicht so, dass hier ein Zwang durch ein religiöses Dogma auf die Gläubigen ausgeübt wird? Welcher Gläubige verzichtet wirklich *freiwillig* auf Sex *ohne* einen natürlichen innerlichen Drang zu spüren seiner Lust freien Lauf lassen zu wollen?

Es ist ja nicht nur die Selbstgeißelung, die durch dieses Dogma entsteht, sondern es kann auch dazu führen, dass man eine lange grausame Ehe führen muss. Woher soll man bitteschön vorher wissen, ob man als Paar auch sexuell zusammenpasst, wenn man vor der Ehe nicht miteinander schlafen darf? Wenn die sexuelle Chemie oder die sexuellen Vorlieben beider nach der Eheschließung nicht passt, darf man sich dann noch nicht einmal scheiden lassen, da hier das nächste Verbot an die Tür klopft, das eine Sünde wäre! Doch dann können diese religiösen Führer und Geistlichen als angeblich mitfühlende Lebensberater auf die Gläubigen einreden und ihnen das Hirn noch weicher kochen, um deren Geist weiterhin in deren Religion zu fesseln.

Also, Sex ist böse, und ausnahmslos nur für die Vermehrung erlaubt, und dies natürlich auch nur in der Ehe?!

Außer natürlich, wenn es sich um irgendwelche Propheten oder Diener Gottes handelt, dann ist sogar Ehebruch und Homosexualität geduldet (siehe im Alten Testament der Bibel, die Geschichten von Abraham, Ham und David). Bei religiösen Figuren aus den »heiligen« Schriften wird aber darüber hinweg geschaut, es verschwiegen oder einfach uminterpretiert.

Wieso haben wir kein Sex-Gen, das uns davon abhält, außerhalb des Zeugungswillen Sex haben zu wollen?

Bei den meisten Tieren ist es deren Instinkt, der sie veranlasst den Zeugungsakt zu vollziehen. Tiere erkennen komischerweise auch, wann ihr Geschlechtspartner zur Empfängnis bereit ist. Wieso ist es beim Menschen, der angeblich die Krone der Schöpfung sein soll, nicht auch so?

Ich kenne zumindest kein Tier das nur aus Spaß den Akt des Geschlechtsverkehrs ausübt. Wenn es doch welche geben sollte, dann wäre die Frage angebracht, wieso Tiere diese Lust beim Sex ohne Zeugungswillen haben dürfen, wir Menschen dies aber Verboten bekommen? Ist es nicht Gottes Wille, dass sich der Mensch wohl fühlt und glücklich ist? Oder will dieser Gott uns Menschen nur ärgern und triezen?

Wieso kann dieser Gott, Tiere so erschaffen, dass diese nur zur Vermehrung Sex haben, aber den Menschen nicht?

Hat er gar doch Gefallen daran, wenn der Mensch sich sexuell austobt und wurde es nur falsch von den religiösen Führern verstanden und weiterverbreitet?

War es vielleicht sogar ein Schöpfungsfehler oder hat er den Menschen diesen Fehler absichtlich »eingebaut« weil er etwa Gefallen daran hat, den Menschen hinterher in einer Hölle zu quälen, weil er sich sexuell ausgetobt hat?

Warum masturbieren Menschen? Liegt es nicht daran, dass der sexuelle Drang so heftig sein kann, dass man ihm nachgeben muss, wenn man sich nicht selbst geißeln oder quälen möchte? Doch auch hier haben die religiösen Führer eine Möglichkeit gefunden um diesem natürlichen Drang auf grausame dogmatische Art entgegenwirken zu können. Unter dem fadenscheinigen Argument der Hygiene und Sauberkeit, haben sie es fertig gebracht, ihre Mitglieder und Anhänger dazu zu bringen, dass sie ihren männlichen Nachkommen, die schützende Penisvorhaut unter »heiligen« rituellen »Festlichkeiten« von einem Geistlichen abschneiden lassen. Denn ohne Vorhaut masturbierte es sich früher nun mal schwerer, als mit dieser vor Schmutz und Verletzungen schützenden Hautschicht. Denn früher gab es noch keine Drogerien oder Supermärkte, in denen man sich diverse Cremes oder Gleitmittel kaufen konnte. Zudem kann es nach so einer Prozedur der Beschneidung auch zu Entzündungen und hohem Blutverlust kommen, wenn dies kein erfahrener und gut ausgebildeter »Meister der Beschneidung« ausführt. Bei gründlichem Nachdenken, kann ich nur noch staunen, auf welche ausgefuchsten Ideen diese religiösen Gelehrten doch kommen, um ihre Dogmen verbreiten zu können.

Und das dann sogar so, dass diese Dogmen bedenkenlos ohne nachzufragen, einfach so, von den Gläubigen angenommen und umgesetzt werden. Nein, sie haben ihre »Schäfchen« sogar so weit gebracht, das diese solche abnormen Handlungen sogar verteidigen und jeden diskreditieren, der etwas gegen solche dogmatischen grausamen Rituale einzuwenden hat.

Betrachtet man verschiedene geschichtliche Aufzeichnungen oder Texte aus »heiligen« Schriften, ist oder war, es auch eher erlaubt, eine ungläubige Frau zu vergewaltigen, als mit einer Gläubigen vor der Ehe Sex zu haben, weil man diese liebt. Dies wird in der Bibel im Alten Testament und im Koran aufgezeigt. Es gibt im Islam heute noch Gläubige, die in Kriegsgebieten Frauen vergewaltigen, um ihnen laut dogmatischer irrsinniger Weise ihren Samen und damit den Islam »einzupflanzen«. Dies gehört dann zum »heiligen« Dschihad und wird im Koran durch Mohammed auch vorgegeben, da dieser ja des Moslems Vorbild ist.

Hier möchte ich nur kurz anmerken, dass jemand ein riesiges psychologisches Problem hat, wenn er auf Befehl oder Anweisung eines Gottes oder eines religiösen Führers hin, überhaupt »einen hoch« bekommt wenn er eine Frau vergewaltigen soll! Nur Psychopathen würden solch einem grausamen Gott noch nachfolgen, der so eine Handlungsweise gut heißt!

Dies bedeutet natürlich *nicht*, dass sich alle Moslems daran halten und dies umsetzen, worüber ich auch sehr froh bin! Ja, zum Glück gibt es noch Menschen, die ihre Religion doch nicht so ernst nehmen und ihren gesunden Menschenverstand einschalten oder eben nur noch wegen der Tradition und dem familiären Druck einer Religion angehören! Denn das Leid, welches damit einhergeht, wenn sich diese extrem Gläubigen an alle ihre religiösen Vorgaben halten, ist unaussprechlich grausam!

Um nicht immer nur auf den Hauptreligionen herumzureiten, möchte ich erwähnen, dass es auch verschiedene Stammesreligionen gibt, bei denen es zum Beispiel Brauch ist, dass bei Mädchen die Vagina zugenäht oder der Kitzler abgetrennt wird, nur damit diese keine sexuelle Lust empfinden können. Doch dies macht alles keinen Unterschied, da auch dies, alles im Namen irgendeiner Religion oder irgendeines erfundenen unsichtbaren Wesens geschieht, das als Gott bezeichnet wird!

10 **Wunder**

Als Wunder kann man alles bezeichnen, was sich mit wissenschaftlichen Erkenntnissen *noch* nicht erklären lässt. Oder aber, als Ereignis welches sich der Betrachter selbst nicht erklären kann, was natürlich nicht bedeutet, dass es dafür Anderenorts noch keine wissenschaftliche Erklärung gibt!

Ich bin davon überzeugt, dass es sogar heute noch Eingeborenenstämme in unseren Urwäldern gibt, die sich auf den Boden werfen und ein vorbeifliegendes Flugzeug anbeten oder als Wunder ansehen.

Wenn man ganz weit in der Zeit zurückgeht, waren sogar ganz einfache Naturereignisse wie beispielsweise Regen (Wasser vom Himmel) oder Sonnenuntergänge (Himmel brennt, Meer verschluckt die Lichtscheibe) Wunder in den Augen der Betrachter. Bei einer Sonnenfinsternis oder Mondfinsternis gibt es sogar in der heutigen Zeit noch Menschen, die darin ein Wunder sehen, dass bestimmte religiöse Zeiten oder Ereignisse wie den Weltuntergang oder das Kommen einer religiösen Figur einleiten würde. Und dies, obwohl diese Naturereignisse schon längst kein Geheimnis für unsere Wissenschaft mehr darstellt und die Erklärung dafür mittlerweile sogar schon zur Allgemeinbildung gehört. Wenn sogar Menschen in der heutigen Zeit solche wissenschaftlich bekannten Ereignisse noch als Wunder ansehen, wie viel mehr, mussten dann unsere Vorfahren, solche oder ähnliche diverse für sic noch nicht erklärbaren Geschehnisse als Wunder angesehen haben?

Also, wie würde ein Mensch aus dem vorchristlichen Zeitalter, zum Beispiel eine Art Monitor oder ein Hologramm bezeichnen oder wahrnehmen, in dem eine Animation eines Lagerfeuers gezeigt wird, welches mit einem Mikrofon und Lautsprecher gekoppelt war und aus dem jemand mit diesem kommuniziert?

Bei vielen die sich mit dem Alten Testament auskennen, müsste jetzt ein bestimmtes Bild in den Sinn kommen. Genau, der brennende Dornbusch der nicht verbrennt, mit dem Moses gesprochen haben soll.

War das wirklich ein Wunder oder war das nur eine für Moses unbekannte Technik, mit der sich jemand als Gott ausgegeben hatte oder von ihm nur als Gott zurecht geschnitzt wurde?

Apropos, geschnitzt: War der »Finger Gottes« vielleicht nur ein Laserstift oder ein Gravur-Gerät mit der die 10 Gebote in die Steintafeln »geschrieben« wurden?

Wie war es in späterer Zeit bei den spanischen Entdeckern, als deren Technik von den Eingeborenen begutachtet und bestaunt wurde? Die Spanier wurden von diesen doch auch als Götter angesehen obwohl sie keine waren. Denn ihre großen Schiffe, Kanonen und Gewehre, ihre glänzenden Rüstungen usw. waren für die Eingeborenen, unbekannte, wundersame und unerklärliche Dinge, die nur von »Göttern« stammen konnten. Die Gewehre waren für die Eingeborenen Stöcke, die Feuer speien konnten und so laut wie Donner waren. Mit diesen »Stöcken« konnten diese »Götter« auch töten und waren dementsprechend sehr mächtig. Dieses Unverständnis führte unweigerlich zur Anbetung der Spanier. Jedoch ergab es sich, dass die Eingeborenen entdeckten, dass die Spanier doch nur Menschen waren und somit begann ein erbarmungsloser Krieg, den die Eingeborenen leider nicht gewinnen konnten.

Dies zeigt auf, dass sich alle angeblichen Wunder, die zuvor als göttlich angesehen wurden, nach einer gewissen Zeit *immer* als diverse Technik aufklären werden. Denn nur weil manches nicht bereits vorher verstanden wurde oder nur weil es über lange Zeitabschnitte geglaubt wurde, muss dieses demnach nicht zwangsläufig ein »Wunder« göttlichen Ursprungs sein!

Wie könnte man aber dann die »Wunder« erklären die beispielsweise Jesus zu seiner Zeit vor den Augen der Menschen »gewirkt« hatte?

Nun, da es in der heutigen Zeit keine offensichtlichen göttlichen Wunder »mehr« gibt, muss man davon ausgehen, dass es früher dementsprechend auch nie welche gegeben hat, da alles, nur auf das Unverständnis der einfachen Menschen zurückzuführen war, die mit dem Thema Technik nichts anfangen konnten.

Diesbezüglich ergibt sich nun eine Frage die nach meiner Meinung nicht unterschlagen werden darf, obwohl sie von vielen als eventuell weit hergeholt bezeichnet werden wird.

War Jesus eventuell ein Außerirdischer der über eine Technik verfügte, die sogar die heutigen Möglichkeiten übersteigt?

Um dem Shit-Storm von vornherein entgegenzuwirken, sollte sich nun jeder einmal die Frage stellen, was denn Wahrscheinlicher ist:

Dass Jesus eventuell ein Außerirdischer war oder dass er vor seiner Laufbahn auf der Erde ein Geistwesen war, das in Sphären gelebt hat, die man sich nicht einmal vorstellen kann und dass er der Sohn eines unsichtbaren Überwesens das Gott genannt wird gewesen sein soll und später von einer Jungfrau geboren wurde usw.? Nun, wenn ich bei der rationaleren und wahrscheinlicheren Theorie bleibe, dass Jesus von einem anderen technisch höher entwickelten Planeten gekommen sein könnte, möchte ich folgende Fragen aufwerfen:

Verfügte er eventuell über einen Antigravitationsgürtel, der es ihm erlaubte, damit über die See laufen zu können?

Hatte er ein Gerät mit dem sich Fische sehr einfach anlocken ließen?

Verfügte er über ein Instand-Pulver, um Wasser in Wein »verwandeln« zu können?

Hatte er einen »Replikator« um organische Lebensmittel wie Fisch oder Brot auf Knopfdruck produzieren und vervielfältigen zu können?

Hatte er für die damalige Zeit unbekannte Medikamente, die es ihm ermöglichten, jede Krankheit heilen zu können?

Ist es wirklich so unwahrscheinlich, dass er eventuell eine mentale Technik beherrschte oder ein Gerät besaß, um kurz zuvor verstorbene, wie Lazarus, wieder ins Leben zurück holen zu können?

Waren Jesu Predigten möglicherweise nichts weiter, als gute Ratschläge einer weiter fortgeschrittenen außerirdischen Zivilisation, um den Menschen eine andere Sichtweise des Lebens zu vermitteln?

Wer die gesamte Bibel mit diesen Gedanken im Hinterkopf liest, wird den wahrscheinlich besten Sciencefiction Roman aller Zeiten in den Händen halten, aber bestimmt kein Heiliges Buch mehr!

Ersetzt man dann noch HERR, Gott und Satan mit der/die Mächtige/n oder mit Begriffen wie Imperator, König, Kaiser, Star-Lord, War-Lord, Kanzler, Präsident oder Ratsoberhaupt usw. bekommt man eine echt gute Story, hinter der sich bekannte Filmreihen wie Star Wars oder Serien wie Stargate nur noch verstecken könnten.

Die Engel und Dämonen sind dann natürlich Boten, Botschafter, Berater, Abgesandte, Ratsmitglieder oder (Sternen)Krieger, Soldaten, Commander, General, Major usw. der verschiedenen Seiten.

Das gleiche könnte man mit jedem anderen »heiligen« Buch machen und es würde fast keine Unterschiede im Sinn ergeben. Dies alles gibt es heute immer noch haufenweise in Büchern oder Filmen. Auch die Handlungen haben sich im Laufe der Zeit nicht groß geändert.

Es geht wie damals, immer noch um das unangefochtene Hauptthema aller Zeiten: Gut gegen Böse!

In vielen heutigen Geschichten, geht es auch um Weltraum (Himmels) Schlachten, die sich bis auf weit voneinander entfernte Planeten (Welten) ausdehnen.

In fast allen dieser Geschichten geht es heutzutage genau wie damals auch, um Politik, Gesetze, Kulturen, Rache und Vergeltung, Machtansprüche, Liebe und Betrug, Loyalität und Verrat, Wiedergutmachung, Geburt, Leben und Tod usw.

Wer kann demnach, nun mit absoluter Sicherheit bezeugen, dass die Bibel und andere angeblich »heilige« Schriften nicht nur zur Unterhaltung der damals lebenden Bevölkerung gedient haben?

Wer sich nun meldet, den möchte ich bitten, mir aussagekräftige Beweise vorzulegen. Diese sollten sich aber bitte nicht, auf eine dieser »heiligen« Schriften selbst stützen!

Denn Bibelverse oder Koransuren können nicht beweisen, dass die Bibel oder der Koran von einem Gott stammt! Dies wäre wiederum kein Beweis, sondern nur eine Behauptung!

Denn nur weil es im Winter schneit, ist dies noch lange kein Beweis dass es Frau Holle gibt, nur weil ihre Geschichte in einem Buch niedergeschrieben wurde und weil diese Geschichte schon so Alt ist. Auch wenn nun jemand daher kommen würde und dieses Märchen als heilig und von einem Gott übermittelt anpreisen würde!

Eine weitere mögliche Erklärung wäre, dass all jene, die sogenannte Wunder wirkten nur richtig gute Illusionisten waren, die es verstanden, den Geist der Menschen mit Tricks und Täuschungen zu verwirren und zu verblüffen.

Die Speisung der vielen Menschen mit angeblich nur einem Brot und einem Paar Fische könnte zum Beispiel so bewerkstelligt worden sein, dass sich an dem Platz an dem Jesus saß, ein Loch im Boden befand indem viele Brote und Fische versteckt waren. Dieses Loch wurde dann mit einer Klappe abgedeckt, die sich nach unten öffnen ließ. Auf dem Außenrand dieser Klappe stand ein kleiner Korb, dessen Boden sich mit der Klappe gleichzeitig öffnen ließ. Jedes Mal wenn Jesus nur noch die Hälfte eines Brotes und einen Fisch in der einen Hand hatte, konnte er mit geschickten Ablenkungen mit der anderen Hand, durch den Korb greifen und Nachschub aus dem Hohlraum unter dem Korb hervorholen und dies dann als Wundersame Vermehrung darstellen. Durch die Suggestion eines vorherigen Gebets, entstand dann die Illusion, dass Gott das Brot wieder vervollständigt hatte um weitere Menschen zu verköstigen. Doch im Gegensatz zu heutigen bekannten »Magiern und Illusionisten« wie zum Beispiel Uri Geller, David Copperfield, Siegfried und Roy oder den Ehrlich Brothers, fehlten den damaligen Künstlern für manche Tricks leider die nötigen technischen Mittel und Utensilien.

Auch wenn es mir bewusst ist, dass dies alles nur Tricks und Illusionen sind, ist es für mich immer wieder ein Gedicht, solchen grandiosen Profis der Illusion bei ihren Shows zuschauen zu dürfen.

Lassen Sie mich einmal auf einen dieser Tricks etwas näher eingehen um veranschaulichen zu können, dass es in der Zeit von Jesus technisch sehr schwierig wenn nicht sogar fast unmöglich war, bestimmte Illusionen vorführen zu können.

Zum Beispiel um den Anschein erwecken zu können, über das Wasser laufen zu können, müsste der Künstler in der damaligen Zeit über durchsichtiges Material wie Glas oder Kunststoff verfügt haben, das dieser knapp unter der Wasseroberfläche anbringen musste.

Zusätzlich hätte er diesen »Steg« im Grund so fest verankern müssen, dass dieser nicht schwankt. Dies aber auch so, dass er Stabil genug wäre einen ausgewachsenen Mann darüber laufen lassen zu können. Nach meiner Meinung war dies in der Zeit in der Jesus lebte noch nicht möglich.

Das heißt, wenn man göttliche Wunder und außerirdische Abstammung ausschließt, kommt man nicht drumherum, auch die Erzählungen oder Überlieferungen Jesu und aller anderen Figuren der »heiligen« Schriften ins Reich der Fantasie zu verbannen. Diese beinhalten nun mal auch solche Überlieferungen wie die von Jonas der drei Tage lang im Bauch oder Maul eines Riesenfisches überlebt haben soll, wie Moses die Zehn Gebote empfing, wie sich das Meer teilte um der Streitmacht des Pharaos zu entkommen, wie der feurige Wagen mit dem Elia in den Himmel flog oder dass Daniels Freunde Sadrach, Mesach und Abednego aus dem brennenden Feuerofen unversehrt wieder heraus kamen usw.!

Die einzigen *angeblichen* »Wunder« von denen Gläubige heutzutage noch zu berichten haben, sind eigentlich nur schicksalhafte Zufalls-Erlebnisse, die nichts mit Wundern sondern eher etwas mit dem Faktor Glück zu tun haben. Oder aber, sogenannte »Wunderheilungen«! Doch wieso in aller Welt, sollte sich Gott nur noch auf Wunder beschränken, die ausschließlich mit Heilung zu tun haben?

Im nächsten Abschnitt möchte ich kurz auf solche mutmaßlichen »Wunderheilungen« eingehen und wie selbst diese, mit rationalem Verständnis zu erklären wären.

Heilung durch Wunder?

Heutzutage ist es überall anerkannt, dass es Krankheiten gibt die psychosomatisch sind. Das bedeutet, dass manche Krankheiten auch durch psychischen Stress zum Ausbruch kommen können.

Hierbei sind es keineswegs nur Krankheiten, welche die Psyche betreffen, wie Depressionen, sondern häufiger sogar körperliche Beschwerden. Diese psychische Belastungen, können von einfachen Schmerzen, bis zu gravierenden tödlichen Krankheiten führen. Darunter kommen Rückenschmerzen, Brustschmerzen, Herzstechen, Tinnitus, Schwindel, Kreislaufprobleme, Migräne, Krämpfe aller Art, Asthma und sogar Krebs infrage und noch viele mehr.

Doch wieso sollte die Psychosomatik nur eine Einbahnstraße sein, dass Menschen durch die Psyche ausschließlich *nur* krank werden können? Mag es nicht auch möglich sein, die Psyche so zu beeinflussen, dass der Körper *geheilt* werden kann? Wäre es eventuell möglich, dass sich jemand durch einen tiefen Glauben *selbst* heilen kann? Also mit positiver psychosomatischer Eigensuggestion?

Es heißt nicht ohne Grund, dass der Glaube Berge versetzten kann. Doch ich hab noch nie gehört, dass jemand gesagt hat, dass Gott Berge versetzen kann. Wieso heißt dieses Sprichwort denn: »Der *Glaube* versetzt Berge« und nicht »Gott versetzt Berge«? Kommt dieses Sprichwort eventuell aus einer Zeit in der dem Menschen mehr Fähigkeiten zugesprochen wurden, als es die Religionen den heutigen Menschen zugestehen wollen?

Der Glaube an sich, geht doch vom Menschen aus oder? Wieso wird die sogenannte »Wunderheilung« dann immer einem Gott zugesprochen?

Ich denke, dass im Menschen größere Kräfte versteckt sind, als man uns weiß machen will! Dies meine ich im evolutionären Sinn und nicht im esoterischen, nicht dass mich hier jemand falsch versteht!

Wer mir nicht glaubt kann sich ja mal bei einer harmlosen Erkältung mit der »Technik« der Eigensuggestion, immer wieder vorstellen und selbst gut zureden, dass man gesund ist und sich gut fühlt.

Wichtig dabei ist, dies solange zu machen, bis man es wirklich glaubt!

Ich habe mir zum Beispiel immer wieder eingeredet, dass ich lange Jung und gesund bleibe. Der Effekt ist, dass ich wirklich noch Jung aussehe für mein Alter und dass ich nur selten krank bin.

In schweren Zeiten, in denen meine Psyche durch bestimmte Lebensumstände belastet war und ich die Gedanken des gesund bleiben vernachlässigt habe, wurde mein Körper viel anfälliger für Krankheiten.

Dies sind natürlich nur meine eigenen Erfahrungen. Doch ich denke, dass dies auch bei anderen Menschen so sein kann. Natürlich gehe ich auch zu einem Arzt wenn ich krank sein sollte, doch dies kommt zum Glück, sehr selten vor!

Doch würde so ein Wissen publik gemacht, würde dies den Glauben an einen Gott untergraben und wäre natürlich nicht im Sinne der Religionen. Viele »Wunderheilungen«, die angeblich durch Gebete erwirkt wurden, könnten dann, nicht mehr einer überirdischen, allmächtigen und allwissenden Macht mit dem Titel Gott zugeschrieben werden, der über alle mit Argusaugen wacht.

Dies soll natürlich *keine* Anleitung sein, die professionelle Medizin zu meiden, sondern ist lediglich ein Tipp, sich *zusätzlich* zu einer medizinischen Behandlung, sich selbst zu suggerieren, dass man gesund ist oder dass die Krankheit schneller heilt.

Esoteriker bezeichnen diese natürliche, evolutionäre Selbstheilungsfähigkeit gerne als Geist-Heilung und rufen dazu Engel oder das Universum an. Doch es sind keine Engel, kein Gott oder keine Universen, die solch eine Heilung beschleunigen oder Erfolg gewähren, sondern dies ist allein die Eigensuggestion und der Glaube daran, dass es funktioniert, der dies bewirkt! Diese Engel, Universen oder Gott sind lediglich Hilfsmittel der Konzentration, mehr nicht!

Warum sollten sonst Placebo Medikamente wirken, wenn der Mensch sich selbst, in manchen Situationen nicht gesund »glauben« kann?

Bei diesen Placebos, sind es demnach die »Pillen«, die einem helfen sich auf die Genesung zu konzentrieren. Allein der Glaube, dass sich in diesen Pillen Wirkstoffe befinden die einen Gesund machen, bewirkt die Genesung!

Niemand würde nun einen Altar errichten, um einem Gott mit Namen Placebo anzubeten, nur weil einem diese Pillen ohne Wirkstoffe durch den eigenen Glauben geholfen haben, oder?

Doch wenn nun jemand, vor der Einnahme, zu seinem Gott gebetet hat und diese Placebo-Pille geholfen hat, war es dann Gott oder auch nur die eigene Fähigkeit der Selbstheilung durch den Glauben an das Schein-Medikament?

Ja, jetzt raucht es bestimmt im Oberstübchen bei all jenen, deren Geist noch immer mit diversen religiösen Dogmen gefesselt ist, gelle!

Genau dies ist meine Absicht:

Mit Fragen und Argumenten diesen gefangenen Geistern zu helfen, die Fesseln etwas zu lösen. Damit langsam aber sicher der Verstand und die Logik über den blinden Glauben siegt. Nur so ist es möglich den Geist von den Fesseln der Religion langsam zu lösen, damit derjenige der die Fesseln ablegt, die Welt als freier Mensch sehen kann!

Doch sollen oder dürfen die Menschen nach der Meinung der religiösen Dogmen eigentlich »frei« sein und ihren angeblichen freien Willen gebrauchen?

Dieses Thema werde ich im nächsten Abschnitt beleuchten.

Freier Wille, Erpressung oder indirekter Zwang?

Kein Mensch, würde sich *FREIWILLIG,* für ein jenseitiges Leben in der Hölle mit ewiger Qual entscheiden! Eine Menge Menschen, entscheiden sich jedoch *FREIWILLIG,* für ein interessantes Leben mit Spaß hier auf der Erde, das in religiöser Hinsicht als gottlos oder sündig bezeichnet wird!

Haben die Menschen nun einen von Gott gegebenen *freien* Willen, wie es so viele Religionsorganisationen behaupten? Oder sind die Menschen nur einer üblen Art der Erpressung ausgesetzt?

Die Lehren und Dogmen der Religionen sprechen hierbei eine eindeutige Sprache, was diese Thematik angeht. Denn den Gläubigen, wird von diesen unmissverständlich beigebracht, dass jeder Gläubige, zu seinen Lebzeiten eine »Wahl« treffen *muss,* vor die Gott den Menschen angeblich stellt!

Hierbei vermitteln alle Religionen, diese angeblich »freie Wahl«, immer mit ähnlichen Vorgaben, wie etwa:

»Wenn du machst was Gott sagt, dann bekommst du ein Platz im Paradies (Himmel oder Erde). Wenn du aber nicht machst was Gott sagt, dann kommst du in die Hölle und wirst ewiglich gequält (oder wirst beim kommenden Gerichtstag getötet)!«

Doch mal ehrlich, hat dies noch etwas mit frei wählen zu tun? Für mich ist das reine Erpressung!

Wenn diese Art des Wählens, nichts mit Erpressung zu tun haben soll, dann dürfte man keine Kriminellen mehr verurteilen, die jemanden mit vorgehaltener Waffe vor eine »freie Wahl« stellen damit sie bekommen was sie wollen. Wenn der Kriminelle dann sogar noch eine Belohnung für die Kooperation in Aussicht stellt, müsste doch alles gut sein, oder?

Jetzt kommen mir bestimmt wieder die entsetzten Rufe entgegen, die meinen dass man dies doch nicht vergleichen könne.

Wieso eigentlich nicht?

Ach ja, ich vergaß, wenn Gott einem mit dem Tod oder Qual droht, wenn man nicht macht was dieser will, ist das ja in Ordnung, denn er ist ja so barmherzig und liebevoll, weil er uns ja auch das Paradies in Aussicht stellt!

Aber was ich mich frage ist: Würde ein Gott der Liebe und Barmherzigkeit zu solch einer Erpressung oder Art der »Wahl« greifen? Hätte Gott so eine Art der Erpressung überhaupt nötig?

Nun, Erpresser handeln eigentlich nur aus Ohnmacht heraus, da sie nicht auf einem anderen Weg, das bekommen was sie wollen. Es sei denn, sie Erpressen aus Spaß, einfach nur um Macht ausüben zu können oder um sich zu rächen, damit sie Genugtuung erhalten, wenn sich dabei jemand quält. Wo würde Gott nun stehen, wenn er der Erpressung angeklagt wäre?

Nach meiner Meinung, hätte ein allmächtiger Gott solch eine Erpressung nicht nötig, da er unendlich viele Möglichkeiten hätte, die Menschen dazu zu bewegen, damit diese seinen Willen umsetzen würden!

Denn was bringt es Gott, die Menschen zu bestrafen? Was hätte er davon? Kein Gott der Liebe und Barmherzigkeit hätte etwas von solchen Drohungen und Erpressungen, die durch solche Lehren und Dogmen den Menschen suggeriert werden! Jedoch aber die Religionsführer, die Macht über die anderen Menschen ausüben wollen!

Es geht hier nicht darum, jemanden nicht vor eine Wahl stellen zu dürfen. Es geht in diesem Fall ausschließlich darum, dass man niemandem Gewalt oder Leid androhen darf, wenn dieser seinen erlaubten freien Willen auslebt, auch wenn dieser sich *gegen* ein religiöses Leben entscheidet. Zusätzlich geht es darum, realistische Entscheidungen fällen zu können, was bei einer unsichtbaren, unüberprüfbaren Belohnung oder einer unsichtbaren, unüberprüfbaren Strafe schlichtweg nicht möglich ist! Hier müsste man, rein aufgrund einer Vermutung eine Entscheidung treffen. Religionen nennen diese Vermutung einfach um, in den Begriff Glauben. Das hat mit *freier* Willensentscheidung, überhaupt nichts mehr zu tun!

Denn himmlisches Paradies und Hölle sind beide unsichtbar und unüberprüfbar! Dementsprechend ist es ganz klar eine Erpressung, da man nicht rational abwägen und entscheiden kann und somit nicht mit freiem Willen und Verstand wählen kann!

11 Staat und Religion

Überall wo Staaten und Religionsorganisationen Hand in Hand gehen gibt es Probleme. Zum einen, da sich die Ansichten und Vorgehensweisen eines Staates nicht mit den Gesetzen und Geboten einer Gottesherrschaft (Theokratie) vereinbaren lässt, da Menschen dazu neigen in erster Linie ihren eigenen Ideen und Vorstellungen nachzugehen. Dementsprechend können nicht alle Gebote und Gesetze einer »heiligen« Schrift ohne Kompromisse in das jeweilige Gesetzbuch eines Staates übernommen werden. Dadurch sind Konfrontationen und Unmut von streng Gläubigen und den Staatsvertretern vorprogrammiert.

Zum anderen wird es immer Menschen geben, die sich von einem anderen Glauben fesseln lassen, als dem, welchem ein Staat derzeit die Füße küsst.

Viele Staaten gewähren bestimmten Religionen einen gewissen Spielraum, vorzugsweise um den Schein zu erwecken, dass dieser mit der Unterstützung Gottes regieren würde. Solche Staaten erkennt man leicht daran, dass diese beispielsweise vor Gericht die Beteiligten auf eine »heilige« Schrift schwören lassen und die Glaubwürdigkeit von Aussagenden oder Zeugen mit den Worten »So wahr mir Gott helfe« oder ähnlicher Floskeln bekräftigen lassen. Solche von der Religion beeinflusste Regierungen verbreiten in der Öffentlichkeit oftmals auch Sprüche wie etwa »Gott schütze … (das Staatsoberhaupt, das Land)« oder dass deren Gottes-Vorstellung bei Ansprachen an das Volk eine Erwähnung findet. Manche gehen sogar soweit, dass sie Gott sogar auf deren Geldscheinen nicht unerwähnt lassen. Doch dies alles ist nur Show, um die gläubigen Bürger zu besänftigen, damit sie in ihrer Fantasiewelt bleiben und den Staat weiterhin akzeptieren. Demnach hat es heute sowieso keine Bedeutung mehr, ob die staatliche Führung vorgibt, irgendwelche religiösen Dogmen anzuerkennen oder umzusetzen da dieses fromm-gläubige Getue von den Staaten nur scheinheilige Phrasen sind.

Hier in Deutschland gibt es zum Beispiel auch Parteien, die sich mit einer angeblich friedlichen Religion verbündet haben, in dem sie ein C in ihrem Parteinamen haben, der für »Christlich« steht. Deren Geschäfte, Bündnisse und Handlungen zeigen jedoch auf, dass deren christliche Religionsauslegung keine ist, die man als eine des Friedens nennen könnte. Denn eine Religion des Friedens, würde mit keiner Partei und keinem Staat gemeinsame Sache machen, der Waffen herstellt und in andere Länder verkauft, die ausschließlich zum töten bestimmt sind! Genauso wenig würde eine Religion des Friedens, die mit der Nächstenliebe hausiert, mit einem Staat, der durch seine politischen Entscheidungen die Menschen im Land immer mehr verarmen lässt, nur damit diejenigen die eh schon viel zu viel besitzen, so dass sie im Überfluss leben, noch mehr zugesprochen bekommen. Oftmals sind dies auch noch Wohlhabende, die durch reine Zockerei an den Börsen (legales Glücksspiel mit Wertpapieren und Aktien) zu ihrem Reichtum gekommen sind. Sehr nächsten-liebend, ist auch die Vorgehensweise, das die hart arbeitende Bevölkerung später nur noch einen kleinen Obolus Rente bekommt (obwohl diese Jahrelang in die Rentenkasse einbezahlt haben), weil die ach so religiös angelehnte Regierung Milliarden aus dem Fenster wirft, indem diese lieber zockende Banken unterstützt und »rettet« als die eigene Bevölkerung. Eine Religion, die einer Regierung die Hand reicht, die statt den Menschen zu helfen, eher Wirtschaftsunternehmen unterstützt und dadurch den Menschen auch noch so extreme finanzielle Kürzungen aufbürdet, das diese im Alter in Mülltonnen nach Flaschen wühlen müssen, um sich die lebensnotwendigen Dinge kaufen zu können, hat in meinen Augen nichts mit einer mitfühlenden und barmherzigen religiösen Regierung zu tun. Auch würde eine Religion, die der Liebe und Vergebung angetan ist, keinem Staat, in ihrem Auftrag, den Menschen eine Steuer aufdrücken für Gräueltaten, mit denen die heutige und nachfolgende Generation überhaupt nichts mehr zu schaffen hat. Wobei ich anmerken möchte, dass dies die einzige Steuer ist, die man durch einen Austritt aus der jeweiligen Religion, nicht mehr bezahlen braucht. Nach vielen Gesprächen mit meinen Mitmenschen hat sich immer wieder heraus kristallisiert, dass ein Großteil derer, die diese Steuer noch bezahlen, dies nur machen, weil sie Angst haben nicht mehr romantisch heiraten zu können, sie meinen, dass nur die Kirchen eine Beerdigung abhalten oder veranlassen könnten, dass die Taufen ihrer Kinder eben zu unserer Kultur gehöre usw. Doch dies sind alles nur Hirngespinste, mit denen die Religionen den Geist der Menschen fesseln um weiterhin ihre Einnahmen mit Hilfe des Staates zu sichern. Wie man sieht leider immer noch mit Erfolg und natürlich, alles Legal!

Um nochmal auf den Grund der Kirchensteuer einzugehen, die ja angeblich die Schuld der Menschen abtragen soll, welche im zweiten Weltkrieg dem grausamen Hitler-Regime nachfolgten, möchte ich anmerken, dass sich diese Religionen bitte erst einmal selbst an die Nase fassen sollten. Zumal diese Religionen die Machenschaften der damaligen Generation nicht verhindert hat! Nein, sie hat sogar deren Soldaten ihren Segen gegeben und für diejenigen gebetet, die in den Arbeits- und Vernichtungslagern Massen von Menschen gequält und umgebracht haben. Auch wenn diese Religionen die Taten nicht selbst begangen haben, so hätten sie sich doch mindestens von diesem Staat abwenden müssen um Glaubhaft sein zu können! Wenn diese Religionen, nicht nur den Frieden gepredigt, sondern wahren Frieden ausgelebt hätten, hätten sie Abstand von diesem Diktator nehmen müssen, der Massen von Menschen quälen und ermorden ließ und diesem nicht zusätzlich noch in aller Öffentlichkeit die Hand schütteln und mit diesem auf Fotos posieren dürfen! Wer im Internet in seiner Suchmaschine »Kirche im dritten Reich« eingibt kann sich dort einige dieser höchst verstörenden Bilder anschauen, die meine Behauptungen bestätigen. Aber was übersieht man nicht alles, wenn der schnöde Mammon einem das »Säckle« füllt oder einem gewisse Machtansprüche zuerkannt werden. Da bei diesem Thema oft argumentiert wird, dass dies doch früher war und sich die Einstellung ja im Laufe der Zeit geändert hätte, möchte ich anmerken, das dieses Argument in Friedenszeiten immer gebraucht wird. Doch wenn irgendwann einmal wieder Krieg sein sollte, kuscheln diese Religionen garantiert wieder mit dem Staat und deren Führern! Immer zum Wohle deren Ansehens in bestimmten Zeiten, doch bestimmt nicht zum Wohle des Ansehens deren angeblich liebevollen und barmherzigen Gottes! Aber Gott wird auch da bestimmt das ein oder andere Auge zudrücken, oder?

Um hier auch noch kurz auf den wahrscheinlich aufkommenden Einwand einzugehen, dass auch atheistische Staaten unmenschliche

»Schandtaten« begehen würden, möchte ich erwähnen, dass dies natürlich genauso vorkommen kann, wie bei religiös angehauchten Staatsführungen. Dennoch stützen oder brüsten diese sich nicht damit, dass ein allmächtiger, liebevoller und barmherziger Gott auf deren Seite steht, der seine schützende Hand über diesen Staat hält! Diese Gotteslobhudelei dient nur einem Zweck: Dem Volk soll damit eingeredet werden, wenn ein so toller Gott auf der Seite dieses Staates steht, kann diese Art der Staatsführung demnach ja nicht so verkehrt sein.

Atheistische Staaten hingegen, sind dementsprechend etwas ehrlicher zu seinem Volk, indem es die Staatsführer allein zu verantworten haben, wie sie ihre Staatsführung dem Volk unterbreiten. Bei diesen gibt es keinen Gott oder Teufel, auf die man das Versagen der Staatsführung wie Alters-Armut, Wirtschaftslobbyismus, Umweltzerstörerische Gesetzeslücken, akzeptable legale Verbrauchertäuschung durch wirtschaftsfreundliche Vorgaben und Normen usw. abwälzen könnte oder als akzeptabel und gottgewollt dastehen lassen kann. Wenn diese in den Krieg ziehen, dann beeinflussen diese ihre Soldaten auch nicht damit, dass auf deren Seite ein allmächtiger Gott ist, der diese angeblich beschützt oder diesen beim Verlust deren Lebens, ein paradiesisches Leben nach dem Tod schenkt. Atheistische Staaten würden auch niemals einen religiösen Glaubenskrieg führen, wobei schon mal ein Faktor eines Kriegsgrundes ausgeschlossen wäre!

Um noch einmal auf die dunkle Zeit des dritten Reichs zurück zu kommen, in der gewisse christliche Religionsorganisationen, dieser menschenverachtenden Staatsführung keinen Einhalt geboten hat, möchte ich kurz noch eines anmerken: Die Vertreter des Christentums behaupten zwar nicht, dass dies alles doch nichts mit deren Religion zu tun hätte, wie die Vertreter des Islams, wenn eine islamische Gruppierung eher terroristischen Idealen nachjagen, statt einem Heils und Friedensauftrag.

Dennoch versuchen sie ebenso ihre Hände in Unschuld zu waschen, indem sich die christlichen Oberhäupter selbst als hilflose Opfer darstellen, mit Sprüchen wie beispielsweise: »Ja was hätten wir denn damals dagegen tun können?«. Sowohl das Christentum, als auch der Islam, waren oder sind in solche »Schurkenstaaten« involviert und beide versuchen, ihre grausamen Mitwirkungen von sich zu weisen. Denn würden sie Reue zeigen, müssten sie ihre Schuld zugeben. Doch würden sie ihre Schuld zugeben, würden sie ihre Macht untergraben und wären mit ihrem angeblichen Heils und Friedensauftrag nicht mehr Glaubwürdig! Noch schlimmer ist es, wenn nicht der Staat von einer Religion angetan ist, sondern wenn *mit* einer Religion selbst, ein Staat errichtet werden soll. Denn wenn dem so ist, wird dann zwangsläufig die religiöse Einstellung des Staatsführers, mit seinen eigenen Vorstellungen, wie diese Religion auszulegen ist, in das Staatswesen umgesetzt. Deshalb sind solche Religionsstaaten meistens auch gleichzeitig Diktaturen. Wenn auch nicht immer offensichtlich. Zudem werden deren Führer meist so sehr verehrt, dass man fast nicht mehr unterscheiden kann, welchen »Gott« denn nun das Volk anbeten soll. Den Gott der in deren »heiligen« Schriften aufgezeigt wird oder den Staatsführer selbst, der sich Gottgleich präsentiert und verehrt werden will?

Dies alles, im Namen und nach dem Willen, deren jeweiligen Gottes natürlich!

Heuchelei im großen Stil

»Ohne gewaltsame Missionierung in der Vergangenheit, gäbe es mit sehr hoher wahrscheinlich, keine der drei etablierten monotheistischen Hauptreligionen mehr! Judentum, Christentum und Islam, konnten nur wegen ihrer Grausamkeiten überstehen und dennoch bezeichnen sich diese allesamt als Friedensbringer. Und die Menschen schenken ihnen immer noch ihren glauben! Kaum zu glauben, oder?«

Mal abgesehen von den heuchlerischen Verhaltensweisen in Kriegszeiten oder der Unterstützung von Terrorstaaten.

Sehr auffällig bei diesen Religionen ist, umso größer eine dieser Religionsorganisationen wird, desto mehr Reichtümer häuft sie sich an. Und anstatt damit ihrem angeblichen Friedens und Heils-Auftrag nachzukommen, werden als erstes, deren Religionsführer und Lehrer so reich entlohnt, dass man damit gut mehrere Menschen in armen

Ländern, vor dem Hunger- oder Krankheitstod retten könnte. Wer denkt, dass ich übertreibe, kann im Internet ja mal »Gehalt Pfarrer« oder »Besoldung von Priestern« in seine Suchmaschine eingeben und dann mit offenem Mund und aufgerissenen Augen die Webseiten begutachten, die seine Suche ausspuckt! Wer sich dann auch noch die Entlohnung oder Pensionen von Bischöfe und Erzbischöfe anzeigen lässt, wird wahrscheinlich seine Gesichtsfarbe ändern und zum nächst möglichen Zeitpunkt seinen Kirchenaustritt beantragen!

Dass sich diverse Religionsorganisationen damit brüsten, einen kleinen Teil ihrer Reichtümer an Hilfsbedürftige zu verteilen, könnte man damit vergleichen, wenn ich in der Fußgängerzone einem Obdachlosen zwischendurch mal ein paar Euro gebe und ab und zu auch mal 100 Euro für eine Gemeinnützige Organisation spende. Denn bei all den Einnahmen, die beispielshalber die katholische Kirche hat, ist deren Hilfeleistung, in etwa im gleichen Verhältnis zu einer Privatperson zu sehen, die ab und zu mal etwas von ihrem Lohn spendet. Natürlich hört es sich für den Otto-Normal Bürger viel an, wenn irgendwo steht, dass 2 Millionen verwendet wurden, um Bedürftigen zu helfen. Doch wenn man überlegt, dass die Vermögen dieser Religionsorganisation, bei über 3 *Milliarden* liegen sollen, dann wären die 2 Millionen, nur noch eine minimale Ausgabe! Der Rest wird in Immobilien und Grundstücken, Gehälter, Restaurierungen, Statuen und Verzierungen etc. und sogar für Wachpersonal (zum Beispiel im Vatikan) investiert oder verbraten. Natürlich werden auch einige Gelder in Wertpapiere und Aktien angelegt (legales Börsen-Glücksspiel im Namen Gottes würde ich dies nennen!), um damit noch mehr Reichtümer anhäufen zu können.

Jetzt höre ich sie schon, die verzweifelte Verteidigungsargumentation der Gläubigen und der religiösen Führer:

»Ja aber, das ist doch nicht alles was die Kirchen machen! Es gibt ja auch noch die kirchlichen Krankenhäuser, Altenheime, Kinderheime, Kindergärten und Privatschulen usw.« Nun, dem stimme ich voll und ganz zu. Dennoch muss man hier auch ganz klar sehen, dass sich diese Einrichtungen nicht aus reinster Nächstenliebe um die Menschen kümmern und diese Krankenhäuser, Altenheime, Kinderheime, Kindergärten und Privatschulen nicht nur aus Spenden finanziert werden. Hier finanziert sich das meiste nicht aus freiwilligen Leistungen der Kirchenmitglieder oder Hilfesuchenden. Nein, die Versorgung in all diesen Einrichtungen, ist mit der Kirchensteuer oder mit Beiträgen denen ein Vertrag vorliegt zu bezahlen! Zudem bekommen Krankenhäuser, Altenheime und Kinderheime auch diverse Zuschüsse vom Staat und Krankenhäuser zusätzlich auch noch Geld von den Krankenkassen. Die Beiträge der Kindergartenplätze werden den Eltern auch aus der privaten Tasche, als laufende monatliche Belastung vom Konto abgezogen. Von den Privatschulen und Internaten ganz zu schweigen! Dies zeigt klipp und klar, dass es bei diesen religiösen Einrichtungen, nicht um selbstlose Hilfeleistungen geht wie dies der Allgemeinheit immer vorgegaukelt wird, sondern dass diese Einrichtungen, reine Wirtschaftsunternehmen sind, die dazu dienen, mit dem Leid, den Krankheiten und den hilfebedürftigen Menschen Geld zu verdienen! Um es mal ganz klar zu sagen: Bei Einrichtungen, die wirklich *nur* helfen wollen, würde unterm Strich, so gut wie immer, alles *Null auf Null* aufgehen. Denn diese würden sich keine Reichtümer anhäufen oder Grundstücke (Land) sichern, sondern schauen, dass ihre Überschüsse so schnell wie möglich für Hilfen jedweder Art wieder ausgegeben werden!

Zu all den Anhäufungen der Reichtümer kommt noch dazu, dass diese religiösen Organisationen in ihren Kindergärten, Heimen und Schuleinrichtungen, den Kindern von klein auf, ihre Dogmen eintrichtern und die unwahrscheinliche Existenz ihres alles überwachenden, angeblich liebevollen, gütigen und barmherzigen fiktiven Gottes in deren Hirn »einpflanzen«, mit immerwährenden Suggestionen, wie sich die Kinder verhalten müssen, damit sie nicht in die Hölle kommen.

Und ganz wichtig! Damit diese »geformten« Kinder wenn sie erwachsen sind, später auch in den Topf dieser Religionsorganisation einzahlen und ihren nachfolgenden Generationen wiederum die gleichen sinnlosen Dogmen einimpfen, damit der Kreislauf ja nicht unterbrochen wird, damit sich die Einnahmen dieser Religionsorganisationen, bis in die weite Zukunft, immer weiter auf deren Konten vermehren können!

Dies alles, sind wahrlich wundervolle, von Herzen kommende, eingerichtete Institutionen, die nur dazu dienen sollen zu helfen, weil hier die Güte und Liebe Gottes wirkt, gelle! Wenn man hier jedoch nun Vergleiche anstellen würde, müsste man davon ausgehen, dass alle Firmen und Staaten, nur der Liebe und Barmherzigkeit Gottes wegen, ihren Gewinn vermehren! Oder ist es nur bei religiösen Organisationen und deren Gewinnen, ein von Gott gegebenes heiliges finanzielles Wachstum? Oder besser gefragt, was unterscheidet diese religiösen Organisationen eigentlich noch von anderen nach Wachstum strebenden Unternehmen und Staaten? Nach meiner Meinung, liegt der einzige Unterschied nur noch darin, das normale Unternehmen, ihren Mitarbeitern und deren Familien, keine religiösen Ideologien und Dogmen von Kindesbeinen an, einhämmern und suggerieren!

Eigentlich ist dies alles doch nachprüfbar und offensichtlich, dass es diesen, angeblichen Gottes vertretenden Organisationen, nur um Geld und Macht geht. Denn jedem, der mit offenen Augen durch die Welt geht, müsste dies normalerweise auffallen. Wenn man sich deren Prunkbauten anschaut und die Ausstattungen begutachtet, so müsste es einem einleuchten, dass solche Bauwerke nur mit horrenden, finanziellen Mitteln errichtet werden können. Von unnötig teuren Marmorböden, Gold, Silber und Edelsteinverzierungen ganz zu schweigen. Auch was solche Gebäude an Instandhaltungskosten verschlingen oder welche Summen ausgegeben werden müssen, um alte religiöse Gebäude zu restaurieren. Dieses kann ausschließlich nur von einer sehr reichen und Mächtigen Institutionen vorgenommen werden und bestimmt nicht von einer gemeinnützigen, sich der Nächstenliebe verschriebenen Organisation, eines liebevollen, gütigen und barmherzigen Gottes! Wenn ich dann höre, dass diese Gebäude doch Kultur*gut* wären und deswegen restauriert oder instand gehalten werden müssten, frage ich dann immer, was nach deren Meinung, in den Augen deren Gottes mehr wert wäre? Dass ein altes religiöses Gebäude, wie beispielsweise der Petersdom, nicht zusammenfällt, weil dieses Gebäude ein Mann mit Namen Michelangelo im 15. Jahrhundert entworfen hat oder dass mit diesen Mitteln eventuell mehrere Menschenleben gerettet werden könnten? Man darf dabei auch nicht außer Acht lassen, dass viele solcher Gebäude hauptsächlich mit Geldern geschaffen wurden, die ohne unmenschliche Gewalttaten nicht eingetrieben und geraubt werden konnten. Um es kurz zu machen, diese Gebäude wurden durch Zwangseintreibungen, Raubzügen und der Unterdrückung des Volkes

in denen Mord, Folter und viel Blutvergießen üblich waren, finanziert!
Diese Gebäude, die mit Blutgeld errichtet wurden (Dies sind keine lee-
ren Behauptungen, sondern geschichtlich belegte Tatsache!), immer
noch einen hohen Stellenwert in der Gesellschaft genießen und diese
sogar als Kultur-*Gut* angesehen werden, zeigt wiederum, wie verblendet die Menschen von diesen religiösen Ideologien, leider immer noch
sind. Kirchengeschichte, (Stichwort: Inquisition) ist ein sehr interessantes und sehr grausames Thema, welches ich jedem ans Herz legen möchte, der immer noch glaubt, dass das Christentum eine friedliche Religion ist.

Würde ein Bild solcher Gebäude und eine Infotafel mit Erklärung
nicht ausreichen, um den zukünftigen geschichtsinteressierten Menschen zu zeigen, wie dieses Gebäude einmal aussah, wo es stand und
wer es entworfen hat? Heutzutage ist es sogar möglich, diese Gebäude
den Kulturbegeisterten auf einem Dreidimensionalen Digitalen Rund-
gang betrachten zu lassen. Muss man wirklich, solche Gebäude, mit
weiteren Unmengen von Geldern unterhalten, mit dem Wissen, dass an
diesem Gebäuden das Blut und Leid von zig Menschenleben klebt?
Sollte man diese Gelder heute nicht eher dazu verwenden, um Leben
zu retten und dadurch eventuell ein wenig dieser großen Schuld, die
diese religiösen Organisationen im Laufe der Jahrtausende verursacht
haben abzutragen?

Meistens reden sich die Gläubigen oder deren religiöse Führer, dann
damit heraus, dass ich jetzt aber Äpfel mit Birnen vergleichen würde,
weil sie hier keine Gegenargumente mehr haben. Dann denke ich so
bei mir: »*Seid froh, wenn ich Recht habe und es wirklich keinen Gott
gibt, wie er in den Schriften beschrieben wird, sonst möchte ich nicht
in eurer Haut stecken, wenn eure Zeit gekommen ist oder Gottes Tag
der Rache über diese Erde fegt. Denn dann, wird mein Unglaube und
mein Lebenswandel wahrscheinlich nur ein Fliegenschiss gegen eure
Heuchelei und eure Gräueltaten gewichtet werden! Jeder von euch,
der die Religionen heutzutage immer noch unterstützt, verteidigt; ver-
harmlost, und akzeptiert, verteidigt auch die Gräueltaten der jeweiligen Religionen aus der Vergangenheit! Denn aus einem Hundehaufen
wird niemals Apfelmus werden, nur weil man sich diesen schönredet!*«

Wenn ich dann lese oder höre, dass sie sich dann auch noch damit brüsten, dass sie einen winzigen Anteil ihres übermäßigen Reichtums doch für Notleidende und Kranke verwenden, dann frage ich mich, warum die Masse der Gläubigen nicht sieht oder wahrnimmt, dass hier nur große Reden geschwungen werden und der größte Teil der Mittel selbst eingesteckt und gebunkert wird! Aber bei einem kleinen Anteil, kann dann nun niemand mehr sagen, dass sie gar nichts tun!

Natürlich ist wenig zu geben immer besser als nichts. *Aber*: Wenn diese Religionsvertreter doch angeblich ein allmächtiges Wesen auf ihrer Seite haben, wieso beten sie dann nicht einfach um noch mehr Geld und Hilfsmittel, damit sie noch mehr Menschen helfen können? Normalerweise müssten die Mittel doch nur so aus der Erde sprudeln oder vom Himmel fallen!

Da dies jedoch nicht passiert, ist dann eventuell anzunehmen, dass dieser Gott doch nicht auf deren Seite spielt? Oder ist es nicht doch viel wahrscheinlicher, dass es diesen Gott überhaupt nicht gibt und dies alles nur Show ist, um viele Menschen mit psychologischen Tricks ausnehmen und geistig versklaven zu können? Würden sie sich denn nicht selbst gefährden und in ihrer eigenen Hölle schmoren, wenn es deren Gott geben würde? Handeln die an den Spitzen etwa deshalb so und geben bestimmte Anweisungen weiter nach unten, weil sie genau wissen, dass ihnen nichts passiert, da ihr Überwesen nur eine Erfindung deren Religionsgründer ist?

Alle die am unteren Ende dieser Hierarchie stehen und noch inbrünstig an dieses Überwesen glauben, sollten sich einmal folgende Frage stellen: Was nützt es, ein allmächtiges Wesen anzubeten, wenn man dieses zwar um etwas bitten kann, es aber im Endeffekt nichts bringt, weil dieses Wesen doch nicht mithilft und alles den Menschen allein überlässt? Obwohl dieser Gott angeblich genau weiß, dass der Mensch dies nicht alleine bewältigen kann, da er den Menschen einen unendlichen Fluch auferlegt hat, von dem sie angeblich erst mit ihrem irdischen Tod erlöst werden. Natürlich auch nur dann, wenn sie die Bedingungen beachten und umsetzen, die ihnen dieser Gott auferlegt hat!

Wenn man dann einen Gläubigen darauf anspricht warum nicht noch mehr armen und kranken Menschen geholfen wird, statt diese Gelder zu horten, kommen diese mit der Ausrede, dass Jesus einmal sagte, dass es schon immer arme und kranke Menschen gegeben habe und es diese auch noch in Zukunft geben wird. Wie erbärmlich ist das denn?

Im Großen und Ganzen wird dann versucht, das Thema vom Geld wegzulenken und auf den psychologischen Bereich umzuschwenken. Dann kommen die Seelsorger ins Spiel. Dies geht dann sogar soweit, dass den armen bedürftigen Zuhörern eingetrichtert wird, dass Gott sie doch liebt und deren Situation versteht. Doch durch eine Predigt oder Zureden wird niemand satt und gesund. Wenn dennoch alles einreden nichts nützt, wird die Sündenkeule geschwungen und darauf hingewiesen dass doch spätestens im Paradies alles besser wird. Natürlich nur wenn man trotz der derben Lebensumstände, weiterhin schön brav an Gott glaubt und diesem seine Liebe und sein Vertrauen zukommen lässt. Dann wird hinterher sogar noch dreist die Hand aufgehalten, um für diese »Lebenshilfe« noch eine Spende einzukassieren.

In meinen Augen ist das eine riesengroße Heuchelei. Denn wer vorgibt eine Heilige Institution zu sein, sollte sich auch so verhalten!

Von den sexuellen Missbräuchen, die durch alle Jahrhunderte reichen, die an kleinen Kindern und wehrlosen Frauen, wegen deren abartigen Dogmen der unnatürlichen Enthaltsamkeit, ausgeübt wurden, möchte ich mich hier nicht intensiver auslassen, da diese Schandtaten allseits bekannt sind. Statt dass diese Schänder des Amtes enthoben oder sogar ausgeschlossen und exkommuniziert und deren Pensionen gestrichen werden, bemüht man sich größtenteils nur, diese Dinge zu vertuschen und die Übeltäter in eine andere Gemeinde zu versetzen.

Hier zeigt sich der wahre Geist solcher religiösen Organisationen! Ich glaube, es war Jesus der einmal gesagt haben soll: »An ihren Früchten (Taten) werdet ihr sie erkennen, ob diese gutes oder böses tun«.

Da sich die Religionen immer damit brüsten, dass sie doch so viele positive Eigenschaften in die Welt bringen würden, die nur durch deren Wirken möglich wären, möchte ich diesem Thema im nächsten Abschnitt meine Aufmerksamkeit schenken.

12 Positive Eigenschaften der Religion?

Was verspricht einem die Religion denn so Gutes? Betrachten wir doch einmal ein paar der Behauptungen, die so allgemein angenommen werden. Behauptungen, welche die Religionen immer als »Beweis« ihrer guten Werke zur Schau stellen.

Religion vereint die Menschheit!

Nun, nach meiner Erfahrung, vereint Religion nicht die gesamte Menschheit, sondern immer nur *die* Menschen, welche zu der jeweiligen Religion gehören.

Wenn man es genauer betrachtet, *spaltet* Religion sogar die Menschheit, und zwar zuallererst, in Gläubige und Ungläubige. Dann wird zusätzlich auch noch nach Religionszugehörigkeit gespaltet. Lassen Sie mich dies einmal *nur* mit den drei monotheistischen Hauptreligionen veranschaulichen. Nun denn, vorausgehend ist hier die Spaltung in die Hauptreligionen zu erwähnen. Also Judentum, Christentum und Islam. Weiter geht es, mit der Spaltung innerhalb dieser Hauptreligionen. Beispielsweise im Christentum die Spaltung, ob es nun die Katholiken, die Protestanten, die Freikirchen, die Amische, die Apostolischen, die Baptisten, die Orthodoxen, die Zeugen Jehovas, die Mormonen usw. sind.

Im Islam gibt es ebenso gewisse Abspaltungen, wie beispielsweise die Schiiten, die Salafisten, die Sunniten, die Ibaditen, die Harigiten usw.

Um die jüdischen Abspaltungen oder Strömungen zu erwähnen, wären diese, das Orthodoxe und Ultraorthodoxe Judentum, das Reformjudentum, das konservative Judentum, die Jewish Renewal usw. Dies sind nur einige wenige der vielen, vielen Abspaltungen.

Wie schon erwähnt, beziehen sich diese, ausschließlich auf die drei monotheistischen Religionen. Wenn man nun zusätzlich noch die anderen Religionen, inklusive die polytheistischen und verschiedenen

Stammesreligionen, außerhalb dieser Glaubensorganisationen mit erwähnen würde, müsste ich ein extra Heft zu diesem Buch hinzulegen! Wenn man nun, all die *tausenden* Glaubensgemeinschaften und Religionen die es auf der Welt gibt zusammenzählt, wird man feststellen, dass es nichts umfangreicheres auf dieser Erde gibt, welches die Menschheit in größere Teile spaltet, als die Religionen!

Religion lehrt uns, moralisch einwandfrei zu sein!

Hier muss man zuerst die Frage stellen:

Nach *wessen* Moral?

Moral ist ein so dehnbarer Begriff, dass selbst das elastischste Gummiband dagegen wirkt, wie eine Eisenstange. Denn was moralisch einwandfrei ist, entscheidet zuallererst einmal, das eigene Gewissen des einzelnen Individuums! Zum anderen, dreht und wendet sich die Moral, mit der jeweiligen Zeit-Epoche, Kultur und zu der jedes Mal ändernden etablierten Religion und deren Götterglauben.

Religionen sind zweifellos, die unübertroffenen Weltmeister im auslegen und verdrehen der moralischen Werte!

Erst heißt es »Du sollst nicht töten«, dann auf einmal, »Kämpfe für deinen Glauben und vernichte alle Ungläubigen und Andersgläubigen«

Oder »Ehre Vater *und Mutter«,* doch wenn es um die Stellung der Frau geht, ist dies nur noch eine Floskel und dann auch nichts mehr wert. Denn dann muss sich die Mutter mit Burka oder Kopftuch verhüllen, darf nicht Predigen, muss deren Mann versorgen und ihm sexuell zur Verfügung stehen wann immer er will, darf geschlagen und gedemütigt werden wenn sie nicht spurt usw.

Auch »toll« ist deren Definition vom Helfen. Auf der einen Seite heißt es, dass man Bedürftigen helfen soll und auf der anderen Seite bekommt man Worte herangetragen, die ausdrücken dass es schon immer arme und kranke Menschen gegeben hat um nicht allen helfen zu müssen.

Was mir aber am besten gefällt ist, dass man allem und jedem vergeben soll, egal was einem widerfährt, aber die Religionen selbst mit Hölle, Qual und Tod drohen, wenn man nicht nach deren Vorgaben lebt.

Wer nur ein bisschen Fantasie hat, irgendwelche »heiligen« Schriften kennt und sich mit *allem*, was in diesen geschrieben steht, sich eine Welt vorstellt, in der all die zahlreichen Gebote und Gesetze von Judentum, Christentum und Islam wortwörtlich umgesetzt werden würden, der wird bestimmt nicht freiwillig in solch einer Welt leben wollen. Denn dagegen würde das dunkle Mittelalter wie ein Paradies erscheinen. Es wäre das Einleuten eines Schwarzen, mit Qualen, Kriegen, Blutvergießen, Selbstgeißelungen, Unterdrückungen, Sklaverei, Lust und Spaßloses Zeitalter, in dem das Leben nur noch den einen Zweck erfüllen müsste, seinem Gott zu dienen und andere abzuschlachten die den jeweils anderen Gott anbeten. Wer in diesem Zeitalter leben müsste, würde sich wahrscheinlich wünschte in die Hölle abgeschoben zu werden um etwas Linderung zu erfahren! Denn die Moral der Religionen funktioniert nur, wenn man sich ausschließlich die guten, liebevollen, barmherzigen Texte herauspickt und den Rest verwirft! Doch wer einer Religion ernsthaft folgen möchte, darf sich nicht nur die Rosinen aus diesen Schriften herauspicken, sondern muss auch die Scheiße annehmen die darin verbreitet wird!

Mein Fazit dazu ist: Religion kann verschiedene Anregungen geben, was die Moral betrifft, vorausgesetzt diese Anregungen stützen sich *nur* auf die humanen Textstellen, die den Frieden, die Freiheit und die Selbstbestimmung der Menschen nicht untergraben. Jedoch müssten diese religiösen Moral-Anregungen in reiner Entscheidungsfreiheit ausgewählt, entschieden und verfeinert werden und mit rationalem gesundem Menschenverstand abgewogen werden, ob diese religiösen Moral-Anregungen dienlich und förderlich für die gesamte Menschheit wären. Was geschieht, wenn man der Religion zu viel Spielraum gibt, *deren* Moralvorstellungen unter den Menschen zu verbreiten, die oftmals als unantastbar und immer als Gottgewollt betrachtet und dargestellt werden, kann man sehr gut in Gegenden auf der Welt sehen in denen die Religion zu viel Einfluss hat!

Religion bringt Trost!

Ist das wirklich so? Bringt wirklich die Religion mit ihrem Gott diesen Trost oder sind das nur Menschen, die in religiöser Psychologie geschult wurden, um dem Gegenüber mit Lügenmärchen und dogmatischen Suggestionen einzureden, dass seine Situation besser wird?

Wer kennt sie nicht die Situation im Kindesalter? Als man gefallen war, sich den Ellenbogen oder ein Knie aufgeschürft hatte und ein Elternteil dann mit der Hand über den Kopf gestreichelt hat, die aufgeschürfte Stelle dreimal anpustete und schon war der Schmerz weg und wieder ein Lachen im Gesicht. Die Verletzung war zwar immer noch vorhanden, aber mit dem »Zauber« des dreimal Pusten war alles wieder erträglich. Das ist pure Psychologie!

Genauso macht es die Religion mit Erwachsenen, mit ihrem erfundenen Gott, Engeln und Propheten. Religiöse Führer und Geistliche sind bestens geschult, solche psychologischen Kniffe anzuwenden. Sie sind nichts anderes, als Psychologen oder Psychiater, die statt der Naturwissenschaft, den Glauben benutzen, um in die Psyche des Gläubigen vorzudringen. Ein Psychologe sagt zum trösten eventuell »Deine Familie liebt dich und wird dir bestimmt helfen, mach dir nicht so viele Gedanken« und der Geistliche würde in derselben Situation dann halt sagen »Gott (Jesus, Allah, Jahwe) liebt dich, mach dir nicht so viele Gedanken, denn er weiß, was du benötigst«. In *beiden* Fällen, wird sich der Trost-Suchende danach mit großer Wahrscheinlichkeit an diejenigen Menschen wenden, zu denen er große Verbundenheit verspürt. Meistens ist dies nun mal die Familie. Die Familienmitglieder werden diesen dann natürlich trösten, ihm gut zureden und ihm Lösungsvorschläge für seine Situation unterbreiten. Wenn es dem Getrösteten dann wieder besser geht, wird derjenige, welcher beim Psychiater oder Psychologen war, bei der nächsten Sitzung, nun sagen »Vielen Dank, Sie hatten recht. Meine Familie hat mir aus dieser schweren Situation geholfen.« Der Gläubige, wird aber bei seinem nächsten Besuch bei seinem Geistlichen sagen »Danke für ihren Beistand, Gott (Jesus, Allah, Jahwe) hat mir aus dieser schweren Zeit heraus geholfen.« In *beiden* Fällen, hat im Endeffekt, ausschließlich die *Familie* geholfen!

Doch leider wird vom Gläubigen diese Hilfe, einem fiktiven Wesen, dass dieser Gott nennt, zugesprochen und nicht der Familie, die wirklich geholfen hat. Es ist demnach nicht irgendeine Religion oder deren Gott der Trost spendet, sondern ausschließlich die Menschen in der näheren Umgebung, an die sich der Trost suchende wendet!

Religion hilft Notleidenden aus Nächstenliebe!

Auch hier muss ich leider mein Veto einlegen. Bei den großen Religionsorganisationen, ist es nur eine große Täuschung oder Verblendung, dass diese aus Nächstenliebe, Hilfe zukommen lassen, denn sonst würden diese ja keine horrenden Einnahmen verzeichnen und sich Reichtümer anhäufen. Wer mir nicht glaubt, sollte einmal im Internet nach den Vermögen der Religionsorganisationen suchen. Aber Vorsicht, es könnten ihnen bei manchen gefundenen Artikeln die Augen »ausfallen« mit welchen Summen diese Religionsorganisationen jonglieren. Wie schon im Abschnitt »*Heuchelei im großen Stil*« dargelegt, sind diese Religionsorganisationen reine Wirtschaftsunternehmen, deren einziges Ziel der Profit ist und nebenbei wird ein wenig Geld für Bedürftige und Notleidende abgezweigt. Wie jede andere Firma haben diese Religionsorganisationen ihre Angestellten, ihre Verträge und »Firmen« Gebäude. Alles nur unter einem anderen Namen, mit dem angeblichen Segen eines unsichtbaren Überwesens welches diese Gott nennen!

Da es dennoch Menschen gibt, die über dieses offensichtlich »böse« Verhalten der Organisatoren hinwegsehen und versuchen nur das Gute in deren Religion zu sehen, ist es schön zu sehen, wie diese Mitglieder notleidenden Menschen wirklich von Herzen helfen. Doch nach meiner Meinung, würden diese Menschen ihren Mitmenschen auch helfen, wenn sie keiner Religion angehören würden, da es in deren Natur steckt helfen zu wollen, weil sie einfach ein gutes Herz haben!

Denn wenn zum Beispiel ein Moslem einem Christen oder ein Jude einem Moslem hilft, geschieht dies ganz bestimmt nicht wegen deren Religion. Denn nach deren Schriften dürften sie dies gar nicht. Im Gegenteil, sie würden sich vor ihrem Gott sogar dafür verantworten und rechtfertigen müssen, da hier ja einem Menschen geholfen wird, der den falschen Gott anbetet und den falschen Glauben ausübt! Denn Jahwe *befiehlt* ausschließliche Ergebenheit und Allah hält es nicht anders! Jesus wird zwar als der Herr der Nächstenliebe gekürt, doch wenn es um Götzendiener geht versteht auch er keinen Spaß mehr. Dann heißt es, helft allen Menschen, auch den Sündern, doch wenn es um Götzendiener geht, hat sein Vater, der er ja auch selbst sein soll, schon ein heißes Plätzchen bereit gestellt!

Nein, wenn sich solche Menschen gegenseitig helfen, geschieht dies aus eigenem moralischen Willen, der sich ausnahmslos auf ihren Charakter bezieht und nicht auf eine religiöse Moral!

Denn wer wahrhaft von Herzen hilft, braucht niemanden, der diesen daran erinnern müsste! Auch kein unsichtbares Überwesen. Und erst recht keine Religionsorganisation, welche über deren Freimut der Hilfe, mit organisiertem Geld hin und her schieben und mit warnendem erhobenen Zeigefinger über diese herzlichen Menschen wacht! Wer von Herzen helfen will, lässt sich demnach auch nicht durch irgendwelche religiösen Dogmen davon abhalten oder abschrecken! Diejenigen, die ihre Hilfe nur unter dem Aspekt der himmlischen Belohnung oder aus Angst vor höllischer Bestrafung und wegen der Morddrohung beim kommenden Tag des Gerichts Gottes anbieten, sind nicht mit dem Herzen dabei, sondern setzen nur auf ihren eigenen Vorteil, den sie dabei zu haben glauben wenn sie anderen helfen!

Demnach kann ich guten Gewissens behaupten, dass Moral aus *rein* religiösen Gründen pure Heuchelei ist!

Religion lindert Trauer!

Das mag sein, doch leider muss man dabei beachten, dass Religion nur mit unbewiesenen Behauptungen, welche ich als Lügenmärchen bezeichnen würde, Trauer lindern kann. Interessanterweise wird von dem Verstorbenen immer in den höchsten Tönen gesprochen und den Trauernden immer vorgegaukelt, dass dem Verstorbenen nun die himmlische Nachwelt oder die Auferstehung im Paradies winken würde und nicht, dass dieser nun in der Hölle schmort oder bei der Auferstehung keine Chance auf ein weiteres Leben hat, wenn der Verstorbene es nach der religiösen Lebensvorgabe vergeigt hatte, ein gottgefälliges, frommes Leben zu führen. Denn nach vielen religiösen Dogmen, dürfte der Geistliche einem notorischen willentlichen Sünder eigentlich kein Paradies in welcher Form auch immer andichten, da er dieses ja nicht verdient hätte, weil er doch ein so böser und schlechter Mensch war. Doch Lügen oder Verharmlosung der »heiligen« geschriebenen Worte, scheint bei Trauernden dann legitim oder nicht so schlimm zu sein!

Hier kommt wieder einmal die pure Psychologie zum tragen, in welcher der Tröstende dem Trauernden nur genau das erzählt, was dieser hören will, um mit seiner Trauer fertig werden zu können.

Das bedeutet, damit Religion die Trauer eines Menschen überhaupt lindern kann, muss der Trauernden schon ebenso fest in die Fantasiewelt der religiösen Glaubenslehren entführt und stramm mit deren Dogmen gefesselt worden sein. Zusätzlich muss der Trauernde die Lebensweise des Verstorbenen verleugnen oder zumindest verdrängen und fest davon überzeugt sein, dass dessen Gott wirklich *alles* verzeiht. Doch dann, wäre es ja egal was wir im Leben tun oder wie wir unser Leben ausrichten, da es ja bei unserem Tod sowieso egal wäre was wir zuvor angestellt haben, da uns doch alles verziehen würde!

Dann ist es auch ganz *wichtig*, dass der Trauernde dem *gleichen* Religionsmärchen aufgesessen ist, wie derjenige, der diesem seine Trauer lindern möchte!

Ein Moslem wäre bestimmt nicht begeistert wenn ein Christ ihm erzählt, dass der Sohn Gottes Jesus Christus, seinen kleinen Sohnemann zu sich in den Himmel geholt hat, weil er noch ein weiteres Engelchen gebraucht hat und er nun froh sein soll, dass sein Spross nun an einem besseren Ort ist. Wenn er dann auch noch zugetragen bekommt, dass sein Sohn dort von der Jungfrau Maria, der Mutter Gottes, die im Himmel zusammen mit Jesus über alle Kinder wacht, gut behandelt wird, nun dann glaube ich, wird die Linderung der Trauer mit Sicherheit aus bleiben und ganz bestimmt anders verlaufen als bei einem geimpften Christen.

Oder stellen Sie sich das Gesicht einer tief gläubigen Christin vor, die von einem islamischen Imam oder Mullah getröstet wird, indem dieser ihr erzählt, dass ihr Mann nun im Paradies ist und er es nun mit 72 Jungfrauen treiben kann wann immer er möchte und zusätzlich noch von nackten herum springenden Jünglingen bedient wird.

Ja, ein wahrlich toller Trost den die Religionen unseren lieben Trauernden zukommen lassen können, gelle!

Vergib ihnen, obwohl sie genau wissen was sie tun!

Wer kennt sie nicht, die schönen positiv klingenden Geschichten von Sexual- und Gewalt-Straftätern, die angeblich zu Gott gefunden haben wollen und ab diesem Zeitpunkt wieder ganz friedlich wurden.

Was für ein Wunder! Halleluja! Allah sei Dank! HERR wir danken Dir!

Doch mal ehrlich, hätten Sie wieder mehr Vertrauen in so einen Menschen, nur weil dieser beteuert, dass er nun friedlich und in Zukunft ganz lieb ist?

Würden Sie einem zum Glauben konvertierten pädophilen Straftäter ihr Kind anvertrauen, weil dieser bekannt gibt, dass er nun zu Gott gefunden hat und deshalb keine Kinder mehr missbrauchen würde? Ich denke nicht oder?

Nach meiner Meinung, sind das nur sehr Intelligente Menschen, die eine Religion dazu gebrauchen, um früher resozialisiert, also in die Freiheit entlassen, zu werden. Sind sie schon in Freiheit, versuchen diese ihre schlechten Taten mit einem Glaubensbekenntnis zu überdecken, um damit ihre Schandtaten zu verharmlosen oder diese in die Vergangenheit zu verbannen.

Denn ein Mensch, der zu Gott gefunden haben soll, wird in der heutigen von den Religionen verblendeten Gesellschaft, sogleich als besserer Mensch bewertet. Wenn sich dieser Straftäter wirklich zu einem Glauben bekennt und diesen ernst nimmt, mag es sein, dass der psychische Druck der Bestrafung eines Gottes so groß ist, dass er in der nächsten Zeit möglicherweise erst einmal niemandem mehr etwas antut. Doch geheilt ist dieser deshalb noch lange nicht!

Er ist nur vorübergehend ruhig gestellt, bis sein Drang ihn wieder dazu bewegt, anderen Menschen zu schaden.

Dass es auch Menschen gibt, die ihre Zwänge seit dem gut unter Kontrolle haben, möchte ich nicht bezweifeln. Dennoch ist eine Charakterveränderung sehr mit Vorsicht zu genießen, wenn auf einmal eine religiöse Einstellung für diese Veränderung verantwortlich sein soll! Doch sollte dieser ehemalige Straftäter nun nach einiger Zeit in Freiheit wieder seinen Trieben unterliegen, nun denn was soll´s! Dann geht dieser halt danach in die nächste Kirche zur Beichte und nach ein paar »Vaterunser« und »Ave Maria« sind seine Taten dann vergeben und er kann weitermachen wie vor seinem Religionsschub. Der einzige Vorteil bei der ganzen Sache ist für den Straftäter, dass er nun Menschen schaden kann wie er möchte.

Denn nach ein paar religiösen Ritualen, wird ihm immer wieder vergeben und er kann weiter machen und weiter machen und weiter machen und weiter … ! Dies alles sogar mit dem Segen seiner geistlichen Führer. Und Gott ist ihm dann auch nicht mehr böse, da er ja zum Glauben gefunden hat und einfach nur schwach ist! Die Geistlichen behaupten zwar, dass ihm nur vergeben würde, wenn er seine Taten wirklich bereut.

Doch woher soll der Geistliche dies bitteschön denn wissen, ob der Beichtende es ernst meint oder nur eine Absolution bekommen möchte?

Den Segen und die Vergebung bekommt der Straftäter trotz alledem von dem Geistlichen ausgesprochen! Mag sein dass deren Gott nach deren religiösen Dogma, dem Straftäter dann nicht vergeben würde, dennoch ist diese Vorgehensweise eine Einladung oder Ermunterung für den Straftäter weiter seinen Trieben nachzugehen, da ihm der Geistliche ja sagt, dass seine Sünden nach der Beichte vergeben wären und Gott ihm und seiner Schwäche verständnisvoll und mitleidig entgegenblickt!

Wenn ich dies nun etwas direkter darstelle, wäre es so: Ein Serienkiller und Vergewaltiger bekommt alle seine Taten verziehen, nur weil dieser an Gott glaubt und Jesus krankes Menschenopfer angenommen hat.

Ein friedliebender Mensch jedoch, der gerne Feiert, Rock oder Metal-Musik hört und auch freudig den einvernehmlichen Sex auslebt, wird von diesem Gott nach seinem Tod bestraft, nur weil er nicht an Gott geglaubt hat!

Bei so einer angewandten Praktik des Vergebens, frage ich mich, ob es denn für Gott keine Rolle mehr spielt, wie schwerwiegend nun die Verfehlungen anzusehen sind und wie sich die Opfer und deren Familien und Freunde, die von solchen »Monstern im Menschengewand« zurückgelassen wurden, sich eigentlich fühlen und was diese alles durchmachen müssen!

Ist es diesem Gott denn wirklich nur wichtig, wie sehr er angebetet und verehrt wird? Wie selbstverliebt muss man sein, um so eine Einstellung zu haben! Wie lässt sich so eine Einstellung denn mit den anderen angeblich so heiligen Eigenschaften vereinbaren?

Die religiösen Geistlichen machen es sich dann wieder einmal sehr einfach, indem sie diesen gebeutelten Menschen, die von solchen Straftätern zurückgelassen werden, einfach sagen:

»Natürlich ist es grausam, was dieser Mensch dir und deiner Familie angetan hat. Aber so wie Jesus uns gelehrt hat, musst du ihm nun mal vergeben. Denn wenn du weiterhin Groll gegen diesen Menschen hegst, obwohl Gott diesem schon vergeben hat, wird Gott auch dir keine Vergebung mehr zukommen lassen. Vergib ihm nun und bete ein paar Vater Unser und Rosenkränze und brenne für Jesus eine Kerze an und deine Sünden sind dir vergeben!«

Solche religiösen Sprüche und Praktiken sind in meinen Augen einfach nur abartig!

Hier werden Opfer zu Sündern gemacht, weil ihnen das Herz blutet und sie verärgert und wütend auf diesen Täter sind! Zusätzlich wird ihnen auch noch angedroht, dass sie Buße tun müssen für ihre »sündigen« Gefühle!

Wer mir nicht glaubt, sollte sich beispielsweise ein wenig mit den Praktiken der Vergebung, der katholischen Kirche auseinander setzen und es werden einem die Augen geöffnet und hoffentlich auch einige Fesseln im Gehirn gelöst!

Doch warum haben wir unter christlichen Gläubigen dann nicht noch mehr Gewalttaten zu verzeichnen, wenn deren Sünden doch alle vergeben werden und deshalb dann ja auch nicht so schlimm sein können? Nun, hier zeigt sich die wahre Natur des Menschen! Der Mensch ist nicht von Grund auf Böse, wie es einem die Religionen immer einreden möchten! Nein, der Mensch an sich, vorausgesetzt er ist geistig gesund, ist von Geburt an ein friedliebendes Lebewesen. Er wird nur dazu gemacht, durch die immer wieder kehrende Suggestion, dass der Mensch doch so böse und ein Sünder sei. Würde den Menschen aber von Geburt an suggeriert, dass die Menschen friedliebende und gutmütige Wesen seien, würde die Welt ganz anders aussehen. Dann würden solche Kriminellen Gestalten im Allgemeinen, viel mehr verachtet werden und nicht als »Normalität« oder mit den Worten »Das ist halt so. So sind die Menschen nun mal«, abgestempelt werden!

Suggestion ist die größte Waffe der Mächtigen über die Masse! Dabei ist es egal ob diese Waffe nun von den Religionen oder von der Politik auf die Menschen abgefeuert wird!

Was ich mich manchmal frage, wenn ich wieder einmal lese, das ein Kinderschänder, Mörder, Vergewaltiger etc. nach wenigen Jahren wieder frei herumläuft ist: Warum wirft man solche bösartigen Mörder, Vergewaltiger, Kinderschänder und kranke Psychopathen, die nur Leid und Elend verbreiten, nicht auf einer einsamen Insel ab und überlässt diese nicht sich selbst? Früher hieß es kurz und schmerzlos, »Kopf ab, und gut is!«, was ich natürlich auch für zu extrem halte. Denn diese Menschen können oftmals gar nichts dafür, dass sie so sind wie sie eben nun mal sind, da sie entweder eine Geisteskrankheit haben oder ein defektes Gen aufweisen, weswegen sie kein Mitgefühl oder Schuldbewusstsein empfinden können. Dementsprechend bringen hier auch keine Gefängnisstrafen mit Psychotherapie etwas. Solche Menschen werden sich nicht ändern! Nicht weil sie es eventuell nicht wollen. Nein, sie *können* es einfach nicht!

Deshalb, alle auf eine abgelegene Insel, mit Ackergerät und den nötigen Werkzeugen damit sie sich ihre Nahrung selbst anbauen können. Dort können sie ja ihren Fantasien und krankhaften Neigungen untereinander freien Lauf lassen und diese ausleben. Damit es dort keine unschuldigen Nachkommen gibt, müssten vorher natürlich alle Zeugungsunfähig gemacht werden. Wenn ein Geistlicher, irgendeiner Religionsorganisation, dann meint dort Missionieren zu wollen, bitte schön. Eigentlich dürfte diesem dort ja auch ohne Wachschutz nichts passieren, da er ja angeblich das mächtigste Wesen des Universums auf seiner Seite hat! Doch ich denke, auf diese Insel würde selbst der gläubigste Religionsverfechter keinen Fuß setzen, da dann, zu sehr hoher Wahrscheinlichkeit, doch der gesunde Menschenverstand siegen würde.

Wieso werden Menschen mit solch extremer Gewaltbereitschaft eigentlich noch Jahrelang versorgt und behandelt? Für was überhaupt den Versuch starten diese zu resozialisieren, das dann auch noch die friedliche Bevölkerung finanzieren muss?

Nach meiner Meinung, haben wir dies auch der Jahrhunderte langen Suggestion der Religion zu verdanken. Hier geht es doch nur darum, religiöse Vergebung zu heucheln. Doch wem nützt dies wirklich? Wieso sollte man das Risiko eingehen, dass diese derben Individuen, wieder auf die friedliche Bevölkerung losgelassen werden? Nur weil ein Mann namens Jesus einmal Worte unter das Volk verbreitet haben soll, dass man auch seine Feinde lieben soll, dass man allen und allem vergeben soll, dass man auch seine rechte Backe hin halten soll wenn man auf die Linke geschlagen wird, das man seine Waffe wegstecken soll und sich und andere nicht damit verteidigen soll, da man dann angeblich durch diese Waffe wieder selbst getötet werden würde? Diese Dogmen dienen doch nur dazu, das sich das Volk nicht erhebt und es nicht aufmuckt und sich alles gefallen lässt! Wie man sieht geht dies sogar soweit, das man Extrem-Kriminelle wieder laufen lässt, obwohl diese höchstwahrscheinlich wieder eine Gefahr für die Allgemeinheit werden. Die Religion hat es sogar geschafft, das sich die Regierungen, an solche unsinnigen religiösen Dogmen des Verzeihens anpassen und nach diesen ihre Gesetze gemacht haben. Was dabei herauskommt, sieht man Tag für Tag und kann diese tollen Gesetzesumsetzungen immer wieder in den Nachrichten und Artikeln der Mainstream-Medien (oder sollte ich diese eher als *Brain*stream-Medien bezeichnen) verfolgen.

Ein Hoch auf die Religionen und ihren Einfluss!

Wann ist Religion dennoch nützlich?

Eine Sache möchte ich dennoch erwähnen, um der Religion wenigstens *eine* Sache zu zugestehen, wobei diese nützlich sein kann.

In der Firma in der ich arbeite, hat mich ein guter Kollege auf diese eine Sache aufmerksam machen können.

Es geht um unsere Feiertage!

Diese wurden ja zum größten Teil, wegen religiöser Feste eingerichtet oder Tagen die zur Anbetung und Besinnung dienen sollten. Natürlich nimmt jeder diese freien Tage gerne mit, um nicht arbeiten gehen zu müssen. Dennoch wären mir Feiertage lieber, die nicht auf irgendeine Religion oder dubiose religiöse Handlungen und Begebenheiten abzielen würden.

Doch sollte, könnte oder müsste der Staat die religiösen Feiertage absetzen, weil die Religionen eventuell verboten oder aus der Öffentlichkeit verbannt werden würden, war nun der Einwand meines geschätzten Kollegen, würden diese bestimmt nicht mit antireligiösen ersetzt werden. Hier muss ich meinem Kollegen zustimmen. Dies wäre dann echt schade und es würden einem diese freien Tage anfangs schon fehlen, da man sie Jahrelang gewohnt war.

Doch irgendwie fühle ich mich immer als Nutznießer, wenn ich an diesen Tagen zu Hause bin, da ich der Religion ansonsten nicht viel abgewinnen kann. Dann kommen auch immer wieder solche Sprüche von meinen lieben Religionsbefürwortern wie: »An den Feiertagen bleibst du doch auch zuhause und beschwerst dich nicht, dass du nicht arbeiten musst. Wenn du es ernst meinen würdest, dann geh bitteschön auch arbeiten!«

Meine Antwort darauf ist dann immer wieder: »Leute, ich kann auch nix dafür, wenn unser Staat mit den Religionen kuschelt und mit diesen ausgemacht hat, dass an diesen Tagen in der Industrie und im Handel nicht gearbeitet wird und die Firma in der ich arbeite nicht geöffnet hat! Soll ich jetzt meinen Chef anbetteln, dass er für mich allein an religiösen Feiertagen die Firma in Betrieb hält?«

Natürlich fände ich es besser, wenn es rein Staatliche oder kulturelle Feiertage wären, ohne dieses Religionsgedöhns. So wie unser »Tag der Deutschen Einheit am 3. Oktober«, »Silvester und Neujahr«, der Feiertag am »1.Mai« usw. Aus dem Valentinstag beispielsweise, könnte man doch einen gesetzlichen Feiertag machen und diesen einfach den »Tag der Liebe« nennen. Warum in aller Welt, muss immer irgendein »Pseudo- Heiliger« so einem Tag vorstehen? Als ob man seinem Partner seine Liebe nur geben oder zeigen könnte, wenn man an einen Gott oder irgendwelche »Heilige« glaubt.

Dann könnte man auch den Vatertag und den Muttertag zu gesetzlichen Feiertagen machen. Es gibt bestimmt noch viele andere Begebenheiten die man zu Gedenktagen machen könnte. Wie wäre es, mit einem Tag des Friedens zum Gedenken an das Kriegsende, einem Tag der Lebensfreude, Gedenken an die Ahnen, Tag der Familie, Tag der Natur, Tag der Nächstenliebe, Tag des Sports und der Bewegung, Tag des Umweltbewusstseins usw.? Möglichkeiten gibt es bestimmt genug ohne religiöse Hintergründe!

Zudem sind die angeblich christlichen Feiertage meist aus ehemaligen Heiden-Festen entsprungen. An Ostern zum Beispiel, hat man aus der Anbetung der Fruchtbarkeitsgöttin Ostara, die Auferstehung Jesu gemacht. Zuerst hatte man beide Festlichkeiten zusammengeworfen und später als das Christentum überhandnahm wurde die Göttin ganz weg gelassen, so dass nur der Name und einige Bräuche geblieben sind. Wenn ich mich irren sollte, wäre ich dankbar, wenn mir jemand erklären könnte, was ein Eier versteckender Hase mit Jesu Auferstehung zu tun haben soll. Oder an Weihnachten: Was hat ein rot gekleideter, bärtiger fetter Mann mit der Geburt Jesu zu schaffen? Ich erinnere alle *noch* Gläubigen, noch einmal an die ersten drei Gebote ihrer Top-Ten (Zehn Gebote)! Denn normalerweise dürften *wahre* Christen, solche Mischmasch-Feste eigentlich gar nicht Feiern.

Von Moslems und Juden ganz zu schweigen! Wer mir nicht glaubt, einfach mal im Internet »Ostara« in die Suchmaschine eingeben.

Die »heiligen« drei Könige, waren zudem auch gar keine Könige, sondern Astrologen und Magier! Was der Gott der Bibel über Astrologie und Magie denkt, müssten echte Christen eigentlich wissen! In deren Gottes Augen nämlich, ist Astrologie und Magie etwas absolut verabscheuungswürdiges und dämonisches!

»Aber hey, was soll's. Hauptsache ein Tag frei! Wenn ihr euch den Zorn eures Gottes dabei aufbürdet, ist das dann auch egal. Der soll sich nicht so haben da oben, ihr feiert nun mal, was und wie ihr es wollt! Den Tanz um das goldene Kalb kann man jetzt echt nicht mehr mit der heutigen Zeit vergleichen. Zudem kurbelt es ja auch die Wirtschaft an, da ihr euch genötigt fühlt, jedem Geschenke zu kaufen die auch für euch welche erwerben. Da ihr den Mist oftmals sowieso wieder umtauschen müsst, habt ihr wenigstens die Möglichkeit, noch etwas mehr einzukaufen, was die Ladeninhaber und alle andern natürlich freut, die daran mitverdienen. Dass bei dem ganzen Weihnachts- und Ostern Gedöns auch noch ein wenig geflunkert wird, indem ihr euren Kindern vorlügt, dass es einen Osterhasen oder den Weihnachtsmann gibt, ist ja auch nicht so schlimm. Da ist dann das Gebot »Du sollst nicht lügen« auch nicht mehr wichtig, gelle.« Genau so, sieht heutzutage der Glaube vieler Religionsanhänger aus!

Klar, kann man mich jetzt als Haar-Spalter und kleinlichen Zyniker bezeichnen. Dennoch müssten sich die Gläubigen doch eigentlich an die Gebote, Gesetze und Anweisungen ihres Gottes halten. Oder zählen diese nicht an allen Tagen im Jahr? Was ihr Gott darüber denkt ist doch in dieser Situation dann auch wieder völlig egal, oder?

Mir persönlich kann es ja wirklich egal sein, da ich sowieso nicht an ein allmächtiges und allwissendes Überwesen glaube, welches Gott genannt wird und mir es »Jacke wie Hose« ist, wie diese Feiertage genannt werden oder wer oder was dabei von der Riege der Religionsverfechter angebetet oder gefeiert wird. Für mich sind das nur ein paar freie Tage, in der ich etwas mehr Zeit habe, um mich mit meiner Familie und meinen Freunden zu treffen. Wer hier mit mir übereinstimmt und trotzdem noch Kirchensteuer oder eine andere religiöse Geldleistung bezahlt, ist entweder zu bequem oder zu ängstlich aus der Kirche auszutreten oder er hat so viel Geld, das es eh egal ist, ob er diese monatliche Zahlung eigentlich auch aus dem Fenster werfen könnte.

Dennoch möchte ich mich schweren Herzens, für diese *eine* Sache, bei den Religionen bedanken. Danke für die Feiertage!

Warum wird Religion so vehement verteidigt?

Nun, ich sehe das so: Wer die Religion angreift, greift automatisch die Fantasie an. Wer die Fantasie angreift, greift demnach den Menschen an, da dieser das einzige Wesen auf der Erde ist, das Fantasie entwickelt haben soll. Ergo, greifst du Gott an, dann greifst du die gesamte Menschheit an. Denn Gott entspringt der Fantasie des Menschen.

Zum anderen, geht es auch darum, Recht zu haben. Diese schlechte Eigenschaft wohnt in so gut wie allen menschlichen Gehirnen. Denn Recht zu haben bedeutet auch, andere auf den eigenen »rechten« Weg führen zu wollen. Anderen sein Recht und seinen Willen aufdrücken zu können, bedeutet Macht. Wer die Macht hat, bestimmt die Regeln. Deshalb sind Religionen auch so Mächtig und da sie diese Macht ungern abgeben wollen, wehren diese sich mit Händen und Füßen und mit fadenscheinigen unüberprüfbaren Argumenten. Wenn dann auch noch genug Menschen mit diesen fantasievollen religiösen Suggestionen gefesselt sind, brauchen die religiösen Führer nicht einmal selbst gegen Ungläubige vorgehen. Denn dies erledigen bei guter Indoktrination dann im Laufe der Zeit die Anhänger selbst für die Gründer und deren ernannten Gelehrten.

Religion, ist wie ein Schneeballsystem aufgebaut und deshalb haben die Religionen auch so viele Anhänger und gleichzeitig auch Verteidiger, doch profitieren werden immer nur die an den Spitzen.

13 **Die Tricks der Religionen**

Welche Tricks und Kniffe Religionen im Allgemeinen anwenden, um Menschen auf ihre Seite zu ziehen, möchte ich auf den nächsten Seiten etwas erläutern.

Die zwei Haupt-Tricks, sind ohne Zweifel, ein oder mehrere Überwesen, die man nicht sehen kann und den Trick, das Gefühl der Menschen auszunutzen, dass diese nicht allein sein und akzeptiert werden wollen!

Der Trick mit einem unsichtbaren Überwesen!

Der größte und wichtigste Trick der Religionen, besteht aus drei Komponenten. Werden diese drei Komponenten intelligent zusammengemischt, hat man eine Mischung, die es möglich macht, erwachsene Menschen wie Kinder behandeln zu können, um diesen ihre eigenen ausgedachten Vorschriften, Regeln und Dogmen aufdrücken zu können. Denn wer die Regeln machen kann, hat die Macht, anderen diese Regeln so vorzuschreiben, damit diese eingehalten und akzeptiert werden müssen.

Wie schafft man das?

Nun, ganz einfach. Man erfinde eine Übervater-Figur, die das Recht zugesprochen bekommt, über alle Menschen, ob Jung oder Alt, bestimmen zu dürfen. Die Hauptkomponente besteht aber darin, dass diese fiktive Übervaterfigur, mit den fünf Sinnen für die Menschen *nicht* wahrnehmbar ist. Somit ist dieses Wesen, Unsichtbar, Unhörbar, nicht Riechbar, nicht zu schmecken und Unberührbar oder Unantastbar. Kurz gesagt, wenn dieses Überwesen, mit den normalen fünf Sinnen und auch den weiteren wissenschaftlich erfassbaren oder messbaren Sinnen, nicht erfasst werden kann, ist es demnach auch nicht nachweisbar oder zu beweisen, ob dieses Wesen überhaupt existiert! Dies wäre die erste Komponente!

Dieses Wesen, das Gott genannt wird, spielt sich somit nur im Kopf ab, mit all den Gefühlen und Emotionen die unser Gehirn hervorbringen kann. Was uns nun zur zweiten Komponente dieses überaus hinterhältigen Tricks führt: Diese besteht darin, diesem Überwesen, Gefühle und Emotionen anzudichten, die sich auf den blind gläubigen Menschen übertragen. Denn dass auch fiktive Gestalten im Menschen Gefühle und Emotionen auslösen können, kann man tagtäglich über unsere Medien erfahren, deren Storys allgegenwärtig der breiten Öffentlichkeit zur Verfügung stehen. Wer behauptet, dass er noch nie Mitleid, Trauer, Liebesgefühle, Wut, Hass, Angst, Genugtuung, Freude usw. empfunden hat, während er einen guten Film gesehen oder ein Buch gelesen hat, der ist entweder ein Lügner oder ein kalter emotionsloser Soziopath oder Psychopath. Ich kenne zumindest nicht einen Menschen, der noch nie geweint, sich gefürchtet oder gelacht hat, bei einem guten Film oder Buch. Sogar solche »Volksverdummung-Sendungen« die als Scripted Reality bezeichnet werden, können das Hirn eines gedankenlos durch die Welt taumelnden Menschen so verdrehen, das manche sogar meinen (glauben), dass dies alles echt und real ist was dort gezeigt wird! Obwohl auch diese Sendungen ein Drehbuch besitzen, genau wie jede andere Serie im TV auch.

Dennoch glauben viele an die Wahrhaftigkeit der Geschehnisse. Manche sind sogar aufgebracht, wenn man ihnen diesen Fakt unterbreitet und fangen sogar an zu streiten, um in ihrer Illusion bleiben zu können. Denn sie haben ja mit den Darstellern geweint, gelacht, sich geärgert usw. Da sie im Laufe der Zeit so viele Arten der Gefühle und Emotionen zu diesen entwickelt haben, ist dies für sie beim Zuschauen in deren Hirn auch Real geworden. Wie es in der wirklichen realen Welt aussieht, haben sie aber mittlerweile verlernt zu sehen! Denn viele, die solche Sendungen schauen, passen sogar ihr Wesen an die dargestellten Charaktere an und fangen beispielsweise an so zu sprechen wie diese oder ahmen die Verhaltensweisen dieser Protagonisten nach. Dies geschieht aber meistens schleichend und unbewusst.

Wer hier eine Parallele zur Religion findet hat soeben eine Fessel in seinem Geist gelöst!

Denn genau diese Gefühle und Emotionen nutzt auch die Religion, um Menschen zu ködern und zu halten!

Kommen wir nun zur dritten Komponente, bei diesem »Dreifaltigem« Trick: Diese ist die Behauptung, dass dieses Überwesen *allmächtig* und natürlich auch *allwissend* wäre, damit der Gläubige immer im Hinterkopf hat, dass er immer und überall beobachtet wird und dass dieses Wesen *alles* über ihn weiß und auch sofort in das Leben des Gläubigen eingreifen oder dieses sogar beenden könnte, wann immer es will. Zusätzlich wird dabei suggeriert, dass dieses Wesen *vollkommen* und *unfehlbar* wäre, um die Gedanken und das Hinterfragen von vornherein zu untergraben, so dass sich der Gläubige, vor diesem Wesen, selbst als klein und unbedeutend, fehlbar, unvollkommen, dumm und unwissend betrachtet!

Zum Glück gibt es aussagekräftige Argumente, dass es keinen Gott geben kann, der allmächtig und allwissend zugleich sein kann!

Wieso ich das so freimütig behaupten kann?

Nun, haben Sie sich schon einmal folgende Frage gestellt: Kann man die Zukunft ändern, wenn man schon genau weiß, was in der Zukunft passiert? Nein, das ist unmöglich! Denn, hätte man die Zukunft mit der Allmacht verändert, hätte man sich doch in der Vergangenheit mit dem Wissen über die Zukunft geirrt und wäre demnach nicht allwissend. Denn wenn ich heute schon weiß, wie Sie sich in der Zukunft verhalten werden, kann ich nichts mehr an dieser Zukunft ändern. Würde ich dennoch die Zukunft ändern, hätte ich mich geirrt und könnte nicht sagen, dass ich wusste wie Sie sich verhalten würden!

Das bedeutet, wenn es diesen Gott geben sollte, kann er entweder *nur* allmächtig oder *nur* allwissend sein, denn Allmacht und Allwissenheit sind nicht miteinander vereinbar! Wenn man dann auch noch die angeblich vollkommene Barmherzigkeit, Liebe und Güte Gottes mit ins Spiel bringt, bleibt nur noch der unüberprüfbare blinde Glaube an eine absolute Unwahrscheinlichkeit zurück, mit der die Religionen den Geist der Menschen fesseln wollen! Dies zeigt auf, dass hier ein riesiger Widerspruch im Raum steht, den die Erfinder dieses angeblich allmächtigen *und* allwissenden Gottes, übersehen haben!

Da die religiösen Führer aber wissen, das sich nur wenige Menschen trauen so weit zu denken, können sie weiterhin ihre unüberprüfbaren fiktiven Komponenten unter ihr Religionsgerüst mischen und unter die

Menschheit verteilen. Voilà, hat man ein überaus überzeugendes Dreikomponenten-Überwesen, dem jeder gehorchen muss, welches sich natürlich nicht selbst mitteilt, sondern die Anweisungen, Regeln und Gebote von den Geistlichen, die sich als »göttliche Sprachrohre« bezeichnen, übermittelt werden!

Der Trick mit dem imaginären Freund!

In der heutigen Ellenbogengesellschaft, in der viele ein einsames Leben führen und sich nach Liebe und Geborgenheit sehnen, werden richtige Freunde immer rarer. Deshalb flüchten einige dann in die Fantasiewelt der Religion, da sie dort, wenigstens *einen* Imaginären Freund vorgesetzt bekommen, mit dem sie sich beschäftigen können. Diesen können sie dann durch ein »heiliges« Buch kennen lernen, welches im Laufe der Jahrhunderte, aus verschiedenen Textfetzen zusammengebastelt wurde. Durch immerwährende Wiederholungen aus diesem Buch, entwickeln sie dann sogar Gefühle zu diesem allerbesten »göttlichen Freund«!

Wie ein Kind, das von seinen Eltern oft alleine zu Hause gelassen wird und sich aus Einsamkeit einen Lila-Blass-Blauen Helden mit Elefantengesicht, Eselsohren und Augenklappe oder so ähnlich, als Spielkameraden einbildet! Bei Menschen deren Geist von diesen Religionen gefesselt wurde, wird diese Einbildung, dann zu einem »Freund«, der immer zuhört und einen immer versteht, auch wenn von diesem *nie* ein reales Wort erwidert wird.

Doch schon allein das *Gefühl*, diesen *einen*, speziellen, aller besten Freund zu haben, ist den meisten schon Grund genug, um an solch ein Wesen glauben zu wollen. Denn dieses Gefühl, bringt in diesen Menschen, eine gewisse Befriedigung hervor, dass sie selbst als wertvoll oder wichtig erscheinen lässt. Dies nutzen die Religionen natürlich schamlos für ihre Zwecke aus. Denn jedes Mitglied bringt Geld und nach einer gewissen Zeit, eventuell auch weitere neue Mitglieder!

14 Die 3 Phasen - Wie Religionen vorgehen!

Egal welche Religion man näher betrachtet. Wirklich alle, ohne Ausnahme, haben die absolut gleichen Taktiken wenn ihre Missionierungen *ohne* physische Gewalt ablaufen! Was dabei auffällt ist, dass in jeder Phase dieser Taktiken immer wieder, die gleichen dubiosen unbeweisbaren Argumente ausgespielt werden. Ob es um das Aufstocken neuer Mitglieder geht, ob es darum geht, diese bei der Stange zu halten und ob es darum geht, diese von einer Abkehr oder einem Austritts zu hindern.

Auf den nächsten Seiten werde ich aufzeigen, wie diese Religionen vorgehen. Dabei werde ich diese Taktiken, in drei Phasen aufteilen und erläutern.

Phase 1 - Neue Mitglieder

Locken mit einer Belohnung!

Die einen locken mit einem himmlischen Paradies nach dem Ableben. Andere wiederum, mit einem Übergang zum ewigen Leben auf der Erde. Entweder nach dem Wiederkommen Jesu Christi oder eines anderen erfundenen Erlösers oder Propheten. Dann gibt es jene, welche ein ewiges Leben auf der Erde nach einer Wiederauferstehung der »Gerechten« predigen. Der Witz bei der ganzen Sache ist, dass sich die vielen Religionsgemeinschaften, mit ihren gegenseitig abweichenden Interpretationen, Lehren und Dogmen ihrer behaupteten paradiesischen Belohnung, immer auf *dieselben* »heiligen« Schriften beziehen, in denen diese angeblichen einzigartigen »Wahrheiten« geschrieben stehen. Hierbei spielt es nicht einmal eine Rolle, um welche »heilige« Schrift es sich handelt.

Doch welche Belohnung, ist nun die *einzig* Wahre, auf die sich die neuen Mitglieder denn freuen können?

Locken mit angeblichem Verständnis!

Da die meisten Menschen des Mitgefühls bedürfen und jeder schon einmal schlechte Zeiten durchgemacht hat, nutzen Religionen gerne diese Schicksalsschläge aus, um den Menschen ihre Dogmen und Glaubenslehren schmackhaft zu machen.

Dann kommen solche Sprüche wie: »Gott versteht dich und deine Situation«.

Sehr oft werden diese Psycho-Sprüche, dann zusätzlich noch mit der angeblich kommenden Belohnung kombiniert, um den Rat oder Trost-Suchenden zu beruhigen und ihm vorzugaukeln, dass Gott diesen wirklich versteht und eigentlich möchte dass es ihm besser geht.

Doch dies hat nichts mit ehrlichem Verständnis zu tun, sondern nur damit, dem potenziellen neuen Mitglied ein imaginäres Überwesen schmackhaft zu machen, das natürlich nur auf *deren* religiösen Seite ist und selbstredend, erst *nach* einer Bekehrung zu *dieser* Glaubensgemeinschaft auch mit dem neuen Mitglied wandelt!

Drohen mit Bestrafung!

Die Einen drohen damit, dass man am kommenden Tag des Gerichts (Armageddon oder Harmagedon) gnadenlos ab-gemetzelt wird, wenn man nicht zu deren Glauben und deren Gott wechselt, da nur diejenigen überleben werden, die sich an deren Interpretation der Gebote und Gesetze der »heiligen« Schrift halten und nach den Vorstellungen, deren Gottes ihr Leben ausrichten. Andere wiederum drohen mit einer ewigen Qual in der Hölle.

Über das Bestrafen Gottes habe ich schon genug geschrieben und deshalb werde ich auch nicht weiter darauf eingehen.

Zudem wird dieses Argument nur sekundär zur Missionierung gebraucht, da es viele eher abschreckt, als dass sich diese neugierig weiter mit deren Religion beschäftigen.

Die Geburt eines Kindes, dessen Eltern schon einer Religion angehören, ist der wahrlich einfachste Weg, ein neues Mitglied ohne Anstrengungen und Überredungskunst an eine Religion binden zu können. Das Beste dabei ist, dass die Geistlichen nichts machen müssen. Denn die Eltern verweigern dem Kind, allein schon wegen unüberlegten traditionellen Riten, die Entscheidungsfreiheit, die Religion selbst wählen zu dürfen und übergeben dieses, ohne dessen Einverständnis, in deren eigene Religion.

Denn *kein* Kind, wird als Christ, Moslem, Jude oder Hindu usw. geboren! Der Mensch ist bei seiner Geburt ein freies Lebewesen!

Leider sind es oftmals die Eltern, die ihrem Kind schon ganz früh, die Fesseln ihrer eigenen Religion anlegen lassen. Dies könnte man damit vergleichen, wenn ein Kind eines Sklaven in die Freiheit geboren würde und wählen dürfte, ob es frei sein möchte, oder wie seine Eltern, als Sklave einem Herrn zu dienen.

Doch statt zu warten, bis das Kind Alt genug ist, damit es sein Schicksal selbst entscheiden kann, wird es von den Eltern nach der Geburt sogleich deren Herrn als Eigentum übergeben und natürlich dementsprechend aufgezogen, mit allen Regeln und Pflichten, die der Sklavenhalter schon den Eltern vorgeschrieben hat.

Eines sollten wirklich gläubige Eltern allerdings beachten oder sich zumindest fragen, wenn sie unbedingt an ihrer selbst ausgewählten Religion festhalten wollen, und zwar, ob denn allein die Taufe ihres Kindes nicht schon das Todesurteil oder die Verbannung in die Hölle für sie und ihren Nachwuchs bedeuten könnte! Denn was wäre, wenn sie ihr Kind, eventuell damit doch in die *falsche* Religion übergeben würden? Denn bei tausenden von Religionen und deren Abspaltungen, Glaubensorganisationen und Gemeinschaften, ist die Wahrscheinlichkeit nicht gerade gering, sich doch die falsche herausgepickt zu haben! Denn der Gott dieser Religionen zeigt sich, durch alle »heiligen« Schriften hindurch, immer als eifersüchtig und strafend bei solch gravierenden Sünden und Verfehlungen, wie der Anbetung eines anderen falschen Gottes! Können sich die Eltern wirklich *absolut* sicher sein, dass sie selbst schon in die einzig wahre und richtige Religion übergeben wurden oder eingetreten sind? Wenn dies bejaht wird, hat die jeweilige Religionsorganisation oder Glaubensgemeinschaft wirklich eine beachtliche suggestive Leistung vollbracht!

Denn sich selbst als die einzig wahre und vollkommene Religion glaubhaft darstellen zu können, erfordert wahrlich sehr gute psychologische Eingriffe in den Geist der Mitglieder. Doch wessen Geist von dieser Religion schon dermaßen gefesselt ist, hat kaum noch eine Chance, diese Fesseln lösen zu können, denn die Geistlichen, Lehrer und Führer, werden weiterhin *alles* daran setzen, dass es auch so bleibt.

Dies bringt mich nun zu Phase 2. Wie Religionen vorgehen und verfahren, um ihre Mitglieder bei der Stange zu halten und weiter an sich zu binden!

Phase 2 - Mitglieder halten und an sich binden

Halten durch immerwährende Wiederholungen!
(Suggestionen von Dogmen, Lehren, Liebesbekundungen und Strafankündigungen Gottes, usw.)

Wer schon gewisse religiöse Zusammenkünfte miterlebt hat, wird erkannt haben, dass sich alles immer und immer wieder wiederholt. Gewisse Dogmen werden immer wieder vermittelt und Gebetsmühlenartig herunter gepredigt. Jesus, Abrahams, Moses, Mohammeds Worte werden immer wieder, in der *jeweiligen* Interpretation der *diesbezüglichen* Abspaltung einer Religionsorganisation, den Mitgliedern eingehämmert.

Es wird immer wieder darauf hingewiesen, was nun Gut und Annehmbar für Gott wäre und was Böse und für Gott Verabscheuungswürdig ist. Es werden immer und immer wieder die gleichen Gebete oder Gebetsinhalte vor geplappert oder heruntergeleiert. Dann wird *explizit* natürlich, auch immer wieder auf die Strafen aufmerksam gemacht, die ein Mitglied zu erleiden hat, wenn es sich *nicht* an die indoktrinierten Lehren, Gebote und Gesetze deren Gottes halten sollte.

Selbst, wer am Anfang manches nicht glaubt, wird nach einer gewissen Zeit, der immerwährenden Suggestion, irgendwann an alles glauben, was einem erzählt wird. Dies ist ein Fakt und wird auch in der Wirtschaft und Politik so ähnlich angewandt. Dort wird es nur anders genannt. Diese Kunst der Rhetorik, wird dann des Öfteren auch für Propagandazwecke eingesetzt oder dazu, eine bestimmte Massenmeinung im Volk zu bilden! Ich vermeide bewusst das Wort Gehirnwäsche. Denn Gehirnwäsche ist meist mit physischer Gewalt verbunden, welche diese religiösen Meister der Psychologie und Geist-Verdreher durch ihre eigene Geisteshaltung und zusätzlichen Schulungen, nicht mehr nötig haben! Denn dies ist ja gerade die Kunst sogenannter *Geist*-licher.

Diskreditieren anderer Schriften und Meinungen!
(Warnen vor »bösen, dämonischen« anderen Lehren, Meinungen oder
Gegenargumenten.)

Wer anfängt sich mit anderen Religionen, Religions-Aussteigern oder sogar mit atheistischen Schriften zu beschäftigen, wird sofort selektiert, beiseite genommen und darauf aufmerksam gemacht, wie *»gefährlich«* diese Handlungsweise doch sei.

Natürlich ist dies nur für die Religionsorganisation »gefährlich«, da es dazu führen kann, dass sich dieses Mitglied einen anderen Horizont aneignet oder anfängt selbstständig zu denken und nicht einfach weiterhin alles glaubt, was diese religiösen Führer diesem immer wieder weismachen wollen.

Dies könnte dann zu Austritten und somit zu weniger Spenden oder zu einer geringeren Mitglieder-Quote führen. Zudem brauchen diese religiösen Führer ihre Mitglieder, damit diese weitere Mitglieder generieren und zu dieser Religion führen. Deshalb ist es nicht gut fürs »Geschäft«, wenn Mitglieder deren Religion und deren Praktiken hinterfragen und dieser Religionsgemeinschaft deswegen den Rücken kehren. Dementsprechend, wird alles was nicht mit dieser Religion zu tun hat, als dämonisch, teuflisch oder weltlich abgestempelt, was natürlich

»böse« ist. Gleichzeitig wird natürlich der erhobene Zeigefinger geschwungen, um das Mitglied bei der Stange zu halten!

Ausnutzen der psychischen Bedürftigkeit!
(Gott liebt dich, Gott beschützt dich, Gott verzeiht dir, Gott ist immer für dich da usw.)

Da der Mensch gerne liebt und auch geliebt werden will, trichtern die Religionen ihren Mitgliedern immer und immer wieder ein, dass Gott, Allah oder Jesus sie liebt und ihnen ihre früheren Sünden verzeiht.

Da die Wahrscheinlichkeit aber sehr hoch ist, dass es keinen Gott, Allah oder Jesus gibt, müssen demnach nun reale wirkliche Menschen dafür einspringen. Dementsprechend werden die Mitglieder dazu gedrängt, sich gegenseitig zu lieben und sich immer zu helfen. Denn wer dies nicht macht, bekommt dann auch keine Liebe mehr von Gott und wird dann auch noch für seinen Egoismus von Gott bestraft, mit der Hölle beispielsweise oder anderen erfundenen Strafandrohungen. Wer aber anderen Liebe zukommen lässt, der erhält dann auch wieder die Liebe Gottes, die genaugenommen eigentlich die Liebe der anderen Mitglieder ist. Natürlich wird dann Gott dafür gedankt, dass alle so harmonisch und liebevoll miteinander umgehen, obwohl dieses Verhalten ausschließlich *nur* von den Mitgliedern selbst kommt! Wobei es sich hierbei, nur um eine künstlich aufgezwungene Emotion handelt, die als Liebe bezeichnet wird. Denn wahre Liebe, kann nicht gelehrt oder befohlen werden. Wahre Liebe, ist meist angeboren und kommt von innen. Denn nur eine von Herzen kommende Liebe, kann als wahr und ehrlich bezeichnet werden! Deshalb kann die Liebe zu einem Gott auch nicht wahrhaftig sein, da man ohne Belehrung und Suggestion an keinen Gott glauben würde. Gott existiert ausschließlich im Kopf des Gläubigen und auch *nur, wegen* dieser Belehrung.

Dies zeigt auf, dass kein Mensch an einen Gott glauben, geschweige denn, einen Gott lieben würde, wenn die Religionen dieses Hintertürchen des Geistes, nicht mit ihrer Psychologie ausnutzen würden!

Da die Geistlichen, Mullahs, Rabbis und wie sie alle heißen, nicht jedes Mitglied selbst überwachen können, greifen diese zu einer weiteren Taktik, um die Mitglieder bei der Stange halten zu können.

Diese Taktik ist nicht nur in der Religion zu finden, sondern war zum Beispiel auch in der ehemaligen DDR an der Tagesordnung. In Diktaturen ist diese Taktik auch unverzichtbar, um die Menschen auf deren Propagandaschiene halten zu können.

Diese Taktik besteht darin, die Menschen dazu zu bringen, dass diese sich *gegenseitig* bespitzeln und überwachen.

In der Religion bringen die religiösen Führer oder Geistlichen, allen Mitgliedern bei »aufeinander zu achten«, so dass niemand vom Glauben abfällt. Denn die Mitglieder dürfen sich ja nicht durch »weltliche Begierden« und »falsche Lehren« ablenken lassen, wie es deren Vorsteher nennen.

Wenn ein Mitglied solche »abtrünnigen« Verhaltensweisen, bei einem anderen beobachtet oder auch nur vermutet, wird es sogleich darauf angesprochen, um diesem ein schlechtes Gewissen einzureden. Wenn das Mitglied sich davon nicht beeindrucken lässt, wird ein religiöser Geistlicher darauf hingewiesen, der dann mit der vollen Härte des »geschriebenen Wortes« auf das »abtrünnige« Mitglied einredet. Dabei wird dann die Sündenkeule heraus geholt und mit den dementsprechenden Strafandrohungen deren Gottes, das Hirn des Mitglieds weichgekocht, bis es wieder »zur Besinnung« kommt. Danach muss das Mitglied nur noch Buße tun und Gott um Vergebung bitten und alles ist dann wieder gut.

Wenn Sie ihre Augen auf machen und diese religiösen Fesseln in Ihrem Geist lösen, werden Sie hier eine Taktik erkennen, die in einen Kreislauf eingebunden ist, um die Mitglieder in dieser Religion halten zu können.

Phase 3 - Austritte vermeiden

Religiöse Lehrer und geistliche Führer sind sehr geschickt darin, mit ausgefeilter Rhetorik und Psychologie, den Geist der Gläubigen so zu bearbeiten, damit diese Menschen sich nicht mehr trauen, aus der jeweiligen Religionsgemeinschaft auszutreten oder dieser den Rücken zu kehren.

Wie dieser religiöse »Psychoterror« von statten geht, möchte ich in den nächsten Abschnitten einmal kurz anreißen.

Durch Angst einjagen!

Wie schon erwähnt, habe ich mich über die abartigen psychologischen Kniffe der Religionen, die den Gläubigen Angst einjagen sollen, schon genug geäußert. Meines Erachtens ist es zutiefst armselig, wenn man Menschen nur noch dazu bewegen kann, einem Gott zu dienen und einer bestimmten Religion zu folgen, wenn man deren Geist auf eine Art bearbeitet indem man diese in Todesangst versetzt.

Denn würden diese Religionen solche Geschütze wie drakonische Strafankündigungen, Märchen über eine Hölle oder einen Gerichtstag Gottes, bei dem er alle Ungläubigen und »Sünder« abschlachtet nicht auffahren, würden viele dieser Menschen nicht länger in dieser Religion verweilen!

Durch Gewissensbisse einreden!

Ein anderer interessanter Punkt ist jedoch die Taktik, dem Mitglied mit psychologisch rhetorischer Fertigkeit, tiefgreifende Gewissensbisse einzureden.

Dann werden solche Mitglieder mit Sprüchen und Fragen zu-getextet wie:

»Was? Du willst die Gemeinde verlassen? Ist das der Dank dafür, dass dir Gott auf den rechten Weg geholfen hat?« oder »Ach Herrje, Du weist das es Jesus überaus traurig macht, wenn du ihm den Rücken kehrst! Willst du das wirklich? Jesus liebt dich doch! Er will doch nicht dass du beim Tag des Gerichts umkommst (in die Hölle kommst etc.)!«

Durch geheucheltes Verständnis!

Dann gibt es noch diejenigen Geistlichen, die einem Mitglied das Austreten möchte, ein geheucheltes Verständnis entgegen bringen mit Aussagen wie diesen:

»Ich verstehe ja deinen Schmerz (Ärger, Wut, Enttäuschung usw.) und Gott weiß ebenfalls, dass du gerade leidest. Er wird dich dennoch weiterhin lieben, wenn du nun gehst. Doch bedenke, dass du trotzdem deinen freien Willen weise nutzen solltest, den du von deinem Schöpfer bekommen hast. Du hast es selbst in der Hand, ob du wieder gottgefällig leben willst und ins Paradies eingehst oder ob du Gott für immer den Rücken kehrst und dann leider in die Hölle musst!« oder »Natürlich versteht Gott deine schwere Situation. Doch wenn du jetzt gehst, dann hat der Satan gewonnen und Gott wird niemandem vergeben der sich dem Teufel zuwendet. Überlege es dir wirklich gut, ob du Gott und deiner Gemeinde nun den Rücken kehren willst! Wenn du bleibst, wird Gott dir die nötige Kraft geben, um in dieser schweren Zeit durchhalten zu können, denn der große Tag Gottes wird in naher Zukunft kommen!«

Was ich von solchen geheuchelten Sprüchen halte?

Einfach nur Erbärmlich und Abartig!

Durch Gruppenzwang!

Auch der Gruppenzwang wird gerne als erfolgreiche Taktik angewandt um die Mitglieder von Austritten abzuhalten. Dann werden solche Geschütze aufgefahren wie: »Denk doch mal an deine Familie! Du wirst deren Herz brechen wenn du dich vom Glauben und Gott abwendest« oder »Was ist mit deinen Freunden die du hier in der Gemeinde hast? Sind sie dir gar nichts wert?«

Diese Sprüche sind Rhetorik und Psychologie vom feinsten und haben nur *ein* Ziel, Menschen das selbstständige Denken abzugewöhnen und vor dem Austritt zu hindern!

In meinen Augen ist dies, Manipulation der untersten Schublade.

»Religion ist nichts anderes, als ein Werkzeug, um andere Menschen zu unterwerfen und zu versklaven, unter dem Deckmantel eines Gottes natürlich. Eines Wesens, das man mit seinen natürlichen Sinnen nicht erfassen kann!«

Im nächsten Abschnitt möchte ich noch kurz auf verschiedene Theorien eingehen, wie oder wodurch die Religionen überhaupt entstanden sein könnten, damit sie den Geist der Menschen so dermaßen fesseln konnten.

15 Mögliche Theorien wie Religionen entstanden

Da die Frage noch offen geblieben ist, woher Religionen eigentlich herkamen oder wie diese entstanden, möchte ich hier nun drei ausgewählte Möglichkeiten hervorheben, welche für mich persönlich am wahrscheinlichsten sind.

Alle diese Theorien kann man zwar genauso wenig nachweisen, wie jene Geschichten in den angeblich heiligen Schriften. Jedoch sind die nachfolgenden Theorien, meiner Meinung nach, weitaus realistischer, logischer und verstandesmäßig viel eher an der Realität, als dass ein Gott diese religiösen Institutionen und Organisationen ins Leben gerufen haben soll, um seine Diener belehren zu können! Genauso wenig können Märchenfiguren wie Adam und Eva, den Ursprung der Religionen in ein realistisches Licht rücken, wie es in der Bibel oder im Koran dargestellt wird!

Deshalb hier die wahrscheinlicheren Varianten.

1. Theorie - Eine Geisteskrankheit wurde zu Gott!

Meiner Auffassung nach, ist die Haupttheorie, auf die sich die heutigen drei monotheistischen Religionen aufbauten jene, dass ein Mann mit einer Geisteskrankheit belastet war, indem dieser Stimmen hörte und deren Anweisungen folgte!

Dass diese Anweisungen, im Endeffekt seine eigenen Vorstellungen vom Leben enthielten, war durch diese eine bestimmte Stimme überschattet. Zu seiner Geisteskrankheit, die man heute als Schizophrenie deuten würde, gesellte sich auch eine gewisse Gefühlsverkommenheit hinzu, wie sie ein Psychopath aufzeigen würde. Da dieser Mann sehr charismatisch war, konnte er im Laufe seines Lebens viele andere Menschen von seiner Wahnvorstellung, die dieser Gott nennt, überzeugen und die Menschen so dazu bringen, dass diese ihm und seinem »Gott« folgten. Dies ging sogar soweit, dass sein Gefolge für ihn und seien »Gott«, andere Stämme ausgerottet und viele tausende Menschen niedergemetzelt und versklavt haben. Sogar sein eigenes Kind hätte er ohne eine Wimper zu zucken seinem »Gott« geopfert wenn er im Augenblick des Zustechens nicht einen kleinen Anfall von Vernunft verspürt hätte und dann doch noch von dem Mord zurück schreckte. Dieser Mann den man Abraham nennt, ist der Urvater aller drei monotheistischen Religionen, von der jede für sich, die absolute Wahrheit beansprucht!

2. Theorie - Götter aus den Tiefen des Weltalls!

Des weiteren gibt es die Theorie, dass diese Götter oder Gott, außerirdischen Ursprungs waren.

Also Wesen von anderen Planeten, die damals technisch schon weitaus fortschrittlicher waren, als wir es sogar heute sind. Da diese Technik nicht erklärt werden konnte, wurde diese sodann als Wunder gedeutet und deren Benutzer als Gott oder Götter. Dies ist die Theorie der *Prä-Astronautik*.

Natürlich wird diese als Verschwörungstheorie abgewertet, da die Prä-Astronautik eine Gefahr für die abrahamitischen Religionen wäre, wenn sich mehrere Menschen damit beschäftigen würden. Dies gehört zu der Taktik, alles was den »heiligen« Schriften oder den religiösen Dogmen widerspricht, als böse, dämonisch, weltlich oder eben als Verschwörungstheorie zu diskreditieren, auch wenn es handfeste Beweise dafür gibt. Für diese Theorie gibt es sogar weitaus mehr Beweise, als es die sogenannten »heiligen« Schriften der Neuzeit je haben werden. Schon allein bestimmte Funde, die tausende Jahre Alt sind und eine Faustkeil, Kupfermeißel und Fäustling oder Hirtenvolk »Technologie« Lügen strafen. Denn zum Beispiel die unerklärliche Hightech Bearbeitung der Steine in Puma Punku (Bolivien) die man in der alten Stadt Tiahuanaco entdeckt hat sprechen Bände und können nur von Lebewesen erbaut worden sein, die den damaligen menschlichen Fähigkeiten weit überlegen waren.

Denn entweder gab es früher schon eine Hochzivilisation die eine Technik hatte, die unserer ebenbürtig oder eine die gegenüber unserer heutigen sogar höher entwickelt war, dann lügt uns die Schulwissenschaft an. Oder es waren einfach ausgedrückt, Außerirdische die solche Techniken mitbrachten. Egal wie man es dreht und wendet, die *religiösen* Antworten passen in *keines* der Bilder und laut deren Lehren, dürfte es solche Artefakte und Überbleibsel hochtechnisierter vergangener Kulturen überhaupt nicht geben!

Wer sich ein wenig mehr in diese Thematik einarbeiten möchte, kann sich im Internet darüber informieren. Zudem gibt es auch einige gute Bücher zu diesem Thema. Einer meiner Lieblingsautoren in diesem Bereich ist Erich von Däniken, dessen Bücher wirklich sehr gut und auch sehr verständlich geschrieben sind. Ein Buch das es mir auch sehr angetan hatte, ist von Peter Kolosimo »Sie kamen von einem anderen Stern - Frühkulturen aus dem Weltall«.

Nachdem die »Götter« die Erde dann wieder verlassen hatten, begannen die Eingeborenen die Götter nachzuahmen oder diese weiterhin anzubeten. Später wurden dann sogar Entdecker anderer Kulturen als Götter angesehen und verehrt. Deren Technik wurde kurzerhand als Wunder und diverse Überbleibsel manch technischer Gerätschaften, wurden im Mittelalter dann eventuell als magische Artefakte angesehen.

3. Theorie - Ein wahrhaftiger Gottes-Trip!

Halluzinationen durch Drogen gehören schon seit unbestimmten Zeiten zu diversen religiösen Ritualen. Diese Theorie, mag wohl die älteste aller Möglichkeiten sein, wie die Religion ihren Anfang fand.

Man stelle sich einen Urmenschen vor, der auf Nahrungssuche war. Als dieser in eine Fruchtbare von Pflanzen strotzende Gegend kam, bemerkte er die schönen, lecker aussehenden bunten Beeren an den Sträuchern. Da er schon sehr hungrig, aber auch vorsichtig war, kostete dieser nur eine kleine Menge dieser neuen unbekannten Beeren. Nach ein paar Minuten war er immer noch am leben und freute sich, dass er eine neue Nahrungsquelle entdeckt hatte. Doch die anfängliche Freude wurde immer heftiger, bis zu einem ausgelassenen Lachen, so dass ihm der Bauch schmerzte. Danach kam die Ruhephase, die ihn auf den Boden zwang. Als er nach oben in den Himmel sah, entpuppte sich der Himmel zu einem mit vielen bunten Farben leuchtenden Raum, in diesem, mehrere wild umherfliegende Wesen an ihm vorbeizogen. Eines dieser Wesen, kam zu ihm herunter und fing an mit ihm zu kommunizieren als es neben ihm war. Dabei wandelte es sich zu einem Menschenähnlichen Geschöpf und eröffnete ihm, dass er von diesem Erschaffen worden sei. Diese Halluzination, wurde von dem Urzeitmensch als real angesehen und er verbreitete sein Erlebnis, in der ganzen ihm bekannten Gegend. Als er noch mehr, der süßen Köstlichkeiten verschlang, kamen immer mehr Wesen vor seinem geistigen Auge vorbei und eröffneten ihm zudem, dass diese auch für alle Naturereignisse zuständig wären. Jedes Wetterereignis wäre, je einem eigenen Wesen zuzuschreiben.

Da es zu diesem Zeitpunkt noch keine wissenschaftlichen Erkenntnisse gab, wurden dann nach und nach, erst einmal alle Naturereignisse mit verschiedenen Göttern in Verbindung gebracht. Jeweils ein Wesen, welches diese Naturereignisse erzeugt und dementsprechend auch für die Folgen verantwortlich ist. Wenn es beispielsweise zu viel Sonne und zu wenig Regen gab, versuchte man dementsprechend den Sonnengott mit diversen Ritualen milde zu stimmen, damit er sich etwas zurückhält und die Ernte nicht verdorren lässt. Zur gleichen Zeit vollführte man wiederum andere Rituale, um den Gott des Wassers oder Himmels zu animieren, dass dieser doch etwas mehr Regen schicken möge, damit der Erdboden nicht vertrocknet und die Pflanzen mit genügend Feuchtigkeit versorgt werden.

Da die Menschen über eine sehr ausgeprägte Fantasie verfügen, hat man sich im Laufe der Zeit auch sehr viele verschiedene abgedrehte Rituale und Gebete einfallen lassen um die Götter zu bitten, zu besänftigen, sie milde zu stimmen, sie anzuflehen, sich bei ihnen zu bedanken, sie für ihre Größe, ihre Barmherzigkeit, ihre Liebe zu verehren usw. Dies ging sogar soweit, dass man diesen Göttern Opfergaben zukommen ließ, die selbst vor Menschenopfern nicht halt machten! Was mich wundert ist aber, dass niemand dieser Priester, Schamanen etc. bemerkt haben soll, dass kein Stückchen dieser aufgetischten Opfergaben jemals von irgendeinem Gott angerührt wurden! Denn entweder wurden diese Opfergaben nach den rituellen Zeremonien unter dem

Volk der Gläubigen verteilt oder es wurde nach einer gewissen Zeit weggeworfen, weil es verdarb. Es kann doch nicht sein, dass damals, bei niemandem Zweifel aufkamen und diese Pseudowesen nicht anzweifelt wurden. Im Laufe der Jahrtausende jedoch entwickelte sich das Gehirn und die Denkweise der Menschen immer weiter. Bis dann sogenannte Hexer, Alchemisten, Querulanten, gottlose Antichristen usw. unter den Menschen ihren Mut zusammen nahmen und dieses ganze religiöse Gedöns zu hinterfragen begannen und sich daraus die heutige Wissenschaft entwickeln konnte.

Nach und nach kamen die Menschen immer mehr, den natürlichen Ereignissen und Kreisläufen auf die Spur und stellten die vielen verschiedenen angeblichen Götter infrage. Denn je mehr Erkenntnisse sich diese Menschen durch die Wissenschaft aneigneten, umso schneller schrumpften die vielen Götter, immer mehr in sich zusammen, sodass am Ende in unserer aufgeklärten westlichen Zivilisation, nur noch ein einziger Gott übrig geblieben war, dem man nur noch einzig und allein, seine Existenz andichten konnte.

Dann versah man diesen, mit allerlei menschlichen Eigenschaften und Gefühlen und übergab ihm, die eigenen, in den damaligen Kulturen bekannten Gesetze und Gebote und behauptete, dass diese Anweisungen von diesem allmächtigen, allwissenden und unsichtbaren Gotteswesen stammen würden. Welche dieser »Gott« dann, an von ihm auserwählte Menschen, durch Inspiration und Visionen übermittelt hätte, die diese aufschreiben und unter dem Rest der Menschen verbreiten sollten.

Dieses imaginäre Wesen, wird bis in unsere heutige, wissenschaftlich aufgeklärte Gesellschaft, im Jahre 2016 immer noch, als wahr und unantastbar verehrt und angebetet. Hier sieht man, dass die Menschen immer noch sehr manipulierbar sind und ihrer Selbst noch nicht richtig bewusst sind, um zu erkennen, dass ihr Leben nur sie selbst in der Hand haben. Sie wollen einfach die Verantwortung nicht sich selbst zugestehen, sondern brauchen immer noch Fantasie-Wesen, die ihnen diese Verantwortung abnehmen sollen. Zudem können viele Menschen, normale Naturphänomene, die mitunter sehr zerstörerisch sind, nicht einfach als natürlich akzeptieren, da sie immer nach einer Antwort des »Warum?« drängen, wenn es sie selbst trifft oder wenn nahe

Angehörige von solch einer Katastrophe heimgesucht wurden. Denn es ist schwerer der Natur, die kein denkendes Wesen ist, die Schuld zu geben, als einem angeblichen unsichtbaren fühlenden Gotteswesen, das ja allmächtig sein soll und hätte eingreifen müssen! Um hier eine Antwort erhalten zu können, wird deshalb der Glaube bei vielen auch *vor* das eigene, rationale und logische Denken gestellt! Dies alles *nur*, wegen einer Handvoll Beeren, Pilzen oder anderen Pflanzenteilen, die Halluzinogene Substanzen beinhalteten!

Da ich nun ausgiebig viele Argumente aufgezeigt habe, dass es viel wahrscheinlicher ist, dass es keinen Gott oder Götter geben kann, die am persönlichen Wohl der Menschen interessiert sind, möchte ich dennoch, diesen in meinen Augen imaginären Wesen, die Möglichkeit geben, sich zu verteidigen oder zu rechtfertigen. Auch wenn ich mir dabei ein bisschen blöd vorkomme!

Dies möchte ich in diesem Buch, mit einem öffentlichen Brief an diesen Gott oder diese Götter nun umsetzen. Es ist mir zwar bewusst, dass ich keine Antwort bekommen werde, da es diese Wesen ja nur in der Fantasie gibt und diese nur in den Köpfen der Gläubigen existieren. Dennoch möchte ich die geringe Möglichkeit, dass es Gott oder Götter geben könnte, nicht ganz ausgrenzen.

Denn ich bin ein Mensch der die Objektivität begrüßt und der sich durch *aussagekräftige* Beweise auch umstimmen lässt, wenn diese Hand und Fuß haben!

Dementsprechend werde ich diesen »Wesen« die Gelegenheit geben, mir ihre Existenz doch zu beweisen, indem sie mir auf den folgenden Brief antworten, was für diese ja nur eine Kleinigkeit wäre, da sie ja angeblich allmächtig sein sollen!

16 Brief an ein unwahrscheinliches Überwesen

Wenn es doch einen oder mehrere Götter geben sollte, bleiben nun noch die folgenden Fragen offen:

Sollte man lieber der falschen Religion, als gar keiner folgen?

Oder lieber gar keiner Religion, damit man doch nicht Gefahr läuft, einen falschen Gott oder sogar mehrere falsche Götter anzubeten?

Nun, ich habe mich für die zweite Variante entschieden und werde hier auch gleich meine »Verteidigung«, in Form eines Briefes an Gott oder die Götter veröffentlichen.

Brief an Gott / die Götter

Lieber Gott, liebe Götter,

Leider kann ich Dich (Euch) nicht mit Namen anschreiben, da ich keine direkten und konkreten Hinweise von Dir (Euch) bekommen habe, wer Du (Ihr) wirklich bist (seid).

Ich würde ja gerne an Dich (Euch) glauben, doch leider gibt es weitaus mehr Hinweise und Argumente, die gegen Deine (Eure) Existenz sprechen, als dafür.

Da alle religiösen Lehrer und Führer, Menschen sind und auch alle »heiligen« Schriften von Menschen geschrieben wurden, ist es mir nicht möglich zu wissen oder zu unterscheiden, wer von diesen, nun Deine (Eure) Worte wiedergibt und welche nur selbst ausgedachte Worte der Schreiber sind, um den Lesern ihre eigenen Gedanken als göttlich zu verkaufen.

In Deinem (Eurem) »Namen« (Herrschaftsanspruch), sind so viele grausame Handlungen verübt worden, dass es mich regelrecht lähmt, Dir (Euch) mein Vertrauen schenken zu können.

Zudem drängt sich mir die Frage auf: Soll ich wirklich mein ganzes Leben, für eine unwahrscheinliche Möglichkeit, dass es Dich (Euch) geben könnte ausrichten?

Würdest Du (Ihr) dies tun, wenn Du (Ihr) in der gleichen Lage wärt wie ich es bin?

Wenn es Dich (Euch) wirklich geben sollte, möchte ich Dich (Euch) nur um eins bitten:

Bitte schenke (schenkt) uns Menschen, und zwar *allen* Menschen auf der Erde, zur gleichen Zeit, einen wahrhaftigen Beweis für Deine (Eure) Existenz. Und zwar einen Beweis, der elektrotechnisch oder tricktechnisch nicht von Menschen gemacht werden kann! Denn so etwas wie Zeichen am Himmel, könnten die Menschen heute schon mit ihrer Technik bewerkstelligen und wäre für mich schon kein Beweis mehr.

Mein *Vorschlag* wäre, dass jeder, wirklich jeder Mensch, zur gleichen Zeit, einen persönlichen Brief oder ein Büchlein in einer antiken Sprache, die keiner mehr kennt, von Dir (Euch), auf einmal vor sich liegen hat, in dem alle wichtigen Hinweise zusammengefasst werden. Bei diesem Wunder wäre es natürlich, auch sehr wichtig, dass man diesen Brief lesen und übersetzen könnte, ohne sich je mit dieser Sprache auseinandergesetzt zu haben. Dort müssten Dein (Eure) Name(n), Stellung, Gesetze und Gebote aufzufinden sein. Ganz wichtig wäre natürlich auch die Information, welches die *wahre* und für Dich (Euch) annehmbare Religion ist, die alle Menschen auf der Erde annehmen sollten. Außerdem sollte alles darin klar und leicht verständlich und in chronologischer Reihenfolge aufgezeichnet sein, um diverse Interpretationen und Missverständnisse vorab ausschließen zu können. Wähle (Wählt) dafür bitte ausschließlich direkte Worte und Sätze ohne irgendwelche Gleichnisse oder Metapher, denn diese könnten leicht verändert oder uminterpretiert werden.

Ich denke, dass dies auch in Deinem (Eurem) Interesse ist, Dich (Euch) uns Menschen einmal offensichtlich zu offenbaren. Die Zeit ist reif für so einen Beweis! Denn schließlich bist Du (seid Ihr) es, der (die) angebetet werden will (wollen)!

Wenn wir Menschen Dir (Euch) wirklich etwas bedeuten, wirst Du (werdet Ihr) nicht darum herum kommen, uns Deine (Eure) Existenz zu beweisen.

Wenn Du denkst (Ihr denkt), dass Du (Ihr) es nicht nötig habt, so etwas zu tun, darfst Du Dich (dürft Ihr Euch) nicht wundern, wenn immer mehr Menschen Dir (Euch) den Rücken kehren und nicht glauben oder sich vom Glauben abwenden! Dementsprechend, ist jede Strafe, die uns von Dir (Euch) angedroht wird, wenn wir nicht Glauben oder uns nicht an Deine (Eure) Gesetzen und Geboten halten, unrechtmäßig und ungerecht!

Wir Menschen wollen es nun endlich genau *wissen* und nicht mehr nur blind glauben müssen. Denn die Gefahr, dass wir von irgendwelchen, erfundenen Religionen verarscht werden, ist heutzutage leider viel zu groß!

Wenn Du Dich nicht offenbarst (Ihr Euch nicht offenbart), dann bleibt mir nichts anderes übrig, als meinen Ruf immer lauter werden zu lassen, der mit den Worten in die Öffentlichkeit schallt:

DIE ZEIT IST REIF! - DEN GEIST VON DEN FESSELN DER RELIGION ZU LÖSEN!

Mit höchstwahrscheinlich ewig wartenden Grüßen

Uwe Rolf Schnepf

17 **Mein persönliches Fazit**

Der Glaube ist nichts Natürliches, nichts was angeboren ist! Er ist auch kein Naturgesetz das von Anfang an da war! Nein, der Glaube ist etwas, was einem Menschen beigebracht wird. Den meisten Menschen, wird irgendein Glaube von Kindesbeinen an, suggeriert und antrainiert. Der Glaube wird den Kindern so lange eingetrichtert, bis dieser Glaube, der eigentlich nur Fiktion und Kontrolle ist, zu deren Realität wird. Genau so, wie der Osterhase, die Zahnfee oder der Weihnachtsmann. Doch irgendwann sehen die Kinder, wer hinter dem langen Bart und in dem roten Mantel steckt. So wie auch der Osterhase von einem realen, zu einem fiktiven Wesen wird, wenn das Kind sieht, dass die Eltern die Eier und die anderen Sachen verstecken. Da sich die Eltern jedoch nicht als Gott verkleiden oder in dessen Namen weder Süßigkeiten noch Spielsachen verstecken, um den Kindern etwas vorzugaukeln, können die Kinder ab einem gewissen Alter auch nicht erkennen, dass dieser Gott in Wirklichkeit gar nicht existiert. Denn Gott, wird von den Eltern nicht dargestellt. Er war und wird nie, ein greifbares Wesen sein. Er wird demnach in den Köpfen dieser Menschen immer Real bleiben, obwohl er nur reine Fiktion ist. Deshalb bleibt dieses Wesen auch bei vielen älteren Menschen, bis zu deren Tod, als real in Erinnerung. Es fehlt einfach der Faktor, diese Lüge entdecken und entlarven zu können.

Das größte Phänomen, nach meiner Meinung ist, dass dieses fiktive Wesen, so tief in den Köpfen der Menschen gefesselt ist, dass sie dieses Wesen nicht einmal zu hinterfragen wagen. Deshalb konnte man diesem fiktiven Wesen auch, durch die Jahrtausende hindurch, immer wieder andere Namen und Eigenschaften andichten, ohne Gefahr zu laufen, dass dieses Wesen, welches in der heutigen Zeitperiode als Gott oder Allah bezeichnet wird, jemals angezweifelt wird.

Denn es *kann* nicht sein, was nicht sein *darf*!

Zudem ist der Glaube an einen bestimmten Gott und andere unbeweisbare Protagonisten der »heiligen« Schriften, wie den Teufel, ein gutes

Alibi, um jemand anderem Schuldzuweisungen machen zu können, schlechte Neigungen und Gewohnheiten abzugeben, um danach für sich selbst und vor anderen unschuldig dastehen zu können. Demnach kann man sich mit einem selbst ausgesuchten Glauben, besser selbst belügen. Zudem kann man durch so einen Glauben auch die Angst vor dem Tod besser kompensieren und den Tod geliebter Menschen besser verarbeiten.

Der Glaube bezieht sich daher nur auf reinen Selbstschutz und Eigennutz! Der Glaube an Gott ist eine antrainierte Notlüge zum Selbstbetrug!

Viele würden bestimmt nicht mehr an Gott glauben, wenn es diese Versprechen einer Belohnung in Form eines Paradieses nicht geben würde! Genauso wäre die Mitgliederzahl der Religionen viel geringer, wenn den Menschen mit der Höllenlehre, einem Tag des Gerichts, Harmagedon oder Armageddon als Strafankündigung (bei dem Ungläubige und Andersgläubige ewiglich gequält oder ermordet werden), mit deren religiösen Dogmen keine Angst eingejagt werden würde.

Dies bedeutet: Ohne Belohnung und Strafe hätte kein Mensch mehr einen nutzbringenden Grund, weiterhin an einen Gott zu glauben oder einem Gott zu dienen, der sich nicht bemerkbar macht und nicht einmal, mit einem der nachweisbaren Sinne wahrnehmbar ist! Außer eventuell die unterwürfigsten aller Menschen, die sich allein dafür, dass sie leben, bei irgendwem oder etwas bedanken wollen oder zwanghaft müssen. Dazu gehören auch jene, die sich sogar für die Scheiße im Leben, auf dieser verrückten und leidvollen Welt, bei einem unsichtbaren Überwacher bedanken würden, welches dieser nach deren Ansicht ja eigentlich sofort ändern könnte!

Das wussten damals auch schon die Verfasser und Übersetzer der »heiligen« Schriften, die dies schamlos und gewissenlos ausgenutzt haben!

Heute profitieren natürlich alle Religionsorganisationen immer noch davon und nutzen dies genauso schamlos und gewissenlos aus, um den Geist der Menschen in deren Religionen zu fesseln und darin gefangen zu halten!

Dementsprechend bin ich nun zu folgendem Schluss gekommen:

Wenn ich ein allmächtiger, liebevoller, mitfühlender Gott wäre, würde ich mir es verbitten, dass dies alles in meinem Namen gemacht wird! Ich würde hier sofort einschreiten und die Verantwortlichen zur Rechenschaft ziehen. Bestimmt würde ich nicht erst darauf warten, bis diese Menschen das Zeitliche segnen, um erst dann über diese zu richten. Nein, ich würde sofort eingreifen, um Nachfolgendes frühzeitig verhindern zu können und es im Keim zu ersticken!

Leider habe ich nicht die Macht, die diesem Überwesen zugesprochen wird und dementsprechend wird alles so weitergehen wie bisher.

»Wenn es diesen Gott geben sollte, würde er es nicht verdienen über solch eine Macht zu verfügen! Denn was nützt diese Macht, wenn sie nicht dafür genutzt wird, Leid zu verhindern und das Positive zu fördern? Dieses Verhalten wäre überaus verantwortungslos!«

»Gott ist, würde es ihn geben, wie ein Multimilliardär, der nur zuschaut wie Menschen, die sich nicht einmal ein Brot leisten können verhungern, anstatt ihnen eins zu kaufen!«

Das Gute bei dieser ganzen Thematik ist, dass es jeder Mensch, selbst in der Hand hat, ob er seinen Geist von den Religionen verblenden und fesseln lässt oder nicht.

Wer in das Fahrwasser der Religionen geraten ist, demjenigen kann ich nur noch eines zurufen:

»DIE ZEIT IST REIF! - DEN GEIST VON DEN FESSELN DER RELIGION ZU LÖSEN!«

18 **Schlusswort**

»Wäre ein Gott der Liebe und Barmherzigkeit real, hätte er absolut nichts, mit den heutigen Religionsorganisationen zu schaffen!«

Wenn ich nun die Frage in der Einleitung, ob es nun Gott gibt, beantworten müsste, würden meine Antworten wie folgt ausfallen.

1.) Es gibt keinen Gott - Die Menschen haben sich, all das Leid, selbst angetan und müssen auch selbst dafür gerade stehen.

2.) Es gibt einen Gott - wer er *wirklich* ist, weiß keiner, was er *genau* will, auch nicht.

3.) Gott ist Liebe (aus Sicht der heutigen Religionen mit ihren Lehren und Dogmen) – ist Falsch! - Ein Gott der Liebe kümmert sich um alle seine Geschöpfe, er lässt niemand ewig quälen, überträgt keine Strafen auf Milliarden von Menschen wegen *einem* Pärchen das vor Jahrtausenden einmal Bockmist gebaut hat, benutzt keine Menschen als Schachfiguren um deren Loyalität zu testen, bestraft keine Menschen, wenn diese durch *seine* unterlassene Beweisführung nicht an ihn glauben, setzt seine Macht nicht ein um Massenmorde und Genozide zu begehen usw.

»Selbst wenn es einen allmächtigen und allwissenden Gott geben würde, wäre dieser, nach gründlichem Durchforschen aller »heiligen« Schriften und dem Nachdenken darüber und dem Mitgefühl gegenüber aller Lebewesen auf Erden, für mich nicht anbetungswürdig, da dieser Gott statt liebevoll und barmherzig zu sein, mehr die Eigenschaften eines Sadisten und hochmütigen machtgierigen Psychopathen aufweist!«

ENDE

Danksagung

Ein herzliches Dankeschön an alle, die mich bei diesem Projekt unterstützt haben.

Ein großes Dankeschön an meine lieben Freunde und Verwandten, die vor Veröffentlichung, dieses Buch probe gelesen und mich auf diverse Fehler hingewiesen haben.

Speziell danken möchte ich:

Meinem Schwesterherz Franziska M., meiner Mutter, meinem Schwippschwager Christian, Klaus B. ein guter Freund und Kollege. Zudem Sibylle M. die mir als Leserin mit gutem Rat und bei der Rechtschreibkorrektur zur Seite gestanden hat.

Natürlich möchte ich auch meiner geliebten Frau Sandy danken, die viel Geduld mitbrachte, da sie in der Zeit während ich am Schreiben war, nicht viel mit mir anfangen konnte.

Aus Sicherheitsgründen kann ich leider nicht die vollständigen Namen auflisten, obwohl es eigentlich jeder verdient hätte hier erwähnt zu werden.

Doch da es leider immer noch hirnlose fanatisch-religiöse Volldeppen gibt, welche nach wie vor *meinen*, davon überzeugt zu sein, dass sie durch *Gewalttaten,* ihrem angeblich *alles* verzeihenden Gott der Liebe, Barmherzigkeit und Güte einen Dienst erweisen würden, musste ich die Namen leider abkürzen!

Auch möchte ich mich bei denjenigen bedanken, durch die ich meine Erfahrungen im Bereich Religion erhalten habe. Denn wenn ich nicht mehrere Jahre meines Lebens vergeudet hätte, indem ich diesem imaginären Gott nachgejagt wäre und mein Geist in einem tiefen Glauben gefangen gewesen wäre, hätte ich diverse Erfahrungen mit diesen Religionen nicht machen können.

Dementsprechend hätte ich dieses Buch nicht auf Basis eines tatsächlichen Erlebens schreiben können.

Dies ermöglichte es mir dann auch, der Religion den Rücken zu kehren und als selbstständig denkender Mensch, erwachsen zu werden.

Auch wenn es mir schwer fällt dies nun zu schreiben aber: Die Religionen haben mir geholfen, mein Bewusstsein in einem Maße zu erweitern, dass ich erkannt habe, dass es keinen persönlichen, sich um alle Lebewesen kümmernden Schöpfergott gibt, der mit erhobenem Zeigefinger über die weltweit verstreute Menschheit wacht! Demnach bin ich nun glücklich und dankbar, mein Leben so gestalten zu können wie es mir beliebt, ohne auf unmenschliche und unnatürliche Anweisungen, Gebote und Befehle eines Überwesens, das Gott genannt wird, Rücksicht nehmen zu müssen. Denn wo kein fiktiver Gott, da auch kein Richter und Strafender der mein Leben mit Angst und Gewissensbisse fesselt!

Also, vielen Dank nochmal an *alle*, die mir *bewusst* oder *unbewusst* geholfen haben, meine geistige Freiheit zu erlangen, indem ich meinen Geist von den Fesseln der Religion lösen konnte!

Denn Freiheit ist das einzige was zählt, in einem selbstbestimmten Leben!

Fremdwörter kurz erklärt

Zuerst wollte ich die Begriffserklärungen alle aus dem bekannten Wikipedia entnehmen.

Doch nach mehreren Überlegungen, habe ich mich dann doch für den Duden im Netz entschieden, da dieser im Allgemeinen als »seriöser« angesehen wird.

Dennoch musste ich vereinzelt auf Wikipedia zurückgreifen, da manche speziellen Begriffe nicht im Duden zu finden waren. Diese habe ich noch einmal extra mit dem Quellenvermerk auf Wikipedia ausgewiesen.

Bei meinen Nachforschungen ist mir aufgefallen, dass es mitunter vereinzelte Unterschiede bei den verschiedenen Begriffserklärungen geben kann. Deshalb möchte ich darauf hinweisen, dass es sehr interessant sein kann, sich mit den Begriffen auf verschiedenen Internetseiten auseinanderzusetzen.

A:

Agnostiker:

»Jemand mit einer Weltanschauung, nach der die Möglichkeit einer Existenz des Göttlichen bzw. Übersinnlichen rational nicht zu klären ist, also weder bejaht noch verneint wird.«

Atheist:

»Jemand mit einer Weltanschauung, nach der die Existenz [eines] Gottes verneint bzw. bezweifelt wird.«

B:

Blasphemie:

»verletzende, höhnende oder ähnliche Äußerung über etwas Heiliges, Göttliches«

D:

Dogma:

»verbindliche, normative Glaubensaussage

(bildungssprachlich, oft abwertend) den Anspruch der absoluten Gültigkeit, Wahrheit erhebende Aussage, Lehrmeinung«

Diskreditieren:

»jemanden, etwas in Verruf bringen; jemandes Ruf, Ansehen schaden, abträglich sein«

E:

exkommunizieren:

»(zur Strafe) aus der Gemeinschaft der Gläubigen ausschließen«

F:

Faschismus:

»nach dem Führerprinzip organisierte, nationalistische, antidemokratische, rechtsradikale Bewegung, Ideologie und eine totalitäre Herrschaftsform«

G:

Genozid:

»Völkermord , Massenmord«

H:

Hedonistisch:

»ein Verhalten, das vorwiegend von der Suche nach Lustgewinn, Sinnes Genuss bestimmt ist«

I:

Ideologie:

»an eine soziale Gruppe, eine Kultur o.Ä. gebundenes System von Weltanschauungen, Grundeinstellungen und Wertungen.

eine politische Theorie, in der Ideen der Erreichung politischer und wirtschaftlicher Ziele dienen (besonders in totalitären Systemen).

weltfremde Theorie.«

M:

Mammon:

»Geld als [leidige] materielle Voraussetzung für etwas, zur Erfüllung luxuriöser Bedürfnisse«

Monotheismus:

»Glaube an einen einzigen Gott, der die Existenz anderer Götter ausschließt«

N:

Nephilim:

»waren in der alt-israelischen Mythologie riesenhafte Mischwesen, gezeugt von göttlichen Wesen und Menschenfrauen. Die Nephilim waren größer und stärker als Menschen und laut den Berichten der Apokryphen von großer Boshaftigkeit.« (Quelle: Wikipedia)

P:

Pädophil:

»auf Kinder gerichteter Sexualtrieb Erwachsener«

Paradox:

»einen [scheinbar] unauflöslichen Widerspruch in sich enthaltend; widersinnig, widersprüchlich«

Patriarch:

»Erzvater (Religion).

ältestes männliches Familienmitglied oder Mitglied eines Familienver-
bandes, das als Familienoberhaupt die größte Autorität besitzt.«

Plagiat:

»unrechtmäßige Aneignung von Gedanken, Ideen o.Ä. eines anderen
auf künstlerischem oder wissenschaftlichem Gebiet und ihre Veröffentlichung; Diebstahl geistigen Eigentums.

durch Plagiat entstandenes Werk o.Ä.«

Polemik:

»scharfer, oft persönlicher Angriff ohne sachliche Argumente [im Rahmen einer Auseinandersetzung] im Bereich der Literatur, Kunst, Religion, Philosophie, Politik o.Ä.«

Polytheismus:

»Glaube an eine Vielzahl von (männlich und weiblich gedachten)
Gottheiten; Vielgötterei«

Psychopath:

»Jemand mit Abnormität des Gefühls- und Gemütslebens, die sich in
Verhaltensstörungen äußert.«

Psychosomatisch:

»auf psychisch-körperlichen Wechselwirkungen beruhend.«

Psychedelisch:

»das Bewusstsein verändernd; einen euphorischen, Trance artigen Ge-
mütszustand hervorrufend«

S:

Schizophrenie:

»mit Denkstörungen, Halluzinationen und Wahn einhergehende schwere Psychose«

Stockholm-Syndrom:

»ein psychologisches Phänomen, bei dem Opfer von Geiselnahmen ein positives emotionales Verhältnis zu ihren Entführern aufbauen. Dies kann dazu führen, dass das Opfer mit den Tätern sympathisiert und mit ihnen kooperiert.« (Quelle: Wikipedia)

T:

THC:

»Tetrahydrocannabinol (THC) zählt zu den psychoaktiven Cannabinoiden und ist der hauptsächlich Rausch bewirkende Bestandteil der Hanfpflanze (Cannabis).« (Quelle: Wikipedia)

Theologie:

»wissenschaftliche Lehre von einer als wahr vorausgesetzten Religion, ihrer Offenbarung, Überlieferung und Geschichte; Glaubenslehre«

X:

X-Man:

»eine Gruppe in der Welt der Mutanten – Menschen, die dank ihres besonderen Gencodes übermenschliche Fähigkeiten besitzen. Mutanten werden von normalen Menschen oft gehasst, sei es aus Fanatismus oder aus Angst, dass sie die Menschheit unterwerfen oder gar als dominante Spezies ablösen könnten. Diese Angst wird von verschiedenen Mutanten genährt, die ihre Kräfte für ihre eigenen Ziele nutzen oder die Menschen hassen.« (Quelle: Wikipedia)

Haupt-Quelle: www.duden.de

Quellenverzeichnis

www.duden.de/woerterbuch

www.wikipedia.de

www.bibel-online.net *(alle Verse aus der Übersetzung Luther 1912 entnommen)*

www.koran-auf-deutsch.de *(alle im Buch aufgeführten Suren)*

www.die-bibel.de/bibelwissen/fragen-und-antworten/entstehung/ *(alter der schriftlichen Aufzeichnung der Bibel)*

www.orientdienst.de/muslime/minikurs/mohammeds_leben *(Biografie Mohammeds und Alter seiner 9 jährigen Frau)*

wegedeslebens.info/Literatur/ArcheNoah.html *(alle Maße der Arche nach einem Nachbau mal Zwei)*

www.welt.de/print/die_welt/wissen/article13562004/8-7-Millionen-Arten-gibt-es-auf-der-Erde.html *(Anzahl der Arten die auf dem Land leben)*

http://www.welt.de/wissenschaft/umwelt/article119425284/Wenn-der-Meeresspiegel-um-66-Meter-steigen-wuerde.html *(Wenn alles Eis wegschmelzen würde, wären keine sintflutartigen Überschwemmungen möglich)*

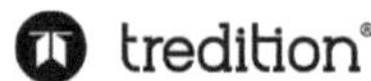

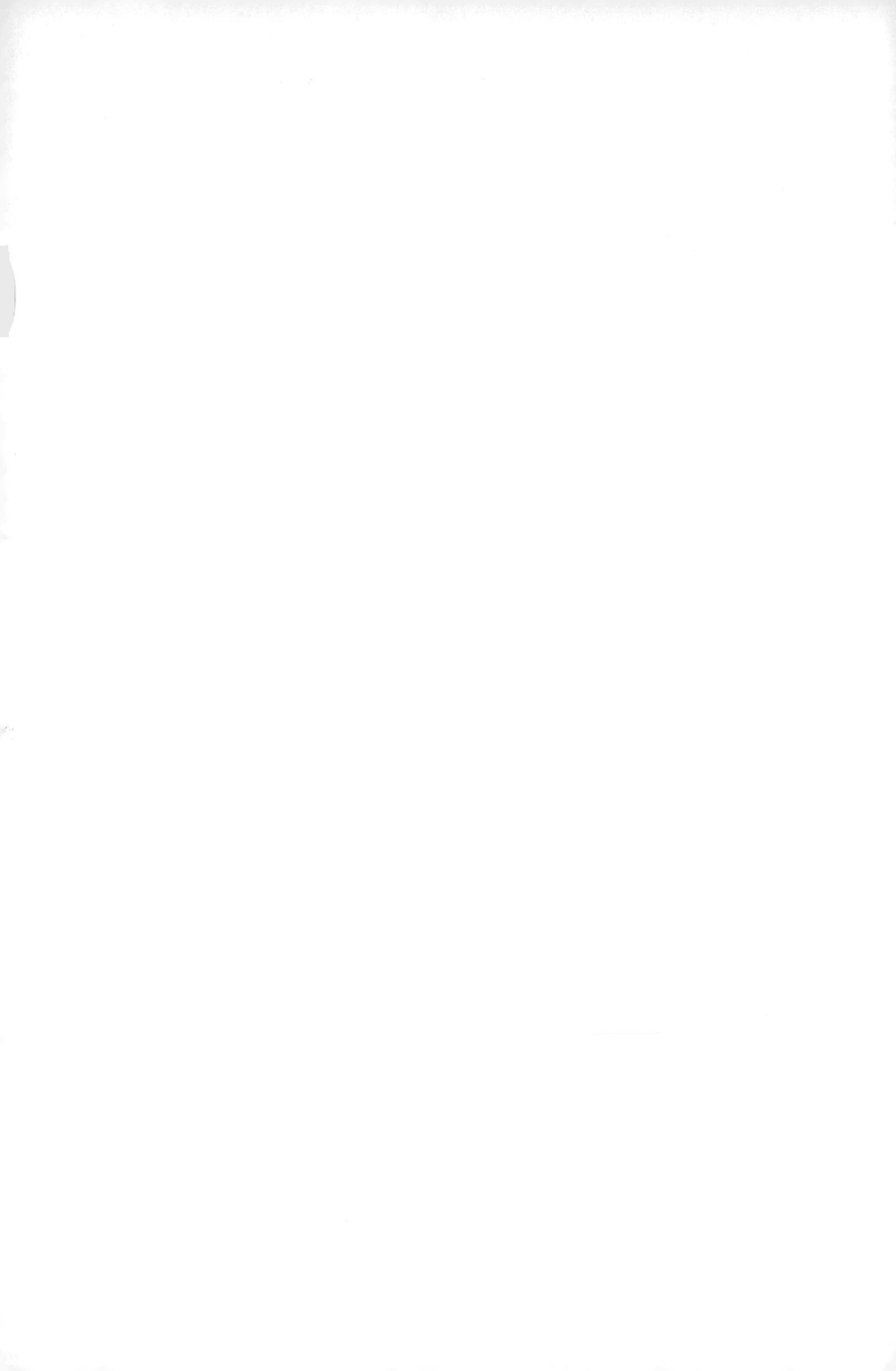